龍谷叢書43

言語文化の中世

藤田保幸 編

和泉書院

まえがき

「言語文化」ということばは、その内容をさまざまに理解することが可能であろうが、本書では表現の文化といった意味合いで解するものとしたい。本書は、「中世」にかかわるさまざまな表現の営為とそれを支える言語（言語資料）・言語意識を考察する論文を集成したものであり、題名の「言語文化の中世」とはそのような謂である。

本書をまとめる一つの契機となったのは、平成二六～二八年度にかけて龍谷大学仏教文化研究所の研究プロジェクト（指定研究）として行われた「龍谷大学図書館蔵中世国語資料の研究」と題する共同研究である。とり上げた資料が有職故実にかかわるものであったことから、有職故実や中世の言語意識などについてもさまざまな研究が積み重ねられ、その成果の一端は龍谷大学善本叢書『中世国語資料集』という形に結実したが、そこに収めきれない内容を改めて論文の形で公表しようというのが、本書を企画した意図の一つである。

また、龍谷大学文学部には中世日本文学研究に関する伝統があり、それは今日まで着実に受け継がれている。さらに、龍谷大学文学部の基幹の学問である真宗学においても「語に依って義を立てる、義に依って語を裁く」ということばがあることでも知られるように、ことばに即して教義を探求していく学風がある。そうした龍谷大学の学問の、現在の成果を発信していこうということも、本書を企画するにあたって意図したところである。

右のプロジェクトに参加していただいた第一線で活躍される研究者の方々の重みのある論考から、大学院生諸君の清新な研究まで多彩な論文を集め、また、中世文学についての後代の言説を考察する論文も加えて、本書はなかなか充実した内容になったものと自負している。大方のご批正を乞う次第である。

なお、本書は龍谷学会の学術図書出版助成金を受け、龍谷叢書の一冊として刊行されるものである。

二〇一八年一月

編　者　識

目次

第三章　中世へのまなざし

第一章　中世の資料と言語

『職原抄』訓点本の資料性について
——龍谷大学本を手懸かりとして——

宇都宮　啓吾

一、はじめに

『職原抄』は、鎌倉時代後期から南北朝期の公卿北畠親房（一二九三〜一三五四）が、興国元年／暦応三年（一三四〇）に常陸国小田城で、戦陣の間に東国武士の任官要求に対処するために執筆されたとされる有職故実書で、本邦の官制の成立や沿革、補任や昇進の流れとそれに伴う儀式、各職に任ぜられる家格、個々の省・寮・司・職・所の職掌や唐名、官位相当等を漢文体で記している。

『職原抄』は、歴史学においては研究されるものの、国語学においては、その注釈書の類については、抄物、例えば、清原宣賢『職原私抄』(1)や『職原抄聞書』(2)等が研究対象となることはあっても、『職原抄』の本文自体が言語資料として取り扱われることは少ないように思われる。しかし、『職原抄』は、中世における故実書の代表的典籍として数多くの注釈書が作成されるほどに重視されたものである。また、諸本の一つ、天文八年清原宣賢本の奥書に「依之不依假名使．如名目點之」とあるように、本文のみに着目するのではなく、そこに施された訓点に着目することで、所謂「故実読み」の資料として取り扱うことも可能であり、この点を以てしても言語資料として取り扱うことは可能であるように思われる。寧ろ、この点が従来の『職原抄』研究に欠けていた部分と言える。

また、諸本としては、次の加地宏江氏作成の系統図のように親房の甥顕統（あきもと）が正平二年（一三四七）に書写した旨の奥書を有する系統本と、北畠教具旧蔵本に一条兼良が跋を加えたとする系統本の二種に大別される。(3) また、近世には、後陽成天皇による所謂「慶長勅版」の刊行が慶長四年にあり、また、同十三年には中原職忠（もとただ）（一五八〇～一六六〇）による刊本によって、広く流布して行くこととなるが、『職原抄』には数多くの写本や刊本が伝存する中にあって、その活字本は、『群書類従』本と白山芳太郎『職原鈔の基礎的研究』(4)の校訂本文が主として用いられており、影印本は、近年、写本として国学院大学本、(5)刊本として前述の中原職忠刊行本が公刊(6)されるものの、未だ、

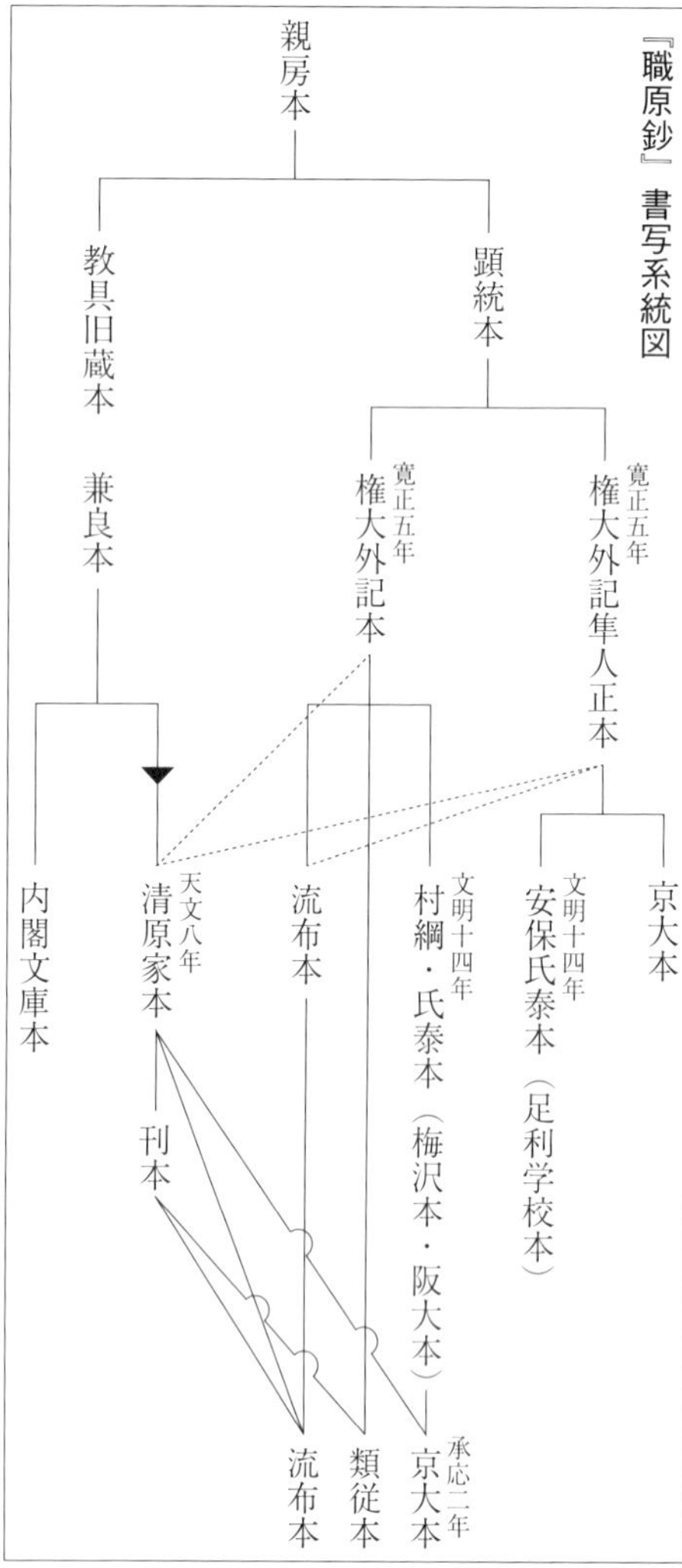

（加地宏江『中世歴史叙述の展開『職原鈔』と後期軍記』吉川弘文館　一九九九）

『職原抄』諸本の全体を俯瞰するには至っていない現状にある。言わば、訓点までをも含めた分析に足る資料公刊の乏しさは、大きな問題と云わざるを得ない。

そこで、この度、龍谷大学仏教文化研究所のプロジェクトとして、龍谷大学図書館に所蔵される写本（以下、龍大本）の調査の機会を得たことを契機として、また、此書が龍谷大学仏教善本叢書『中世国語資料』において影印公開され、稿者自身、解題を担当したが、この解題では紙面や諸般の都合から意を尽くせぬ所もあったため、改めて加筆を行ない、内容的に重なるところはあるものの、本書を手懸かりとしながら、『職原抄』訓点本の資料的価値の一端を述べることとしたい。

二、龍大本の素性

ここでは、龍大本一冊（021-391-1）の素性について検討したい。始めに、本書の書誌的事項についても示しておく。

外　題　「職原抄」（左上原装書題箋）
内　題　「職原抄（ショクゲンショウ）」（第一紙一行目冒頭）
書写時期　天正十九年（一五九一年）から十七世紀初期頃（後述）
冊　数　一冊（上下巻合冊）
装　訂　四目袋綴装
表　紙　藍色表紙
法　量　（表紙）二七・五cm×二一・九cm
（界高）二三・一cm　（界幅）一・九cm

料紙　楮紙　（丁数）八八丁　（一面）九行
本文　漢文体（訓点・注記等アリ）
奥書　（後述）
印記　「龍谷大学図書館」
　　「4994　昭12.2.9」（納入時期を示す）

次に、識語・奥書について見ていくこととしたい。本書における識語・奥書の類については、以下の三種が冊末に連続する形で存する。

［①］此抄上下巻・以愚慮一字不闕点之、同差聲説、是今非為他［全］［他人］、為覺子／孫童蒙也、依之不依假名使、如名目點之、是教下愚一之術也、［勿生］勿後嘲矣　天文八年二月吉曜日　清三位入道宗尤御判

［②］右抄環翠老人為覺童蒙、一字不缺・以假名加點、［見之］之其嚴／如陸徳明作音義、其勤如郭景純註［注］尓雅、非啻擊童子／之蒙、宜令解老生之惑、唯恨名目故實、或稱庭訓、或稱家／説、有尓為尓我為我、故愚管差異者・聯以朱注其側［左側］、以擬／鄭氏箋而已　于時天文第八仲春　日都護郎在判

［③］右抄・祖父環翠為童蒙、不依假名遣、如名目點之、／復亦於左點者・逍遥・稱名・二公之説也、被擬鄭氏箋云々、道白拭澁眼染禿筆、奉備進／殿下御前者也、私云〈前關白豊臣秀吉公也／旹天正十有三初秋日／清三位入道雪菴道白上

①の記述は、「清三位入道宗尤」（清原宣賢）が天文八年（一五三九）二月に子孫の為に「名目」の如くに加点したことが記されている。

②の記述は、天文八年（一五三九）二月、日都護郎（三条西公条）によるもので、環翠老人（清原宣賢）の加点の

厳密さを賞賛しながらも、自分の説との「差異」については、当該箇所の左訓として注記した旨を記している。①②の識語については、諸本、特に、前掲の加地氏が諸本の分類として示した諸本系統図の第二類（天文八年清原家本）の系統本に存在する。

そして、これらに続く形で③の奥書が存する。

この奥書によれば、清三位入道雪菴道白（清原枝賢・宣賢―業賢―枝賢）が天正十三年（一五八五）に書写をした旨、また、左点が、逍遥（三条西実隆）・称名（三条西公条）の二公の説という、三条西家の家説であることを指摘している。そして、この書写が関白豊臣秀吉への進読のために用意された備進本であることが記されている。豊臣秀吉の関白就任が天正十三年七月であることから、清原枝賢が秀吉の関白就任の折に進読の備えを直ちに行なっていたことが窺われる。この点は、自らの立ち位置、即ち、有職故実を進読するに足る人物としての清原枝賢の矜持を示すものと言えるが、枝賢の父である宣賢が有職故実学における清原家学を確立させていたこと、また、当時において枝賢が正親町天皇・後陽成天皇の侍読に任ぜられていたこと等からすれば、清原枝賢がこの任にふさわしいものとして認識されることは当然のものであったと考えられる。特に、この侍読に関して、天正十年二月には三日間に亘って正親町天皇および皇子たちのために『大学』を進講が行なわれており、この折には公卿数名が陪聴し、講義が一段落となった後に「しなのざくら盛りみごとなるを御覧ぜられて御銚子参りて御うたひ御ひしひし、かずかずめでたく、いく久しくさいさい申し候はんとの御事、御ひしひしめでたしめでたし」（『お湯殿日記』）とされるほどに盛況で、天皇よりの信任の厚い様が窺われる。更には、『日本歴史大事典』（平凡社　一九九三）「家職」の項目にもある如く、家職を全うすることが豊臣政権に沿っていることも背景に存するものと思われる。

没落に瀕した公家に知行を宛行い、家職を全うするよう求めたのは、豊臣政権であった。領主階級統合の手段の一として朝廷の官職叙任機能に着目した秀吉は、一五八五年（天正十三）みずから関白となり、諸家に領知を与えて「朝役を専にすべし」と命じた。次いで八八年の聚楽第行幸の際、公家に加増して、「家之道」をたしなみ、朝廷への「御奉公」に励むよう命じた。

右の如き点から考えるならば、本書は、単なる備忘や修学の為に制作されたものではなく、清原家としての学問を「ハレ」の場で披露することを目的とした書であることが窺われ、言わば、桃山時代における清原家の有職故実に関わる学問の粋を示す一書として注目できる。また、この点からすれば、本文の改訂や加点・注記等についても右の如き視点から捉えることも必要となる。この点は、次項で検討したい。

なお、ここで注意すべきことは、奥書にある「〳私云前關白豊臣秀吉公也」の記述である。これは、その前にある「殿下」に対する注記であり、「前關白」との記述から、この注記の行なわれた時期が天正十九年（一五九一）秀吉が甥秀次に家督相続の養子として関白職を譲った時期以降であることが知られる。そして、この注記の箇所と奥書並びに本文の字体が同筆であることからすれば、③の奥書自体も本奥書と考えることが妥当であり、また、現存する清原枝賢の写本との比較によっても本書の字体と同筆とは考え難く、本書を天正十三年清原枝賢写本とする加地氏の説[7]は修正すべきものと考えられ、現時点においては、料紙や字姿等を踏まえて、本書の書写時期は、天正十九年（一五九二）から十七世紀初期頃としておくことが穏当と考えられる。そして、白山芳太郎氏によれば、大東急記念文庫蔵の清原枝賢本に、龍大本と同じ清原枝賢の奥書（但し、「前關白豊臣秀吉公也」との私注は存しない）を有し、更には、署名の下に朱印が付されている旨が指摘されており[8]、寧ろ、この大東急記念文庫本が豊臣秀吉備進本に該当し、龍大本はその写しと捉えるべきものと考えられる。この点について、大東急記念文庫本を実見する機会を得て、その本文を確認したところ、まさに、大東急記念文庫本が豊臣秀吉備進本であり、龍大本はその写しと判断される。但し、本文の忠実な写しとは言えず、所謂、「取り合わせ」的な本文となっている点に注意が必要である。

三、本　文

本書の本文については、諸本全体の中での位置付けを考えることが必要となるものであるが、ここでは国学院大学蔵本[9]（以下、国学院本）との比較によって検討して行く。

国学院本は、本書と同様に天文八年の清原宣賢識語（［①］）を有する点で、本書と同じ天文八年清原家本の系統と考えられ、また、以下の奥書の如く、清原宣賢の自筆花押を有すること、更には、その本文自体も天文八年清原家本の中でも早い時期に成立した本文であることが指摘されている[10]ため、本書の本文を考える上での比較資料として、相応しいものと考えられる。

以愚慮一字不闕點之、賢哲之嘲甚汗面、然按察使亜相竊見之、加御奥書給、是予榮也、後來勿許聞見矣

天文九年二月十七日　環翠軒〈花押〉

本書と国学院本との比較を行なったところでは、本文の記載内容自体には大きな差異は無く、天文八年清原家本として同じ範疇に属すること、また、清原枝賢が祖父である清原宣賢の本文を継承していることが窺われる。この点は、宣賢と枝賢との講説を比較して、枝賢の講説を「忠実な祖述」とする和島芳男氏の指摘[11]とも合致するものと思われる。

その講説は多く祖父宣賢の遺訓を忠実に祖述するものであったらしい。これは清家の新注摂取が宣賢のときまでに完遂され、枝賢が新たに何ものかを加うべき余地が乏しかったからであろう。

但し、本書の大きな特徴は、『職原抄』の本文として北畠親房による当初の本文の他に一条兼良追加部分が存するとされ、その追加部分である「院廳」・「親王執柄大臣家」～「小書史」の本文と、その後に続く識語の天文八年の清原宣賢識語（［①］）、並びに、天文八年の日都護郎（三条西公条（きんえだ））識語（［②］）とが、本来は、同じ一条兼良追

加部分の「正一位」〜「少初位」の後に続くところであるにも関わらず、本書末尾に移動されており、結果として、識語の天文八年の清原宣賢識語（［①］）と天文八年の日都護郎（三条西公条）識語（［②］）と天正十年清原枝賢識語（［③］）とが並記される形となっている。

また、本来の豊臣秀吉備進本である大東急記念文庫本と比較をするならば、前述、「院廳」の前に存する「天武天皇十四年正月丁未朔丁卯更改爵位之号」から「官位相当略頌」・「僧職」・「女官」までの八丁分が、大東急記念文庫本には存しない。

このような点からすれば、本書は、天文八年清原家本系統の本文と豊臣秀吉備進本（大東急記念文庫本）の本文との取り合わせによって書写されたものと考えられる。

このような事情に基づき、本書では識語が連続しているものと考えられ、識語を並記することによって、本書の素性、即ち、取り合わせ的な事情をも明確に示したものと考えられる。その背景には、前述の如く、本書が関白備進本をも書写しているところから、宣賢の本文を継承しつつも、枝賢の立場から清原家の学問を示す「証本」を制作しようとした意図の現れとして見ることができるものと思われる。この点は、本文内容とは直接関わらないが、本書においては、国学院本で「周礼」とある所を本書では「周禮」、「権○○」とある所を「權○○」如くに正字体を用いる傾向があり、こういった字体使用も規範的意識の表出と見るならば、関白備進本作成に基づくものと考えられる。また、本書において、「院廳」以降を末尾に移動させたことについては、院政は本来、朝廷の法体系の枠外の仕組みであるため、その政務機構である院廳を末尾に配置したものかとも思われるが、この点については、歴史学からの指摘を俟ちたい。

尚、本書における本文の移動は、慶長勅版や慶長古活字版には継承されず、本書独自の有り様に留まっていることも指摘しておく。

四、訓　点

始めに述べた如く、『職原抄』を言語資料として取り扱う場合、清原宣賢の識語に「依之不依假名使．如名目點之、」とあるように、本文のみならず、その訓点に基づく「故実読み」の存在にも注目すべきものと思われ、本書においても「小舎人（コトネリ）」「上達部（カンダチメ）」「華族（クワゾク）」等々、見出し語のみならず、注記部分からも「故実読み」を抽出することができる。この点については、従来、故実書における国語史料として注目されてきた洞院実熈著『名目抄』との比較検討も今後の課題になるものと思われる。

そして、本書の本文について前項でも述べた如く、基本的には、天文八年清原家本を継承し、清原宣賢の故実読みと三条西家（実隆・公条）の故実読みとを伝えている。右の事実は、故実読みにおける「諸説の併存」を伺わせるものである。参考として、これら二つの家説の相違する例を、国学院本を用いて示す（右訓が清原宣賢訓・左訓が三条西家訓）。

不（フ）‐比（ヒ｜ビ）‐等（トウ｜ト）（国2オ6）　職（ショク｜シキ）‐員（インヲ）（国2オ7）
政（セイ｜シヤウ）‐務（ム）（国6オ7）　皇（クワウ｜ワウ）‐子（シ）（国6ウ8）
検（ケン｜ケ）‐非（ヒ）‐違（イ）‐使（シヲ）（国32ウ1）　華族（クワゾク｜族：ショク）（国36オ1）
靫負尉（ユキエノゼウノ｜ユケイノ）（国42ウ5）　合（カウ｜カツ）‐格（キヤクノ）（国65オ4）

但し、本文と同様、訓点についても枝賢による独自の改変箇所は存し、次の「大輔」の如く、国学院本では「タユウ」とするところを龍大本では「タイフ」と改めた例の存在や「施薬院使」に対する訓として、国学院本では清原宣賢訓を「ヤクインシ」、三条西家訓を「セヤクインシ」とするのに対して、龍大本ではその位置を逆転させた例等も認められる。

　大輔《タイフ／オホヒスケ》（龍13オ4）　大-輔《タユウ／ヲ、イスケ》（国15ウ4）
　施薬院使《セヤクキンシ／ヤクキン》（龍44オ7）　施薬院使《ヤクインシ／セヤクインシ》（国44ウ8）

合わせて、次の「華族」の例の如く、国学院本においては「族」字を「ソク」とするのが宣賢訓、「ショク」とするのが三条西家訓であったものを、本書では、両訓並記をしながら、合点によって三条西家訓「ショク」訓を採用している。

　華族《クワソクノ／／ショク》（龍40オ7）　華族《クワソクノ／ショク》（国45ウ5）

その一方で、三条西家訓を次の如く省略した例が見出せる。

　東宮坊《トウグウバウ》（龍39ウ3）　東宮坊《トウクウハウ／ミコノミヤツカサ道》（国44ウ8）
　源信《マコト／ク》（龍76オ8）　源信《マコト／ノブ》（国89オ3）
　百-工《ヒヤッコウノ》（龍30ウ4）　百-工《ヒヤククカウノ／ハツ道》（国35オ5）

以上のような例の存在は、枝賢の、三条西家訓を用いた清原家訓の点検と相対化に基づく「他家訓の取捨選択」の意識を窺わせるものと考えられ、豊臣秀吉備進本書写を契機とした清原家訓の確立を目指した側面を看取することができるものと考えられる。この点については、本書の独自注記として、次の「成務天皇」の訓「セイム」について「家説」としたところにも窺われる。

　成務天皇《家訓セイム／シヤウム》（龍54ウ7）　成-務天-皇《セイムテンワウ／シヤウ》（国63オ2）

但し、このような清原家訓と三条西家訓との相違がどのような素性の「故実読み」であるのかについても考える必要があり、この点についても触れてみたい。

中世後期における『職原抄』の注釈研究は、京都における清原家がある一方、東国においては足利学校を中心とした教学群の存することが加地氏によって指摘されており(12)、そこにおいては本文自体にも相違の存することが指摘されている。

そこで、この東国に於ける『職原抄』の教学の一端として、国会図書館蔵本（請求番号WA16-78：以下、国会本：インターネット上でも画像が公開されている）に注目したい。

此書は、龍谷大学本等の一条兼良の本奥書を有する写本とは書写の系統の異なる源顕統の本奥書を有する写本であり、また、次の奥書の如く、東国において書写したことの明らかなものである。

天文十五年柔非執将桃浪十六日畢武州足立郡鳩井慈林寺住筆者朝宗之

此書と本書とを比較をするならば、先に提示した例と対応する箇所についても、「靫負尉（ユキエノゼウノ）」・「検非違使（ケンヒイシヨ）」・「政（セイ）務（ム）天皇」・「華族（クワシヨク）」等、一致例の多いことに気付かれる。この点から考えるならば、学問世界における『職原抄』の故実読みは東国・京都共に一定の共通性を有していたものと考えられる。即ち、清原家訓は、そのようなものとして捉えることができる。

その一方で、国会図書館本については、三条西家の如き訓、特に「東宮坊（トウクウハウ／ミコノミヤツカサ遉）」（国44ウ8）の左訓の如き訓読を主体とした和訓については、「春宮坊（トウ／ミヤコノミヤツカサ）」の如く一致しない、もしくは、和訓自体が示されない例の多いことに注目できる。つまり、和訓である三条西家説は、東国の『職原抄』研究や京都・清原家における家学としての『職原抄』研究とは異にしていることが知られる。

前述の如く、学問系等の異なる、東国と清原家との両者において、『職原抄』掲載語の故実読みが共通している点から考えるならば、これらの読み方が当時における通用の「故実読み」と考えられる。「故実読み」とは一般に、例えば、吉川弘文館刊行の『国史大事典』「故実読み」の項によれば、「漢字一字または二字以上の連結形式が、一つの概念をあらわす語の表記と考えられるとき、そのよみ方を、一般の字音・字訓の慣用によって推理すると、かえって誤読となるような、伝統的な特殊なよみ方をすることをいう。」とあるように、「伝統的な特殊なよみ方」として捉えられているが、宮中において実際に使用される語である以上、東西において通用するのは当然であり、学問系統が異なろうとも、その読み方が大きく異なることは無く、寧ろ、共通、若しくは基本的には近くなることは自然なものと考えられる。その一方で、「春宮坊」における和訓は『和名抄』において「みこのみやのつかさ」と記載されるように、音読「トウグウバウ」とは位相を異とする。この点は、「東宮」を、『古今和歌集』巻第十八雑歌下（九六六番歌）の詞書きに「みこの宮のたちはきに侍りけるを」としていることからも窺える。

つまり、音読としての故実読みが通用として用いられる一方で、和訓としての故実読みも古くから存在しており、三条西家は通用の音読とは位相を異にする和訓の故実読みに、家説の存在を顕示していることが窺われる。また、「東宮坊」を例とすれば、『和名抄』の和訓「みこのみやのつかさ」とは異なる「東宮坊（トウクウハウ）」（国44ウ8）「みこのみやつかさ」（「東宮坊（トウクウハウ・ミコノミヤツカサ道）」国44ウ8）を示している点にも、独自性が窺える。

当代随一の文化人として、また、「古今伝授」の家であった三条西家としては、漢籍を司る清原家や足利学校の教学とはその立ち位置を別にしながら、「和の家」としての立場から、和訓としての「故実読み」に家説としての存在を表明・顕示することに意義を見出していたものと考えられる。

即ち、故実読みについては、音読・訓読それぞれが位相を異とし、また、それぞれに家説が存在しており、清原家や三条西家、また東国教学の如く、その背景を踏まえた上で、その実態を資料に沿って分析することの必要性が窺われる。

五、「故実読み・故実語」研究の課題

本稿では、龍大本を手懸かりとして、故実読みにおける異説の存在や「他家訓の取捨選択」に基づく新たな家説の確立を行なう一方で、通用としての音読と、それとは位相を異にする訓読（和訓）の存在、そして、三条西家における家説の顕示の可能性を示した。

このような故実読みにおける異説の併存や創出・確立の問題については、『職原抄』点本のみに限ることではなく、次の如く、従来より指摘が存するように、中世前期にも存する。

左大将云、修理大夫訓読如何、答曰、北山之所注、作リ納ムル官也、予案之、尚納メ作クル官也、見資仲抄也
（『玉葉』嘉応元年正月七日条）

右の例は、峰岸明氏が紹介した例(13)で、「修理大夫」の訓読として、『北山抄』では「作リ納ムル官」とし、『資仲抄』では「納メ作クル官」とした例である。そして、故実書として重視された二書における異説を示した例でもある。

また、仁和寺守覚法親王（一一五〇〜一二〇二）の『右記』の記事として、建久三年八月二十四日の条に、「源宰相」「平宰相」「藤宰相」の「宰」字を濁音にし、「源中納言」「平中納言」「藤中納言」の「中」字を濁音にする人と清音に呼ぶ人とあり、「権僧正」の「僧」字、「導師」の「師」も清濁両音が行われているがどうかと云う問に対して、これらは皆濁音に呼ぶべきであって、清音は有識者には「未二承及一事」としている例を、小林芳規氏が指摘している(14)。

右の如く、中世における異説の存在については、従来より指摘されているところではあるが、その異説成立の背景に言及したものとして、山本真吾氏の指摘に注目できる。

山本氏は、次に示す『徒然草』百六十段における用語の問題について、その本文を挙げながら、

門に額懸くるを「打つ」と言ふは、よからぬにや。勘解由小路二品禅門は、「額懸くる」とのたまひき。「見物の桟敷打つ」も、よからぬにや。「平張打つ」などは、常の事なり。「桟敷構ふる」など言ふべし。「護摩焚く」と言ふも、わろし。「修する」「護摩する」など言ふなり。「行法も、法の字を清みて言ふ、わろし。濁りて言ふ」と、清閑寺僧正仰せられき。常に言ふ事に、かゝる事のみ多し。

（『徒然草』百六十段）

従来は、吉田兼好の「尚古主義的言語規範意識」として捉えられてきた言語使用の問題について、この百六十段においては、「当代の言語現実」を採用したものとして、次の如く述べている。[15]

兼好の生きた時代の現実の言葉の運用の中に、その判断の基準を求めようとしたらしいことが判明した。『徒然草』には、兼好の、つねに現実を見ることから思考を深めてゆく姿勢が看取され、この思考の性格が、一言語規範にまで及んだものと考えられるのである。

兼好は、古典の言語世界に憧憬していた一方で、当代の言語現実を直視しなければならず、規範を模索しなければならなかった。この二つの意識の相克にこそ、鎌倉時代という一言一語変革期に生きた兼好の言語意識の特質を認めたいと思うのである。

山本氏の指摘は、言語変化に基づく読み方の多様化によって「規範の模索」をせざるを得ない状況の中で、「当代の言語現実」を採択していく方向の存することを示唆している。このことは、言語変化や新しい時代の言語生活が新たな「故実語（故実読み）」の成立（寧ろ「作成」と云うべきか）の契機となり得ることを窺わせるものである。そして、このような行為は、兼好法師だけでなく、平安時代から鎌倉時代へと移り変わる「大きな言語変革期を実体験とした知識人」の一つの共通的な認識のようにも思われ、例えば、その最たるものの一つとして「定家仮名遣」を挙げることができ、こういった点にも注目すべきではないかと思われる。

そして、このような点については、加地宏江氏の指摘する、[16]中世における新たな講説の展開にも注目できる。

『花園院日記』元亨三年七月十九日条に、

都無レ知ニ実儀一、只依ニ周易・論孟・大学・中庸一立レ義。無ニ口伝一之間、面々立ニ自己之風一。

と記される。これまで日本では明経博士家に家点があり、家学として伝授され、それ以外の自由な解釈を許さなかった。しかし宋代に起こり、日本に伝来した四書の学は家学成立以後のものであるため、明経家に伝授すべき家点がない。この史料は明経家学の束縛から脱して、新しい学問研究に惹かれる貴族や僧侶たちが「自己之風を立」てて講説を展開したことを語っている。

故実語研究は、アクセント研究等の純粋な言語分析を除けば、その成立や使用の背景の問題について、従来、権威に基づく言説とその継承（王朝文化への憧憬・尚古意識）という側面から分析されることが多いように思われるが、故実語（故実読み）の成立を、言語事象の変遷の如く、故実語の継承と創出・表出という両側面から分析する視点の導入も課題と思われる。

先に述べた如く、「故実読み」生成の一因として言語変化に基づく読法の派生という点から考えるならば、音読・訓読それぞれにおける「故実読み」の変遷の過程を辿ることが必要になるものと思われる。実際に、前掲の「大輔」の読みの揺れ（資料中の例「タイフ・ダイフ・ダイブ・タユウ」）は、これに当たるものと考えられる。

また、侍読の家として、清原家重代の家説の如き、故実語の継承としての存在の一方で、三条西家の場合には、歌学・古典学の側からの新たな説の提示、勿論、和訓自体は『和名抄』において掲出されるようにその存在自体は既に存在するものの、その和訓に意義を認め、そこを家説として示す点には、三条西家としての新たな動きを看取することができ、継承と創出という両側面を窺うことができるものと思われる。

そして、このような旧来の「故実読み」と新来の「故実読み」の揺れ、異説の複数併存は、新たな「規範の模索」とも繋がり、『名目抄』の如き「故実読み」の書を生み出す契機ともなっていくものと思われ、故実書成立の問題としても視野に入れるべきものと思われる。

六、おわりに

以上、本稿においては、『職原抄』の訓点を「故実読み」の資料として位置付けることを前提に、本書が中世後期における清原家学に基づく、特に清原宣賢の学問を継承した清原枝賢の『職原抄』研究の集大成とも言うべきものである点に価値を見出すべきことを指摘した。

そして、故実語や故実読みが共時的な視点から、伝統の継承と諸説の併存の指摘に留まりがちな中にあって、「伝統的な故実読み」の一方で言語変化に伴う「新たな読み」が表出・創出される例を指摘することで、「故実読み」の分析に対する通時的な視点を導入すると共に、その画期として、従来より指摘される院政・鎌倉時代だけでなく、本書の実態、及び、言語の変革期という視点からすれば、室町時代後半から安土桃山時代、本書の訓点の素性となる時期にも注目できるものと思われる。

そして、そのような視点からすれば、本書の両説（清原家訓と三条西家訓）における性格の相違についても、単に両説の違いに留まらず、時代的問題や両家の学問的立ち位置自体に基づく故実語・「故実読み」の継承と創出の問題を考える手懸かりになるものと思われる。

今後の課題としては、『職原抄』の訓点として現れた「故実読み」の始原の追求と、東西二流の訓読の実態解明、更には、「故実読み」の通時的分析が必要になるものと思われ、併せて、その基礎作業としての、資料の渉猟をも進めて行きたい。

[注]

(1) 吉池慶太郎『米沢善本の研究と解題』（市立米沢図書館　一九五八）
本文は、市立米沢図書館デジタルアーカイブビューアーで閲覧可能
(2) 宮内庁書陵部本が、「書陵部所蔵資料目録・画像公開システム」で閲覧可能。
(3) 白山芳太郎『職原鈔の基礎的研究』（神道史学会　一九八〇）
(4) 注（3）文献
(5) 國學院大學貴重書影印叢書『神皇正統紀・職原抄』（大学院六〇周年記念國學院大學影印叢書編集委員会編　朝倉書院　二〇一四）
(6) 内閣文庫所藏史籍叢刊 古代中世篇〈第六巻〉『職原抄・吉口伝』（新井重行・高田義人解題　汲古書院　二〇一三）
(7) 加地宏江『中世歴史叙述の展開『職原鈔』と後期軍記』（吉川弘文館　一九九九）
(8) 注（3）文献
(9) 注（5）文献
(10) 注（5）文献
(11) 和島芳男『中世の儒学』「清家学の展開」（吉川弘文館　一九六五）一九八頁
(12) 注（7）文献
(13) 峰岸明『平安時代古記録の国語学的研究』（東京大学出版会　一九八六）
(14) 小林芳規『中世片仮名文の国語史的研究』（『広島大学文学部紀要』特輯号3　一九七一）
(15) 山本真吾「兼好の言語規範意識の一側面―『徒然草』第百六十段（門に額かくるを）を手懸りとして―」（『人文論叢』（三重大学）第一一号　一九九四）
(16) 注（7）文献

[付記]　本稿は、仏教文化研究所・第一〇回研究談話会（二〇一六・一・二八）において「龍谷大学図書館蔵『職原抄』の史料的性格」と題して発表した内容、また、龍谷大学仏教善本叢書『中世国語資料』の解題の内容に加筆修正した

ものである。

調査に際しては、龍谷大学図書館並びに大東急記念文庫より、多大なるご高配、ご厚恩を賜りましたこと、心より深謝申し上げます。

龍谷大学図書館蔵『異名盡幷名字盡』の語彙について

三宅　えり

一、はじめに

龍谷大学図書館蔵『異名盡幷名字盡』[1]（以下、龍谷大学本と略す。外題は『異名盡』。ただし、改装と思われるので、内題にしたがって『異名盡幷名字盡』と記す）は、現時点の調査では孤本である。まず、『異名盡幷名字盡』の概要を紹介する。『異名盡』という見出し語は無いが、六〇〇語あまりの異名を六二項目に分類した「異名盡」の部分があり、さらに『幷名字盡』という見出し語を備えた「名字盡」の部分に一三二の名字を収める意味分類体辞書である。本文三〇丁のうち、一丁から二二丁まで「異名盡」の語彙を列挙し、その後、二三丁から二六丁まで四丁分の「名字盡」の部分を挿入、さらに二七丁から三〇丁まで四丁分の「異名盡」（『異名盡』という見出し語は無し）の記述が続く。三〇丁の最後の行に「延徳参年　菊月七日書寫之劫終了」と書写時期を記し、三一丁表に「天文七年ニ當寺江善正寄進数帖之内也　常楽寺　花押」とある。一四九一年には成立していた書物であるが、選者は未詳。本文は一面に五行、一行に四語を列挙することを基本とする。ただし、複数の語が補入されることも多い。基本的に単語のみを列挙し、注はほとんどない。単語のよみが記されるものも少ない。以下、項目を列挙する（番号は「異名盡」の項目のみに付す）。

「異名盡」（一丁～一二丁）

1 日異名
2 月異名
3 星異名
4 春之異名
5 夏之異名
6 秋異名
7 冬異名
8 正月之異名●
9 二月之異名●
10 三月之異名●
11 卯月之異名●
12 五月之異名●
13 六月之異名●
14 七月之異名●
15 八月之異名●
16 九月之異名●
17 十月之異名●
18 十一月之異名●
19 十二月之異名●
20 家之異名◎
21 墨之異名○
22 筆之異名○
23 硯之異名△
24 紙之異名△
25 飯之異名
26 酒之異名
27 雨之異名○
28 雪之異名◎
29 灯之異名○
30 香炉之異名○
31 茶之異名○
32 書箱之異名◎
33 鏡之異名◎
34 扇之異名◎
35 枕之異名◎
36 柱杖之異名◎
37 馬之異名○
38 牛之異名○
39 兎之異名◎
40 猫之異名◎
41 雞之異名◎
42 鸖之異名◎
43 鶯之異名◎
44 雁之異名◎
45 燕之異名◎
46 郭公之異名
47 蟬之異名△
48 松之異名○
49 橘之異名◎
50 枇杷之異名◎
51 柘榴之異名○
52 柳之異名○
53 瓜之異名○
54 夢之異名◎
55 銭異名○
56 支干之異名○
57 時之異名○

「名字盡」（一二三丁～一二六丁）☆

「異名盡」つづき（二七丁〜三〇丁）

58 （武衛　典厩　御曹司）　59 四方四角之部　60 親類之部
61 諸職之部　62 京町之部●

このうち、「58 （武衛　典厩　御曹司）」は項目名がなく、語彙のみが列挙された項目である。

所収語は主に漢語。分類のための項目は、半数以上が日本で上代より読まれている中国の類書『芸文類聚』や『初学記』と重なる。そのうち、所収語が一部重なる項目もあるが、重なる語が全くない項目も多い。「異名盡」六二項目中『芸文類聚』、『初学記』と重ならない項目は、「8　正月之異名」から「19　十二月之異名」までの十二箇月の月の異名の項目一二項目と、「20　家之異名」、「31　茶之異名」、「32　書箱之異名」、「36　柱杖之異名」、「40　猫之異名」、「43　鶯之異名」、「45　燕之異名」、「46　郭公之異名」、「56　支干之異名」、「57　時之異名」、「58 （武衛　典厩　御曹司）」、「59　四方四角之部」、「60　親類之部」、「61　諸職之部」、「62　京町之部」の一五項目、計二七項目である。「異名盡」の「20　家之異名」に関しては、『芸文類聚』に「宅舎」、『初学記』に「宅」、「36　柱杖之異名」に関しても、『芸文類聚』に「杖」という類似の項目がある。『芸文類聚』、『初学記』には、もともと十二箇月の月に関する項目はないが、「春」、「夏」、「秋」、「冬」の四季の項目所収語の中に十二箇月の月の異名と重なるものがある。

「異名盡」六二項目中三五項目およびその所収語と「名字盡」の所収語はほぼ『類集文字抄』[2]と重なる（表中の◎○△印）。『類集文字抄』（続群書類従本）は奥書に「文明十八歳八月日書畢　乙夜叉丸」とあり、一四八六年には成立していた意味分類体辞書。◎印の一七項目は『類集文字抄』と項目、所収語が一致する。○印一五項目の項目名および所収語は『類集文字抄』の「○○異名」の項目および所収語とほぼ一致。特に「31　茶之異名」以下「57

時之異名」までは、「46　郭公之異名」を除き、『類集文字抄』第十五・諸物異名部と項目名および所収語がほぼ一致し、項目の配列も一致している。『類集文字抄』に「郭公之異名」の項目はない。△印の「23　硯之異名」は『類集文字抄』で「筆之異名」に誤ってとられている「甓」以下の語を補入している。「24　紙之異名」は『類集文字抄』で「硯之異名」に誤ってとられている「厚紙」以下の語のいくつかを補入している。また、『類集文字抄』では、「蟬之異名」、「魚之異名」、「梅之異名」と分類されて収められた語が、「異名盡」では、すべて「47　蟬之異名」（△印）に入っている。[3] そして、☆印の「名字盡」は『類集文字抄』第十六・名字幷氏姓部の名字の部分とほぼ一致する。龍谷大学本『異名盡幷名字盡』の項目、および所収語は、『類集文字抄』第十四・嫁娶幷灯焼部の「灯之異名」、「香炉之異名」以下、第十六・名字幷氏姓部の巻末「氏姓部」を除く部分まで連続して項目、語彙が重なることから、主に『類集文字抄』の異名部および名字部を書き抜いたもの、あるいは、両書が共通して参考にした書物があり、そこから書き抜いたものと思われる。『類集文字抄』の語彙と龍谷大学本『異名盡幷名字盡』の語彙は重なるものが多いが、よみを記した語、よみの表記については必ずしも一致していない。

次に『類集文字抄』とあまり関わりがない項目の語彙について考察したい。●印の「8　正月之異名」から「19　十二月之異名」については『撮壌集』[4] 上・天象部・四時・十二月異名と重なるものが多い。また、「62　京町之部」は『撮壌集』中・洛中条里・横小路・竪小路とほぼ一致する。『撮壌集』横小路所収の「信濃小路」が「62　京町之部」では「信乃小路」となっている。また、『撮壌集』竪小路は項目のはじめに「西朱雀」、項目の最後に「東朱雀」とあるが、「62　京町之部」では『撮壌集』竪小路にあたる部分が、いずれも「朱雀」ではじまり「朱雀」で終わっている。『撮壌集』は飯尾永祥が享徳三（一四五四）年に記した幼学のために記した簡易な百科便覧である。

「4　春之異名」、「5　夏之異名」、「6　秋異名」、「7　冬異名」に関しては文明十一（一四七九）年本『下学集』[5] に異名と記される語が龍谷大学本『異名盡幷名字盡』に収められている。当該の文明十一年本『下学集』時節門の春夏秋冬の項を挙げる（〈　〉内は分かち書き。異体字は現行の文字に改めた）。

春〈異名　青帝（セイテイ）　青陽（セイヤウ）　東君（クン）　麗景（レイケイ）　芳春〉　夏〈異名　朱明（シユメイ）　三伏（フク）　朱光　暑日（シヨ）　金柯（カ）〉　秋〈異名　白蔵　商（シヤウ）　天　清秋　白秋　索秋（サク）〉　冬〈異名　極時　暮（ホ）節　諾名（タクメイ）　猪（チヨ）冬　九冬〉

このうち、春異名の「青陽・芳春」、夏異名の「朱明・金柯」、秋異名の「白蔵・清秋」、冬異名の「九冬」が龍谷大学本『異名盡幷名字盡』に収められている。なお、秋異名の「索（サク）秋」は「素秋」の誤記かもしれない。「素秋」は、龍谷大学本『異名盡幷名字盡』「6　秋異名」所収の語である。

以上、龍谷大学本『異名盡幷名字盡』所収の語を概観すると、龍谷大学本『異名盡幷名字盡』の「異名盡」は同時代の「異名」に関する記述を収集したものと思われる。

本稿では以下、室町時代の異名に対する意識、どのような語を異名と捉えていたのかについて、龍谷大学本『異名盡幷名字盡』の「異名盡」の語彙を素材として考察していきたい。

二、異名を所収する書物

まず、「異名」とは何か。相坂一成氏[6]や原卓志氏[7]が指摘しているように、橘忠兼が著した『色葉字類抄』の三巻本畳字部に「別名」の記載がみられ、その「別名」こそが「異名」であると考えられる。たとえば、「星〈ホシセイ〉〈貫珠　分位　司夜　已上星別名也〉」（〈　〉内は割注。以下、割注は〈　〉内に示す）との記載がある。この場合、割注の「貫珠」以下の語が見出し語である「星」の別名と規定される。また、「銀漢〈キンカン　天名〉」のように「○○名」と注記される語は、「○○」と示される名称に対する「別名」である。この場合は「天」の別名が「銀漢」[8]ということになる。これらの「別名」は天養～長寛年間（一一四四～一一六五）に成立した二巻本の『色葉字類抄』には見られず、治承年間（一一七七～一一八一）に成立した三巻本で増補されたものであると前掲の両氏の指摘がある。こうした「別名」を嚆矢とし、第一章で引用したとおり、『下学集』に「異名」の記載がなされる等、辞書の中に「異名」が所収されるようになる。[9]

次に「異名尽くし」として異名のみを収集したものについて概観したい。その早い例として、辞書の巻末、往来物の巻末に記されたものがある。たとえば『大乗院雑筆集』（室町中期写本）の巻末がそれである。[10]これについて、石川謙氏は、「『大乗院雑筆集』に収めた教材を見ると、非分類字盡、分類字盡、を大がかりに集めた後につづいて、『四季』、『十二月』、『干支』、『方角』の四種を載せてある。この四類は、近世になつて、初学課程の重要な教材として取りあげたもので、尊圓親王によつて、吉野初期からとり扱われ始めたところに、教科書史上、注目すべき意味がある」とする。『四季』は「春　夏　秋　冬」と記すのみ。『十二月』には十二箇月の月の異名が一つの月に対して一語ずつ記されている。

また、石川氏は、「『文明十八年（1486）六月二十五日、右筆壽哲、生年二十六歳等順』と記した『富士野往来』『消息往来』の合綴本の巻尾に、「四季異名」、「十二月異名」、「諸品異名」（諸品異名の四字は原本にはない。編集者がかりに付けたもの）の三点を添加してある」としてその全文を掲げている。この「四季異名」「十二月異名」「諸品異名」のうち、龍谷大学本『異名盡幷名字盡』の「異名盡」と一致するものを次に列挙する。異体字のものは同一語と見なした。（）内に項目所収語数にしめる「異名盡」と一致する語の数を示す。「月異名」に関しては、『大乗院雑筆集』巻末の『十二月』所収語とも一致するものに★印を付けた。◎印は所収語が龍谷大学本『異名盡幷名字盡』と全て一致したもの。

「四季異名」

春　芳春　花月　青陽　和暖　（九語中四語）

夏　朱夏　炎夏　炎節　炎天　炎熱　（九語中五語）

秋　白蔵　金商　素商　素秋　涼秋　清秋　涼風　（八語中七語）
冬　玄冬　玄芙　厳冬　寒冬　（八語中四語）

「月異名」

正月◎　大簇★　上春　献春　（三語中三語）
二月◎　夾鐘★　仲春　仲陽　（三語中三語）
三月◎　沽洗★　季春　暮春　（三語中三語）
四月◎　仲呂(11)★　孟夏　維夏　首夏　（四語中四語）
五月◎　蕤賓★　仲夏　（二語中二語）
六月◎　林鐘★　季夏　（二語中二語）
七月　夷則★　孟秋　初秋　（四語中三語）
八月◎　南呂★　仲秋　仲商　（三語中三語）
九月◎　無射★　季秋　暮秋　季商　（四語中四語）
十月　応鐘★　（三語中一語）(12)
十一月　黄鐘★　仲冬　（三語中二語）
十二月　大呂★　暮冬　（五語中二語）(13)

「諸品目異名」のうち項目が一致するもの（九項目中七項目）

・鏡異名　扇異名　墨異名　銭異名(14)　以上四項目、項目のみ一致。
・紙異名　魚網　白麻　（六語中二語）
・橘異名　金鈴　（二語中一語）

・瓜異名　五色　（六語中一語）

さて、ここに出て来た「異名」の多くは、類書などにも所載されている。ここでは、唐代の類書『初学記』に拠って見てみることにする。「四季異名」、「月異名」の所収語、および龍谷大学本『異名盡幷名字盡』の「異名盡」の四季の異名および十二箇月の月の異名は、『初学記』の「春」、「夏」、「秋」、「冬」の四季の項目に「梁元帝纂要曰」として示される語と重なるものがある。以下、『初学記』春夏秋冬の項に「梁元帝纂要曰」として示された語のうち、「異名盡」と重なるものを示す。異体字のものは同一語と見なした。「異名盡」の四季の異名に当たるものには。。、十二箇月の異名に当たるものには、・・を施す。「四季異名」、「月異名」の語に重なるものに関しては□を施した。

『初学記』春

梁元帝纂要曰、春曰二青陽〈気清而温陽〉一。亦曰二発生、芳春、青春、陽春、三春、九春一。天曰二蒼天〈万物蒼蒼而生〉一。（中略）正月孟春。亦曰二孟陽、孟陬〈音鄒〉、上春、初春、開春、発春、献春、首春、（中略）華歳一。二月仲春。亦曰二仲陽一。三月季春。亦曰二暮春、末春、晩春一。

『初学記』夏

梁元帝纂要曰、夏曰二朱明〈気赤而光明〉一。亦曰二長嬴[15]〈以征反〉、朱夏、炎夏、三夏、九夏一。（中略）節曰二炎節一。（中略）孟夏。亦曰二維夏、首夏、季夏一。（後略）

『初学記』秋

梁元帝纂要曰、秋曰二白蔵〈気白而収二蔵万物一〉一。（中略）亦曰二三秋、九秋、素秋、素商、高商一。（中略）風曰二商風、素風、凄風、高風、涼風、激風、悲風一。（中略）七月孟秋、首秋、上秋、肇秋、蘭秋。八月仲秋。亦曰二仲商一。九月季秋。亦曰二暮秋、末秋、暮商、季商、杪秋一。（後略）

『初学記』冬

梁元帝纂要曰、冬曰二玄英一〈気黒而青英〉。（中略）亦曰二玄冬、三冬、九冬一。（中略）十月孟冬。亦曰二上冬一。亦曰二陽月一〈此時純陰用レ事。嫌二其無一レ陽。故曰二陽月一〉。十二月季冬。亦曰二暮冬、杪冬、除月、暮節、暮歳、窮稔、窮紀一。

また、『初学記』の四季の項目には、五経の一つである『礼記』の月令が引かれている。「孟春之月（中略）律中大簇」、「仲春之月（中略）律中夾鐘」、「季春之月（中略）律中姑洗」、「孟夏之月（中略）律中仲呂」、「仲夏之月（中略）律中蕤賓」、「季夏之月（中略）律中林鐘」、「孟秋之月（中略）律中夷則」、「仲秋之月（中略）南呂」、「季秋之月（中略）律中無射」、「孟冬之月（中略）律中応鐘」、「仲冬之月（中略）律中黄鐘」、「季冬之月（中略）律中大呂」とある。これらは、『大乗院雑筆集』巻末『十二月』所収語とも一致する。また、『礼記』月令の「○○之月」の「○○」は、「孟春」、「季冬」を除き、『富士野往来』『消息往来』合綴本の巻末の「月異名」の所収語とも一致する。「月異名」三月に「沽洗」とあるが、「姑洗」と「沽洗」は、文明十一年本『下学集』に「姑洗〈三月或―作沽〉」とあり、同一のものと考えられていた[16]。

このように近世の初等教育に引き継がれる「四季異名」、「月異名」の語彙の淵源は『初学記』所引の中国の古典（『礼記』）に求めることが出来る。なお、「異名」の前身と思われる三巻本『色葉字類抄』の「別名」が『初学記』の「事対」などと呼ばれる語群と深い関係にあるという先学の指摘がある[17]。また、「諸品目異名」の九項目、「鏡」、「扇」、「墨」、「紙」、「刀」、「銭」、「橘」、「瓜」、「舟」も、すべて『初学記』と一致しており、直接的な典拠としてではないかもしれないが、『初学記』という類書の与えた影響は大きい。

三、『雲州往来』実憲注と龍谷大学本『異名盡幷名字盡』の語彙

前掲の文明十八年の奥書を持つ『富士野往来』『消息往来』の合綴本の巻尾に付された「四季異名」、「十二月異名」、「諸品異名」について石川氏は「こうした、いろいろな異名が、古い往来を読む際、自ら手紙を書く際に、必要な用語であつたところから、とくに取り出して学習させたのである。五山學風の影響下にあった室町時代の書簡体において、読解にも習作にも、こうした学習を必要とした」とする。そこで、どのような「異名」が学習すべきものであったのか、更に検討しておきたい。

往来物の嚆矢、平安中期の漢学者、藤原明衡（九八九〜一〇六六年）の撰による『雲州往来』（『明衡往来』）には、注の施されたものがある。その注より、龍谷大学本『異名盡幷名字盡』の「異名盡」所収の語と重なるものを抜き出し、考察を加えたい。ここで取り上げるのは、享禄五（一五三二）年正月二十六日に興福寺別当の宣下を受けたと思われる僧実憲の注である[18]。ただし、実憲は多くの語に付注しているが、最も善本とされる享禄二年本所収語と、実憲の付注した語とをつき合わせてみると、必ずしもすべてが一致するわけではない。ここでは、実憲の付注した語のうち、享禄二年本『雲州往来』にも所収の語のみを抜き出し、龍谷大学本『異名盡幷名字盡』の「異名盡」所収の語と重なるものを拾った。結果として、得られたのは「沽洗」「炎天」「汗血」「盧橘」の四語である。わずか四語ではあるが、詳しくみていくと、こうした語への関心の背景が見えてくるように思える。

『雲州往来』実憲注にみられる龍谷大学本『異名盡幷名字盡』の「異名盡」の語彙について文明十一年本『下学集』、三巻本『色葉字類抄』、『文鳳抄』の語彙との重なりをも併せて次に挙げる。また、菅原為長（一一五八〜一二四六年）による『文鳳抄』[19]所収の語も参照する。同書の成立は嘉禎元（一二三五）年頃、『初学記』等の類書に掲げられるような項目を挙げ、それらの項目ごとに詩文に関する漢語が収められている。龍谷大学本『異名盡幷名字

盡』の「異名盡」の語と重なるものも多い。実憲注の数字は丁数と行数。

「異名盡」	『雲州往来』実憲注	文明十一年本『下学集』	『色葉字類抄』（三巻本）	『文鳳抄』
○三月之異名 沽洗	5オ6 沽洗者三月也	時節門 姑洗〈三月或—作沽〉	「古」の畳字 沽洗〈三月名コセン〉	暮春 姑洗〈三月云二——一〉
○夏之異名 炎天	22オ3 夏天熱也	ナシ	「江」の畳字 炎天〈天部夏天〉	雑夏 暑気〈炎天〉
○馬之異名 汗血	16ウ6・7 竜馬汗血色也	ナシ	ナシ	ナシ
○橘之異名 盧橘	28オ6・7 花橘也	ナシ	ナシ	ナシ

享禄二年本にはなく、実憲注本にのみ見られる語句は、書簡には日付が記されるので十二箇月の異名が多い。それに対して「孟春者正月也（2ウ7）」、「孟夏者四月也（12オ2）」、「首夏者四月也（14ウ1）」等の注が付けられている。同様に、表中の「沽洗（姑洗）」もすでに第二章でみた三月の異名である。『初学記』三月三日所収の晋の張華「上巳篇」に「姑洗応二時月一、元巳啓二良辰一」とある。日本漢詩にも明衡と同時代の漢詩人、菅原在良「暮春於二醍醐寺一即事」（『本朝無題詩』[20]巻九）に「沽洗芳辰春景暮、醍醐法味寺名存」とある。

「炎天」は、『芸文類聚』夏に「宋顔延之夏夜呈二従兄散騎一詩曰、炎天方二埃鬱一、暑晏闋二塵紛一」とある。日本漢詩にも島田忠臣「夏日納涼」（『田氏家集』[21]72）に「夏日閑居要二竹樹一、炎天暑服愛二蕉紗一」、藤原周光「閑中納涼」（『本朝無題詩』[22]巻五）に「誰識炎天抛二要路一、蕉衣紗帽適二吾情一」とある。

「汗血」は『芸文類聚』馬に「史記曰、（中略）又西域伝曰、大宛国多二善馬一。馬汗血。言二其先天馬子也一。〈大宛

国嶠山上有レ馬。不レ可レ得。因取二五色牝馬一置二其下一。与集生レ駒。号二天馬子一。〉」とある。『初学記』馬にも「漢書曰」としてほぼ同文を載せる。

「盧橘」は『芸文類聚』橘に「呉録、朱光為二建安太守一、有レ橘。冬月樹上覆二裹之一。至二明年春夏一、色変二青黒一。味尤酸、正裂二人牙一、絶美。盧橘夏熟、蓋近レ是乎」とある。『初学記』橘も同文を載せる。日本漢詩にも嵯峨天皇「夏日臨二泛大湖一」（『文華秀麗集』[23] 8）に「浦香濃二盧橘一、洲色暗二蒼蘆一」とある。『和漢朗詠集』に「花橘」あるいは「盧橘」（「盧」は「廬」の場合もあり）と表記される項が設けられ、正安二（一三〇〇）年本『和漢朗詠集』[24]には「花橘」という項目名の右に「盧廬」と傍記があり、「盧橘花橘也」という割注がある。その裏書には、先に挙げた『芸文類聚』が書名を明記した上で引かれている。『和漢朗詠集』は詞華集であるが、鎌倉時代に「四部ノ読書」と称され、幼学書として用いられていた。第一章に挙げた「諸品目異名」の「橘異名」に「金鈴」（「異名盡」にもあり）とあるが、これは、『和漢朗詠集』盧橘の「枝繋二金鈴一春雨後、花薫二紫麝一凱風程」によるものと思われ、幼学書所収の語への興味が異名を収集する背景にあると考えられる。

「異名盡」所収の六〇〇語あまりの異名のたった四語についての調査ではあるが、右のとおり異名には類書所収の語で詩語として用いられたものがあり、それを学習しようとする様子が辞書や往来物の注の姿勢の中から窺える。

四、まとめ

以上見てきたところから、室町時代の「異名」に対する関心の高まりの実態が窺われるだろう。実際、この種の語を特に「異名」と呼んで問題にするようになるのは、もっぱら室町時代になってからのことである。龍谷大学本『異名盡幷名字盡』はそうした時代背景のもと、編まれたものである。特筆すべきことは、同時代の「異名」が辞書の一部、あるいは他の本の巻末等に付される小規模なものであったのに対し、六二項目に分類の上、文字通り異名のみを収集した「異名尽くし」の単著であることである。十二箇月の月の異名や「56　支干之異名」、「57　時之異名」、「59　四方四角之部」、「62　京町之部」所収の語は『撮壌集』等に示され、近世においては初学必須の語彙となった。初学者に必要な語彙を拾おうとする編集意図が龍谷大学本『異名盡并名字盡』には窺える。
また、中世に異名と捉えられた語は、『芸文類聚』、『初学記』等の類書所収の語を淵源とし、詩語として用いられたものが、往来物のような実用書に使用されるようになったものである。今後更に五山文学の漢詩や聯句での使用例、消息等を調査することにより、中世の人々が辞書や往来物の注をとおして学習した異名をどのように活用しているのかを知る必要があるだろう。

［注］
（1）龍谷大学図書館蔵『異名盡并名字盡』の引用は龍谷大学善本叢書33『中世国語資料集』（思文閣出版・二〇一七年）による。
（2）『類集文字抄』の引用は続群書類従・第三十輯下・雑部による。
（3）「魚」、「梅」の項目は『芸文類聚』、『初学記』にあり。
（4）『撮壌集』の引用は中田祝夫・根上剛士『中世古辞書四種研究並びに総合索引』（風間書房・一九七一年）による。
（5）文明十一年本『下学集』（中田祝夫・林義雄著『古本下学集七種研究並びに総合索引』風間書房・一九七一年）解題によれば、「本書の書写年時は、第一の識語が示す文明十一年でないとしても、第二の識語の永正二年より前であることは明らかであることから、この間二十六年の範囲内と考えられる」とあり、遅くとも永正二（一五〇五）年には書写されたもの。以下、文明十一年本『下学集』は本書による。
（6）相坂一成「色葉字類抄の一語彙群」（『国語学』三三輯・一九五八年六月）
（7）原卓志「色葉字類抄における類書の受容」（『広島大学文学部紀要』第四四巻・一九八四年十二月）
（8）「銀漢」は龍谷大学本『異名盡并名字盡』の「異名盡」の「3　星異名」にあり。『初学記』天、『文鳳抄』天部にもあり。

(9)『下学集』の異名については、萩原義雄「「異名」について—『下学集』の異名語彙をもとに—」(『駒澤大学北海道教養部研究紀要』31・一九九六年三月)に詳しい。ただし、調査対象は慶長十五(一六一〇)年写春良本と元和三(一六一七)年版。

(10)石川謙編『日本教科書大系　往来篇　第二巻　古往来(二)』(講談社・一九六七年)の「付録　上世・中世における初学課程—学習課程の順序にしたがって排列した教材—」。以下、石川氏の論の引用はこの書より。

(11)なお、『大乗院雑筆集』では「中呂」とするが、後述のとおり『礼記』月令に「仲呂」とあり、「仲呂」が本来。

(12)「月異名」十月に「湯月」とあり「トウゲツ」と右によみが付されているが、龍谷大学本『異名盡幷名字盡』の「異名盡」の「17　十月之異名」に「陽月」とあるのが正しいか。

(13)「月異名」十二月に「紗冬」とあり「紗」の右に「シヤウ」と付されているが、龍谷大学本『異名盡幷名字盡』の「異名盡」の「19　十二月之異名」に「杪冬」とあるのが正しい。

(14)「諸品目異名」の「銭異名」に「青鳥」とあり、右に「セイチヤウ」と付されているが、龍谷大学本『異名盡幷名字盡』の「異名盡」の「55　銭異名」に「青凫」とあり、こちらが正しい。「諸品目異名」の「銭異名」に「鵝眼」とあるものが、「異名盡」の「55　銭異名」では「我眼」と誤った形でとられている。ただし、これらを誤写の範囲ととると、「諸品目異名」の「銭異名」五語中二語が龍谷大学本『異名盡幷名字盡』の「銭異名」所収語と一致する。

(15)「四季異名」夏に「長贏」とあり、「チヤウルイ」のよみが右に付されている。龍谷大学本『異名盡幷名字盡』の「異名盡」の「5　夏之異名」では「長贏」と記されている。

(16)文明十一年本『下学集』は第一章に挙げたとおり、時節門に四季の「異名」を収める。また、時節門の十二月の名称の後に十干十二支、時の名称を収める。そして、天地門に龍谷大学本『異名盡幷名字盡』の「異名盡」の「62　京町之部」にあたる記述を収める。「62　京町之部」とは、「信乃小路」と「唐橋」の位置が入れ違いになっていること、「62　京町之部」が「已上南北三十八町」と記す「已上」がないこと、最後の割注に「西京略而不㆑記焉」という記述が付加されていること以外は、「62　京町之部」と割注の部分まで一致する。文明十一年本『下学集』の初学に対する姿勢と龍谷大学本『異名盡幷名字盡』の「異名盡」の姿勢は似ている。

(17) 注(7)に同じ。
(18) 三保忠夫・三保サト子『雲州往来　享禄本　本文』(和泉書院・一九九七年)の「参考資料　実憲本の割注」による。享禄二年本『雲州往来』も、この書による。
(19) 本間洋一校注『歌論歌学集成　別巻二　文鳳抄』(三弥井書店・二〇〇一年)による。
(20) 本間洋一『本朝無題詩全注釈　第三巻』(新典社・一九九四年)による。
(21) 小島憲之監修『田氏家集注　巻之中』(和泉書院・一九九二年)による。
(22) 本間洋一『本朝無題詩全注釈　第二巻』(新典社・一九九三年)による。
(23) 小島憲之校注『日本古典文学大系69　懐風藻　文華秀麗集　本朝文粋』(岩波書店・一九六四年)による。
(24) 伊藤正義・黒田彰・三木雅博編著『和漢朗詠集古注釈集成　第一巻』(大学堂書店・一九九七年)による。

親鸞自筆『教行信証』に付された角点の基礎的研究

能美潤史

はじめに

二〇〇三年七月から約一年かけて行われた親鸞自筆『教行信証』（坂東報恩寺にかつて所蔵されていたことから、通称「坂東本」という。本小論でも、以下、坂東本と略称する）の解体修理において、当時、画期的な発見がなされた。すなわちそれは、坂東本の中の八百箇所以上にわたって、角筆を用いて書き込まれたと思われる角点が発見されたのである。角筆とは尖った木の先などで紙に凹みをつけながら記述をする、墨を使わない筆記用具であり、この角筆によって記された訓点のことを角点という。しかし、坂東本における角点の発見については、すぐに公表されることはなく、三年後に新聞やテレビなど、角点発見の情報を得たメディアがその事実を一斉に報じた。その際、「親鸞の秘密の書き込み」「親鸞コード」「親鸞教学に新たな流れ」などとセンセーショナルに報じられたこともあり、世の耳目を集めることとなった。しかし、発見された角点の内容についてはその後も長きにわたり、坂東本の所蔵元である真宗大谷派において調査が続けられ、他派の研究者は角点の全貌が公開されることを一日千秋の思いで待っていた。そして、二〇一五年九月、角点が書き込まれた箇所とその内容とを明示した『坂東本「顕浄土真実教行証文類」角点の研究』（以下、『角点の研究』と略称する）が東本願寺出版より刊行され、坂東本において見つかった角点の全貌が明らかとなったのである。しかし、如何せん角点の書き込み箇所が八百箇所以上と多いためか、角点の全貌を明かした書籍の発刊以後も、坂東本の角点に関する研究論文はほとんど出されていない状況である。そこで小論では、全貌が明らかとなった坂東本の角点について、まずはその基礎的内容を考察し、またそこからみえてくる仮名遣い等の問題について言及していきたい。

一、仏書における角点について

角筆を用いて書かれた文献については、「現存する角筆文献は紙本の文字資料としては、奈良時代を最古として、各時代を通じてみられ、最新は大正時代までの長きにわたっている」(1)と指摘されるように、角筆文献は日本の文字文化において欠くべからざる要素であるといえる。しかしまた、角筆文献や角点の研究がこれまで盛んに行われてきたのかといえば、実はそうではなく、近年になってようやくその存在が再確認され、訓点語研究の第一人者である小林芳規氏を中心に精力的に研究が進められて、研究の蓄積は日進月歩の様相を呈している。そこでまずは、角筆文献の基本的特徴と、とりわけ仏書にみられる角点について触れておきたい。

角筆については序論でも簡単に述べたが、小林芳規氏は以下のように解説している。

角筆は箸一本の形で、象牙や堅い木や竹で作り、一端を筆先の形に削り、その尖らせた先端を和紙などの面に押し当てて凹ませて迹を付け、文字や絵などを書いた。毛筆が主な筆記用具であった時代に、今日の鉛筆のように使われ、毛筆と並んでそれを補うもう一つの筆記具であった。毛筆が墨や朱などの「色」で文字や絵を記すのに対して、角筆の文字は光と影で浮かび上がる凹線である。それは視覚に訴えることが弱く目立ちにくいために、今まで古文献の研究者などから昼の星のごとくに見逃されてきた。(2)

このように、色を持たない文字という特性のために気づかれにくく、それゆえに研究対象とされることも少なかったようである。あるいはまた、同氏は続けて、

> 筆記具としての角筆は、毛筆と異なる幾つかの特性を持っている。色が着かないので目立たない、墨継ぎの不便さがない、神聖な経典の紙面を汚さない、旅に持っていける、などである。この特性のどの面を強調して使うかによって、角筆の文献の性格も異なってくる。目立たない点を強調すれば、秘かな意志表示となり、墨継ぎの不便さがない点では、師の講義を聴講する時のメモ書に適し、貴重な紙面を汚さない点では、経典読誦の迹を記入するのに便となる。

と述べ、角筆の様々な用途について言及している。

さて、小論は坂東本において発見された角点について考察するものであることから、まずは仏書に付されてきた角点についてみておきたい。先に確認したように、角筆文献自体は奈良時代にはすでに存在しているわけであるが、この時代のものは現存する資料が僅少であることから、ここでは平安期、そして親鸞が生きた鎌倉期の仏書における角点の内容について先学の研究をふまえて整理しておきたい。

まず、平安期の仏書にみられる角点についてであるが、特に平安初期のものを中心として、そこには「ヲコト点」が角筆によって付されている場合が多い。「ヲコト点」とは、漢字のどの場所に点を付すか、あるいはどのような記号を付すかによって、その文字の読みや送り仮名を示したものである。その他、当時の仏書にみられる角点として、万葉仮名を用いて漢字の音訓を記したものが、平安初期から後期までを通して確認できる。また、角筆によって書き込まれたものは文字だけではなく、声点やミセケチ、区切り点などが角筆によって書き込まれている場合も多い。

次に、鎌倉期の仏書にみられる角点についてであるが、平安期のものにはヲコト点が多くみられたことに対し、

鎌倉期になるといまだヲコト点も散見されるものの、漢字の音訓や送り仮名として、仮名を直接記している場合が多くなっている。また、平安期と同様に区切り点や声点も認められ、重要な箇所に斜線を付した合点が角筆によって書き込まれている場合も多くみられる。あるいは、角筆で訓点を書き入れた後に、朱によってそれをなぞっているものもあり、このことから、下書きを記すために角筆が使用された場合も認められる。

このように、平安期及び鎌倉期の仏書にみられる角点には、ヲコト点を用いるか、仮名を直接記すかといったような違いはあるものの、漢字の音訓や諸符号が角筆によって書き込まれていることは共通している。親鸞が生まれ、そして活躍した平安末期から鎌倉期には、訓点の記入法のひとつとして角筆が用いられ、多くの角点が書き込まれていたことが分かる。それでは次章より、具体的に坂東本にみられる角点について検討を加える。

二、親鸞著『教行信証』における角点について

まずは、今回の研究対象としている坂東本について確認しておきたい。かつて『教行信証』については、西本願寺蔵本・真宗大谷派蔵本（坂東本）・専修寺蔵本の三本全てが親鸞自筆本であると言われてきた。しかし、書誌学等の進展により、西本願寺蔵本と専修寺蔵本とはいずれも鎌倉期の写本であることが判明し、親鸞自筆本は坂東本のみであることが明らかにされ、現在はそれが定説となっている。それゆえ、唯一の自筆本である坂東本において、角点の書き込みが発見されたことの意味は非常に大きいといえる。

さて、坂東本における角点の考察に入る前に確認しておかなくてはならないことがある。それは、これらの角点は本当に親鸞が書き込んだものであるのかという点である。実は坂東本には、親鸞とは別の者が書き込んだと思われる訓点がいくつも確認されており、そのような状況からして、坂東本に見つかった角点についても、親鸞による書き込みではなく他者によって書き込まれた別筆である可能性も否定できない。この点については、坂東本の角点

の形状から以下のような考察がなされている。

> まず、坂東本にみられる角点について、
> その線の縁（エッジ）は丸みを帯びない角張った形であり、また、線の底も平坦になっている。このような線は、角筆の一般的な形態とされる竹や木の先を尖らせてペン状にした角筆では現れず、ヘラや小刀の背のような刀子状の筆記用具（罫線を引くために用いたヘラや小刀状のもの）を用いて加点したものと考えられる。(3)

という指摘がなされており、坂東本の角点は角筆ではなく刀子状のものの恐らくその背の部分を用いて書き込まれたものであると推定されている。刀子とは、一度書き込んだ文字を書き換える際、最初に書いた文字を紙の表面から削り取るための小刀である。またこの刀子は、文字を紙から削り取るという使用法のみならず、その背の部分を用いて紙を凹ませて線を引くこともできることから、刀子の背の部分は紙に罫線を引いたり、本文の行頭の位置を定める印（アタリ）を付したりすることにも利用され、実際に親鸞は坂東本において刀子の背を頻繁に用いながら罫線を引いたり行頭に印をつけたりしている。坂東本における角点が刀子状のもの（恐らく刀子の背の部分）を用いて記されている点と、親鸞が本書の執筆に刀子を頻用している点を勘案すると、坂東本にみられる角点はやはり親鸞自身によるものであると結論付けることができる。(4)

さて、坂東本にみられる角点が親鸞自筆のものであることを確認した上で、次にそれらの角点が坂東本全体にわたってみられるのかという点についても確認しておきたい。これについては結論からいうと、角点は坂東本のその全体に偏りなく付されたものではなく、その多くは坂東本の八行書部分に記されたものである。すなわち、坂東本には八行書部分と七行書部分がその大半を占めており、これについては、

> 基本的には半面八行の書写であるが、七行書きもある。八行書きが当初の形式であり、七行書きが改変・改訂後の形式とされているが、これには問題はない。(5)

という指摘がなされている。親鸞の主著『教行信証』は畢生の大著であり、親鸞はその九十年の生涯の最晩年まで本書の内容の増補改訂を行っているが、本書の八行書部分に角点が集中しており、七行書部分にはわずか十五箇所ほどしか角点がみられないのである。また坂東本には、一度本文を記した紙を漉き返して、改めて書き直している箇所が少なからずあるが、このような漉返紙の部分に角点が施されている箇所は非常に少ない。このようなことからすると、『教行信証』の一応の脱稿からその後の増補改訂という流れの中でみれば、角点は比較的早い段階で付されたものが大半であるといえる。これについても、

角点は漉返紙や七行書部分には角点が付されておらず、言わば、大きな改変の後に角点は殆ど付されていないようである。(6)

と言及されている。

以上のように、まず坂東本に見られる角点は親鸞自身による書き込みであり、また、それらは比較的早い時期に付されたものであるということが分かる。次章以下、具体的にそれら角点の内容について考察する。

三、坂東本における角点の内容について

坂東本において発見・確認された角点は約八百七十箇所であり、その内訳は、漢字に付された傍訓が約百七十箇所、様々な符号が七百箇所である。(7)このように坂東本にみられる角点は、傍訓と諸符号とに大別されることから、まずはそれぞれの基本的性格について、『角点の研究』を参照しつつ簡単にまとめておきたい。

まず、漢字に付された傍訓の角点についてであるが、これらは大きく分けて、「墨で記された訓の補読となっている場合」と、「角点自身が漢字の訓の一部、もしくは全部を表している場合」とがある。「墨で記された訓の補読となっている場合」とは、例えば「汎」の字の右下に墨で「ク」とのみ記されている箇所について、その「ク」の

上に「ヒロ」という角点が記されることで、「ヒロク」という読み方が示されているような場合である。坂東本にみられる訓点は、墨書→角点→朱書という順で書き込まれていることから、当初、「汎」の字には「ク」という墨書しか付されておらず、後に推敲の段階で補読仮名として「ヒロ」という角点が付されたと考えられる。次に「角点自身が漢字の訓の一部、もしくは全部を表している場合」とは、例えば「便」の字の右下に「チ」という角点を付すことで、「スナハチ」という読み方を導くものや、あるいは「畢」の字の傍に「ヲハル」という角点付して全訓を示すものなどである。これらについても恐らく、後の推敲時になって、その字がやや難読である、あるいは他の読み方も想定されるなどの理由によって、補助的な訓、あるいは全訓が角点として示されたものであると考えられる。

このように、角点によって記された傍訓にはいくつかの機能が認められるが、いずれも漢字の読み方をより正確に把握するための書き込みであることがわかる。

次に、今回発見された角点のその大部分を占める諸符号についてであるが、その内容を分類すると、「二字の漢字が熟語であることを示す合符」と「特定の箇所への注意を促す合点」とに大別される。前者は文字どおり、二字の漢字が熟語であることを示す符号であるが、後者の合点については少し詳しくみていく必要がある。合点とは基本的に、漢字の右上か左上に斜線等を記すことでその字句やその文章の内容を強調するものである。坂東本の角点中の合点では特にどのような箇所が強調されているのかについては、『角点の研究』ではあまり言及されていないため、著者の見解を示しておくと、「二種」の「二」や、「五百歳」の「五百」、「第五門」の「第五」といった数字の箇所や、あるいは「阿弥陀」や「天親」といった固有名詞が記された箇所、そして、「〜と名づく」「〜と為す」の「〜」に該当する部分に頻繁に合点が付されていることが確認できる。また、他書の本文を引用する際、原文の一部を省略した箇所に「乃至」という語を代りに置いて合点が付されている場合も多い。

このように、合点は本文の内容でとりわけ注意すべき箇所に付されているわけであるが、実は坂東本においては特定の箇所への注意を促す場合以外にも合点が様々な意味で使用されていることに注意が必要である。例えば、「最之妙典」という表記になっている箇所は、実は「最勝之妙典」とあるべきところが「勝」の字が欠落したものだが、ここではそれを示すべく、「之」の字に合点が付されている。このように合点が付された漢字の上に語句が欠落していることを示す補入符のような意味を持った合点や、上から墨を塗って抹消された字に合点を付して、正しい漢字は上欄に補記するといったように、訂正符号のような機能を果たしているものもある。あるいはまた、一つの漢字の傍らに複数の訓が墨で記されているものについて、ここではどの読み方を選択すべきかを示すために、特定の訓に対して合点が付されている場合もある。

このように、坂東本の角点中の合点にはかなり多くの機能があるわけだが、もう一つ重要な機能として、「文の切れ目を示す」というものがある。この具体的な内容については『角点の研究』でもあまり言及されていないが、筆者の見るところでは、実はこれにも少し種類があるように思われる。確かに、単純に引用文の始めや終わりの部分に区切りとして付された合点も多いが、その他に、経典の偈文を引用している部分の句と句との切れ目に合点が付されている場合も多い。そして、最も注目すべきは、本文中の話題が展開・転換されていく箇所、すなわち本来であれば改行されてしかるべき箇所に文脈の大きな区切りとして合点が付されている場合があることである。実は『教行信証』の諸本の中でも唯一の自筆本であるこの坂東本は、他の本に比べて改行が非常に少ないという特徴がある。そのような坂東本において、親鸞が文脈の切れ目を角点によって示しているとすれば、『教行信証』、そして浄土真宗の教義を理解しようとする際に非常に大きな教示となる。これまで、内容や文脈の切れ目を窺う際には、しっかりと改行が施されている西本願寺蔵本が大いに参照されてきた。しかし、親鸞自筆本である坂東本に、内容の区切りを意味すると見られる角点が見られることは、坂東本と西本願寺蔵本との関係性を再考する契機ともなり

うるのではなかろうか。(8)

また、坂東本の臨写本である西本願寺蔵本はその書写者が現在でも不明であるが、適切と思われる箇所を改行して整然と本文が書写されていることから、西本願寺蔵本は相当高い教学理解をもった者によって書写されたものであると考えられてきた。しかし今回、坂東本に内容の区切りを示したと思われる合点が存在することから、そもそも西本願寺蔵本の書写者はこの合点を目安として改行した箇所もあるのではないかと考えられる。西本願寺蔵本の書写者は坂東本を臨写できるほどの人物であるから、相当親鸞に近しい者であったことは間違いなく、そのような人物であれば、親鸞が書き込んだ角点の存在も知っていた可能性が高い。このことについてはまた別稿にて詳しく論じてみたい。

さてここまで、坂東本にみられる角点の内容について概観した。それらは傍訓と諸符号とからなり、傍訓は漢字の読み方について墨で記された訓の補読、あるいは漢字の全訓や訓の一部が記されたものであった。そしてまた諸符号の多くは合点であり、それは重要箇所の明示ということだけではなく、意味の切れ目を表すものとしても用いられていることを確認した。また、先に鎌倉期の仏書における角点の内容について確認しておいたが、その内容と上記の坂東本の角点とを比べると、いずれも漢字の傍訓や合点等の諸符号といったものであり、親鸞の記した角点は同時代の他の仏書におけるそれと基本的に性格が異なるものではないことが分かる。坂東本における角点の発見がやや過熱気味に報道されたことにより、あたかも歴史的に特異なものが発見されたがごとく世に受け取られた感もあるが、坂東本における角点は決して特異なものではなく、当時の慣習に基づいて親鸞が書き込んだものであるといえる。

四、角点の傍訓の仮名遣いの問題

前章では坂東本に付された角点の具体的内容について確認し、坂東本の角点には傍訓と諸符号とがあることを述べた。ここでは、その傍訓の仮名遣いについて考えてみたい。一昨年に『角点の研究』が発刊され、初めて坂東本の角点の全貌が明らかにされたということはすでに述べたが、筆者はその角点の内容をみた際に以下の点に注目した。すなわち、坂東本の角点の傍訓には、角点によって紙を凹ませて傍訓が記された後、それを朱筆でなぞっている箇所が少なからず存在するのだが、実はその中に、角点の書き込みと朱筆の書き込みとで仮名遣いが替わっているものが見られる。具体的に言えば、角点では「ヲ」と記されていたものが、それを上書きした朱筆では「オ」というように仮名遣いが替えられているという書き換えである。例えば「赴」という字の傍訓が、角点では「ヲモムキ」、朱筆では「オモムキ」となっているものや、「怖」という字の傍訓が、角点では「ヲソル」、朱筆では「オソル」となっているものなどで、こうした仮名遣いの変更（書き換え）が広く目につく。

ここで、角点と朱筆との仮名遣いの変化について考える際に一点注意しておかなくてはならないことがある。それは、坂東本にみられる朱筆の書き込みは、親鸞以外の者が記した別筆のものが多く存在すると指摘されていることである。(9) つまり、坂東本における角点と朱筆とは、角点は親鸞、朱筆は別の者によって記された可能性も十分考えられるということである。このように、親鸞が書き込んだ角点を別人が朱筆で上書きするとはどういった状況であろうか。これについては、

親鸞聖人は、坂東本において、自身が推敲を重ねると共に、角点で読み方を示し、その角点に従って朱筆による重ね書きをすることを周囲の者に依頼、または、指示し、その結果を点検・補訂したという、単なる注釈・推敲といった側面ではない教育的側面の可能性が考えられる。(10)

という指摘がなされており、これは大変興味深い指摘である。これまで『教行信証』の成立を考える際、親鸞が本書について初めて他者に書写を許したのが親鸞七十五歳の時であったので、それまでは他者への被見は許されず、基本的には親鸞自身によって黙々と執筆・改訂の作業が行われたと考えられてきた。しかし、上記の指摘からすると、本書は近侍する門弟に角点を朱筆で上書きすることを指示するなど、親鸞が門弟と共に作り上げたものであるとみることができる。

さてここで先ほどの角点と朱筆との仮名遣いの相違についてであるが、朱筆が親鸞自身によって書き込まれたものにしろ、別の者によって記されたものにしろ、仮名遣いが角点と朱筆とで異なっていることは事実である。この仮名遣いの相違についてはどのように考えるべきであろうか。

ひとつには、「オ（ヲ）モムク」や「オ（ヲ）ソル」の語は、「ヲ」と記しても「オ」と記しても発音は変わらないことから、角点と朱筆とで仮名遣いが変わっていることに特段の意味はないと考えることもできるであろう。

しかし、筆者はまた別の可能性も考えられることを指摘したい。まず、角点から朱筆への仮名遣いの変化をみると、「ヲ」が「オ」に替えられている場合はあっても、「オ」が「ヲ」に替えられている場合は一箇所もない。このことが何を示しているのかが重要であり、この点については佐々木勇氏の論考(11)に注目したい。同氏は親鸞の著作全体における「ヲ」と「オ」との仮名遣いを調査し、親鸞は自立語の語頭を「ヲ」とせずに「オ」と記すという自主的なルールを持っていたことを指摘している。そしてこれは、仮名遣いに一定のルールを用いることで、親鸞が読み手の読解を容易にすることをねらったものであると同氏は分析している。あるいは助詞の「ヲ」については、単独で用いる時は「ヲ」を用い、「ヲハ」や「ヲモ」というように他の助詞と複合して用いる場合には「オハ」「オモ」というように「オ」を用いることを親鸞はルール化し、読み手の誤読を防ごうとしたことも同氏は指摘している。このように親鸞は「ヲ」と「オ」の字については、読み手に非常に配慮した表記法を採用している。この点からして、角点で「ヲ」とあったものが朱書される際に「オ」という仮名遣いに替えられていることは、単に発音が同一であるから表記の違いには注意がなされなかったということではなく、透明な角点から目に見える朱書へと改められる際に、読み手に配慮した上記のような親鸞ルールに基づいて仮名遣いが改められた可能性もあるのではないかと筆者は考える。そして、管見の限りでは、そうしたルールがおおむね徹底されていると見られる。また、朱書が親鸞以外の者による別筆であったとしても、そのように親鸞の角筆の上から朱書を施すことができるような人物であれば、よほど親鸞に近侍していた人物であることは間違いない。そのような人物であれば親鸞ルールを知っていた、あるいは直接親鸞から「ヲ」から「オ」への表記の変更を指示されたとも考えられる。ともかくも、朱書がたとえ別筆であっても、朱書をした者の自由意志で「ヲ」から「オ」に仮名遣いが替えられたわけではないと思われる。

そして、他者が自由に仮名遣いを替えたとは考えられない理由としてもう一点触れておきたいのは、親鸞筆跡の神聖視ということである。すなわち、親鸞在世時よりすでに、門弟たちは親鸞の筆跡に強い尊崇の念をもっていた。例えば親鸞門弟中の有力者であった真仏は親鸞の著作を多く書写しているが、真仏の写本の筆致は親鸞の筆跡に極めて近いものであり、かつては真仏書写本が親鸞の自筆本として扱われていたケースもあるほどである。そして、真仏に限らず、親鸞の筆跡は門弟から特別なものとして扱われており、親鸞の筆跡を忠実に再現することはあっても、勝手に仮名遣いを替えることは考えにくい。それゆえ、朱書を施した者が親鸞の角点における仮名遣いを簡単に変更したと考えることはできず、朱筆が別筆であったとしても、そこにみられる仮名遣いの変更はやはり親鸞の意図がはたらいたものであると考えられる。

さて、上に親鸞著作における「ヲ」と「オ」との仮名遣いのルールについて、親鸞が読み手の読解の便を慮ったということを述べたが、親鸞のその他の用語使いや文体をみても、やはり読み手の読解の便を考えたと思われるものが多く認められる。親鸞というとその思想の難解性や独創性から、その表現までも難解かつ独創的であると言われることがあるが、決してそうではない。例えば親鸞による漢字の解釈について、

親鸞の多彩な字訓釈は巨視的に見て当時通用の古字書掲載訓と多く一致し、しかも掲載訓の上位との一致が多いことが見られた。敢えて難解な字訓を使用せず、当時の一般的な通用字訓の使用がその性格として確認できるようである。[12]

と指摘されるように、当時の通用字書の内容に極めて忠実であり、その他、相手の知識量や教養に合わせて漢文訓読語と和文語を使い分けるなど、親鸞は読み手に常に配慮しながら書物や消息を著していったことも指摘されている。[13]

また、自立語の語等を「ヲ」ではなく「オ」とするといったような表記のルール化は親鸞において他にもみられ、例えば他の典籍から文章を引用する際も、経典からの引用は「～ニノタマハク」とし、経典以外の典籍から引用する際には「～ニイハク」とすることを徹底している。あるいは、格助詞の「ガ」と「ノ」についても、「仏」が主語の場合には「仏ノステシメタマフオバスナハチステ」として「ノ」を用い、主語が仏以外の場合には「ガ」を用いるということを自主ルール化している。[14] このように、ルール化された表記法を用いていく親鸞であるからこそ、角点の段階では下書きとして仮名遣いは徹底せずとも、朱書とする場合には独自の表記法を用いたと考えることもできるのである。

以上のように、親鸞の角点には、角点から朱筆への仮名遣いの変化という特筆すべき点があるが、それはまた親鸞の読み手に対する配慮である可能性を指摘しておきたい。

小結

坂東本において発見された角点の研究は、今まさに始まったばかりである。角点の発見とその全貌の公開は、親鸞著作の研究史をみても稀に見る画期的な出来事である。しかし、どのような大きな発見に基づくものであっても、文献研究においてはまず基礎的研究こそが重要であろう。今回の発見についていえば、まずは坂東本における角点の内容が同時代の仏書におけるそれとどのような関係にあるのかを明らかにし、その上でその角点一つ一つの機能や意味を確認していくことが重要である。小論はまさにそのような基礎的研究に位置づけられるものであることは、題目に示した通りである。小論における考察の結果、坂東本の角点とは鎌倉期の他の仏書における角点と、その内容において大きく異なるものではなく、しかし、そこに付された合点などは『教行信証』を理解する上で大きな役割を果たしていることを指摘した。また、角点と朱点との仮名遣いの相違は、親鸞自身ののっとっていた表記ルールの徹底の結果であると考えられることを指摘した。それは、親鸞の読み手に対する配慮に基づくものとして理解できる可能性についても言及した。これらのことは八百箇所以上にのぼる角点の全体からすれば、いまだ一部分からみえてくることに過ぎない。今後も坂東本における角点の基礎的研究の積み重ねにより、『教行信証』の本文理解をより確かなものにしていかなければならない。

［注］

（1）小林芳規著『角筆文献研究導論　中巻』（二〇〇四年　汲古書院）四〇三頁
（2）小林芳規著『角筆のひらく文化史』（二〇一四年　岩波書店）前書き
（3）赤尾栄慶・宇都宮啓吾編『坂東本〈顕浄土真実教行証文類〉角点の研究』（二〇一五年　東本願寺出版）十九頁

（4）もし他者が後に書き込んだのであれば、そこには角筆が使用されるはずであるが、そうではなく刀子の背で角点が記されていることも、坂東本の角点が著者自身の手によって書き込まれたものであることの証左といえよう。
（5）赤尾栄慶・宇都宮啓吾編『坂東本〈顕浄土真実教行証文類〉角点の研究』（二〇一五年　東本願寺出版）十一頁
（6）『同』二十二頁
（7）『同』二十頁
（8）もっとも、坂東本において内容の区切りとして付された合点の位置と、西本願寺蔵本の改行位置とが重なっている場合も多いことから、これまで西本願寺蔵本を参照してきたことに何ら問題があるわけではない。
（9）この点については、重見一行『教行信証の研究—その成立過程の文献学的研究—』（一九八一年　法蔵館）に詳しい。その他にも本書は親鸞の筆跡を手がかりとしつつ、多くの重要な指摘をしている。
（10）赤尾栄慶・宇都宮啓吾編『坂東本〈顕浄土真実教行証文類〉角点の研究』（二〇一五年　東本願寺出版）三十頁
（11）佐々木勇「親鸞遺文における「オハ」等の仮名遣い開始時期と異例について—漢文の訓点における実態調査とその位置づけ—」（『国文学攷』二〇九号）
（12）金子彰「親鸞遺文の左注について—その形式と字訓の性格—」（『小林芳規博士喜寿記念国語学論集』二〇〇八年）
（13）親鸞の漢文訓読語と和文語との使い分けに関しては、金子彰「鎌倉時代の仏教者の語彙について—法然と親鸞の仮名書状にみられる漢文訓読語と和文語—」（『東京女子大学比較文化研究所紀要』五十九号）、あるいは、拙著「親鸞の表現に関する一考察—漢文訓読語及び和文語の使用から—」を参照されたい。
（14）このようなルール化された親鸞の用語法については、佐々木勇著『専修寺蔵〈選択本願念仏集延書〉影印・翻刻と総索引』（二〇一一年　笠間書院）の解説編において詳しく述べられている。

龍谷大学図書館写字台文庫蔵『舟水和謌集』について

檜垣 駿

はじめに

龍谷大学写字台文庫蔵『舟水和謌集』は、『国書総目録』（補遺編・七四四頁）に、「舟水和歌集（しゅうすいわかしゅう）六巻六冊 (類)歌集 ㊢竜谷」とある。また、『龍谷大學大宮圖書館和漢古典籍分類目録』[1]「私撰集」の項目に、「（又名玉舟和歌集）六册 藤原為家・飛鳥井雅經・土御門院等詠 寫」とある。この他渡瀬淳子氏によって、臼杵市教育委員会所蔵『舟水和歌集』（寛政五〈一七九四〉年成立）の調査報告がなされているが[2]、写字台文庫蔵本の内容を勘案するに、臼杵市教育委員会蔵本との直接の関係はないと考えられる。現時点では、写字台文庫蔵『舟水和謌集』は孤本と認められよう。わずかに内容が知られるのは龍谷大学図書館の目録であるが、これ以上に本集についての調査報告はなされていない。図書館目録に挙げられた歌人からもわかるように、本集は新古今歌人の和歌を集めた私撰集である。本集を調査することによって、新古今時代和歌の表現がどのように受容されたか明らかになる部分があろう。本稿は、そのような考えのもとに、中世和歌受容の資料としてこの『舟水和謌集』をとりあげて調査・検討を加え、その成立過程や属性を明らかにするものである。

一、書誌及び体裁

まず、本集の書誌及び概要について紹介しておく。

所蔵者　龍谷大学写字台文庫　蔵（請求記号911・24／4―w／1～6）
印記　「写字台／之蔵書」（朱・楕円形）
表紙　赤朽葉色、渋引模様
体裁　縦二二・九糎、横一六・六糎　六冊　写本　袋綴
外題　玉舟和哥集（表紙中央、直書、六冊それぞれの題下に春・夏・秋・冬・雑・雑とある）
内題　舟水和謌集
各半葉　序・本文九行（歌一行書き）
総丁数　三七九丁（春・五七丁、夏・四五丁、秋・一〇一丁、冬・四八丁、雑上・五一丁〈雑一冊目〉、雑中・五八丁、雑下・一九丁〈雑二冊目〉、全冊遊紙なし〈夏・冬は前見返し剝離〉）
総歌数　六八九六首（春・一二七八首、夏・八〇〇首、秋・一八五四首、冬・八七四首、雑上・八六一首、雑中・九二二首、雑下・三〇七首〈雑合計二〇九〇首〉）
収載歌人　後鳥羽院・土御門院・順徳院・雅経・為家・寂蓮
序跋　序有、跋無（執筆者不明）
奥書　無

本集は四季四冊と雑二冊の計六冊で構成されている。恋の部立はない。遊紙がなく、体裁も整っていることから清書本と思われる。総歌数は六八九六首で、四季の部立では秋・春・冬・夏の順に収載歌が多い。後述するが、本

集は中世末から近世期に編纂された類題集と関連があると考えられる。これらの主要な類題集（『題林愚抄』『明題和歌集』『類題和歌集』など）と比較すると、総歌数は半分ほどで、中規模な歌集と言える。恋の部立がないのは、本集の特徴と言えよう。

また、本集の誌面には和歌・歌題などがどのような体裁で記されているのか、参考として第一冊目巻頭部分を以下に紹介しておきたい。

舟水和謌集

春

歳内立春　雪の内にたてるをみれは朝霞年をこめてそ春はきにける　為家
　　　　　あら玉の年のひかすは冬なからかねてそ春のけふ立にける　同
無題　　　いそけともをくりもはてぬ年の内に思ひもあへす春はきにけり　雅経
立春　　　氷とくしかのうら風吹まゝに波とともにや春は立らん　土御門院
　　　　　昨日まて結ひし池の水の面に氷なからの春風そふく　順徳院
　　　　　庭の面にあふく雲ゐの天つ星空ものとかに春はきにけり　同
　　　　　東ちをいそき立ける程みえてことし越ぬる相坂の山(3)　雅経　」三オ

誌面上段に歌題、中段に和歌、下段に歌人名を記す。上段の歌題は、そのほとんどが各歌人の家集に明記されたものと一致する。「無題」や「題不知」の項は、家集に歌題は明記されていないが、内容的に前掲歌題に含まれる歌を編者が集成したものと考えられる(4)。下段の歌人名は和歌の作者を示す。

収載歌人は、後鳥羽院・土御門院・順徳院・雅経・寂蓮の新古今歌人五名に、やや時代が下る為家を加えた六名である。歌題・歌の配列は概ね時の流れに添ったものである。歌題ごとに各歌人の歌をまとめて配列している。巻頭歌題「歳内立春」は六歌人の家集のうち、為家・雅経にしか見出だせない。巻頭が為家歌であるのも、この歌題によるものであろう。

二、序文と成立過程

以上、本集の書誌及び体裁について述べた。では、本集はどのように成立したのであろうか。本集には奥書や編者名の表記はないが、序文によって成立過程や属性の一端を知ることができる。本集の序文は以下のとおりである（※数字記号は稿者による）。

舟水和謌集

抑敷嶋の道たえす傳れりしなからも時変によりて興廢
あること代々に撰れし集の言のはにてをのつからあらはるゝこと
鑑のかけをうつすかことし中にも　①後鳥羽院のしろしめす
御時そ古今集後の中興となんその世の堪能先達の
哥とも家集とて六の巻ありいはゆる六家集と名つけ
剰部類をたてゝ人の見やすきかことくになし既梓に載
侍りしなり②しかれとも　後鳥羽土御門順徳の三皇の御集
をはしめ雅経卿為家卿寂蓮法師の家集とも右の」一オ
六家集にもれ侍りて今にては誰みしといふ事も聞え侍らす惜
哉金玉はこの内にしてその徳を顕らはさる事をなん
たた〲みもてあそはんと欲するの輩も次第入みたれ

侍しかは常に見やすからすこれによりて③ひそかに御集を
はしめ家集とも六の巻をとりて類を建部をわかちて
机の下にかくす④題号もあらされは紛〳〵たる方策の
中にましはり挟てしれかたきことを思ふのまゝ君は舟
臣は水たるの古語によりて私に題号をあらはし
舟水和哥集となす此道をふかくもてあそはん
人の一助ともならんと尓云
」一ウ

後鳥羽院　　御師範　俊成卿
土御門院　　同　　　家隆卿
順徳院　　　同　　　後鳥羽院定家卿
雅経卿
為家卿　　　師範　　父定家卿
寂蓮法師　　同　　　俊成卿
」二オ

成立過程や属性について考えるために、本章では特に①～④の箇所に注目したい。まず、①～③をおおまかにまとめると、本集編纂当時は、後鳥羽院時代の家集が「六家集」と名づけられ、部類を立てて刊行されたが、後鳥羽・土御門・順徳院・雅経・為家・寂蓮の家集はこれに漏れ、簡単には見ることができなかった。そのために密かにその六巻を集め、類別して部を分け撰集し机下に隠した、という内容である。

中でも①では、編纂時の状況が述べられている。当該箇所からは本集編纂時、六巻の家集「六家集」が存在し、またこの家集が「部類をたて、人の見やすきかことくになし既梓に載侍りし」という状況にあったことがわかる。この「六家集」は、新古今歌人六人（良経・慈円・俊成・西行・定家・家隆）の家集を集成した『六家集』のことを指すと考えられる。『六家集』成立の詳細はいまだ明らかではないが、通説では牡丹花肖柏撰『六家抄』（永正二〈一五〇五〉年成立）に触発されて編まれたとされる。室町時代後期から江戸前期にかけて成立し、その後寛文年間（一六六一〜一六七三）に版本が刊行され流布したとされている。[5] ①ではさらに、『六家集』が見やすいように部類され、「梓に載侍りし」、つまり版本として出版されたことが述べられている。『六家集』が部類されたものとしては、三村晃功氏の論考により、[6]『類題六家集』（藤原伊清編、宝永元〈一七〇四〉年刊）・『独看和歌集』（松平定信編、文政九〈一八二六〉年刊）の存在が知られる。

これら二集のうち、『類題六家集』には以下のような序文（藤原全故著）が記されている（※本文は龍谷大学蔵『類題六家集』[7]に拠る。数字記号・傍線は稿者による）。

此『類題六家集』者、後京極摂政殿をはじめ、慈鎮和尚、俊成卿、定家卿、家隆卿、西行上人、この六人の家の集の哥を同類に類し、寄侍るもの也けり。①後鳥羽院上皇の御比ほひ、倭謌中興して謌人おほかる中に、この人〳〵すぐれて堪能の佳名を得給ひ、上代にもかよひ、この風も大に起けるとぞ。尤も萬世にかゞやきて、世にくまなくしれる事なれば、皆略しけらし。まことに新しき情を求め、旧き詞を用ひ、風体を倣ふたよりいづれか是にまさり侍らん。猶、常に握翫をば、哥のさま心あまれるかた巧詠ㇾ物、かすかなる詞、有㆓逸興㆒体なるも、ほのかに其おもむき見えて、仰げばいよ〳〵高かるべしとなん。②然ども、家の集煩雑にしてか、やすく見分がたく見る人まれ〳〵なりけるとかや。故に、藤原伊清雅吏右武のいとま、みづから類題し給ひ、四季・恋・雑とわかち、家々の集の名を、月清良経公、拾玉慈鎮、長秋俊成卿、拾遺定家卿、壬二家隆卿、山家西行、と、上にあらはしつゞ、すべて十八巻に編正して、ひめ置給ふけるある日、哥合の折から、やつがれ是を見侍て、其成功のおほいなる方を感ず。其故者、わかの浦浪に心をよせ、其席にすゝむ人、あまたの書考合いとこゝろさはがし。又、いちはやき事に応じがたし。又見ずむげなるべき書也。しかあるに『題林愚抄』『明題和哥集』等の類ひにして、初学の人も見やすくしかも述而不レ作、むべなる哉。仍愚毫をもて、これを書写し、遂二校合一わがたすけともなし、同志のかた〴〵の需にしたがひて見せもし、童蒙のたよりにもなし侍き。藤原全故序す。

右の序文のうち傍線部①②は、序文執筆者の和歌史観と執筆当時の家集の状況が示されている。これらの箇所は、先述の『舟水和謌集』序文①②に共通する部分があると思われる。新古今時代の隆盛はいつの時代にも共通の認識であろうが、家集をめぐる状況が繁雑かつ困難になっていることを示した点については注目しても良いのではなかろうか。両集の編纂時は、家集に関しては類似する環境があったと見ることもできよう。

また、武者小路実陰著の『初学考鑑』(8)（享保末〈一七三五〉～元文年間〈一七三六～四〇〉頃の成立か）に次の言説がある。

六家集 後京極、慈鎮、俊成、定家、家隆、西行等集也、その外、後鳥羽院御集、明日香井集雅経、寂蓮家集等など、人ごとに一向みぬもの多し。これ何事ぞや。尤、右の集など初学の者見侍りて、一向にことわかり侍るまじけれど、学者已上の、少してにをはをわかちたる人など、捨置べきものにもあらず。

右記では実陰が、『六家集』他の家集を見ない人が多いことを懸念し、『後鳥羽院御集』『明日香井集』『寂蓮集』にも言及している。この記述から、実陰は『六家集』及び『後鳥羽院御集』をはじめとする他の私家集に注目し、『初学考鑑』執筆時にはこれらを見る者が少ない状況にあったことが知られる。『後鳥羽院御集』『明日香井集』『寂蓮集』の三集は、本集で撰ばれた家集である。これらの家集が人々に見られていないということや、これらに関心が向けられていることは、本集序文に記された状況に類似していると言えよう。

以上のことから、少なくとも『類題六家集』や『初学考鑑』が成立した宝永から元文年間にかけて、本集が成立する時代状況の基盤があったと考えられる。

では、序文④の箇所がどのような意味を持つか考えてみたい。当該箇所をおおまかに説明すると、本集には題目もつけなかったので、入りまじった書物の中に紛れてしまっていた。そのため知られにくかったこの本を、「君は舟臣は水たる」の故事に拠って「舟水和哥集」と名付けた、という内容である。この「君は舟臣は水たる」の故事は、『平家物語』等にも引用されており、人口に膾炙していたと考えられる。[9]「君」を舟に「臣」を水に例え、臣下（水）は君主（舟）を立てることもあるが滅ぼすこともあるという意味を持つ。本集の集名はこの故事に拠っている。三名の院（後鳥羽院・土御門院・順徳院）を「君」とし、その他の歌人（雅経・為家・寂蓮）を「臣」に見立てたのであろう。先に臼杵市教育委員会所蔵『舟水和歌集』（寛政五〈一七九四〉年成立）に言及した。この歌集は、稲葉雍通（てるみち）（安永五〈一七七六〉～弘化四〈一八四七〉、江戸時代後期の豊後国臼杵藩主）とその近臣六名による歌集である。[10]藩主と近臣による歌集であることから、歌集名も「君は舟臣は水」の故事に拠ると考えられよう。この歌集には、藩主と臣下の絆を深める意味合いがあったのではないだろうか。形式・内容共に本集との直接の関係はないと考えられるが、歌集名には両集に同様の発想を見出すことができる。このことから、両集の時代背景や環境には類似する面があると言えよう。

以上のことから、臼杵市教育委員会所蔵『舟水和歌集』の集名は、本集と同じ故事に拠ったと考えられ、時代背景や環境については類似する面があったと考えられる。『類題六家集』の刊行から百年ほど時代は下るが、時代背景や環境の面で本集成立の参考となろう。

以上、本集序文①～④の箇所を中心に考察してきた。右記のことから、本集の成立は『類題六家集』が刊行された宝永元年以降、元文年間前後の数十年に比定することができるのではないだろうか。

三、収載歌題

本集は序文に「類を建部をわかち」とあり、誌面上段に歌題を示している。このことから本集は私撰集であるが、同時に類題集でもあると言える。本章では、本集の収載歌題からはどのような属性が見出せるか、室町後期から近世の主要な類題集と比較することで考えてみたい。まず、本集と主要な類題集の歌題数を比較した表を次に掲げる。

（表一）本集の部立ごとの歌題数と主要類題集の比較表

《表凡例》
＊『類題六家集』は、前掲三村氏論文を参考とし、龍谷大学蔵本に拠った。
＊『独看和歌集』は、前掲三村氏論文を参考とし、国文学研究資料館・日本古典籍総合目録データベースの電子資料、『獨看和歌集』国文研松野蔵・54―70―1〜10に拠った。
＊『題林愚抄』（室町時代中期成立・文安四〈一四四七〉年〜文明二〈一四七〇〉年以前か）は、新編国歌大観（底本 寛永一四〈一六三七〉年版本）に拠った。
＊『明題和歌全集』（『題林愚抄』を基に『三八明題集』などで増補、室町後期成立か）は、三村晃功『明題和歌全集』（昭和51年、福武書店）に拠った。

集名＼部立	春	夏	秋	冬	雑	合計	総歌数
舟水和謌集	三五四	一九一	五三〇	二二六	九〇三	二二〇四	六九〇六
類題六家集	三四一	二〇九	四〇二	二六八	一二九八	二五一八	一五〇〇五
独看和歌集	三五六	一九九	四二八	二七九	八九二	二一五四	一四九七九
題林愚抄	四〇八	二八二	五一五	三二六	五六八	二〇九九	一〇六五四
明題和歌全集	四六七	二九三	五九〇	三三七	九七三	二六六〇	一二四四三

表一から、本集は他の類題集に比して総歌数が半分ほどであるにも関わらず、歌題数はこれらに引けを取らないことが明らかである。本集の編者は、対象家集から収める歌題には特に関心を持っていたと思われる。

では、収載された歌題とはどのようなものであったのだろうか。便宜上、最も歌題数の少ない夏部を対象に考察してみたい。夏部に収められた歌題は以下のとおりである。

首夏／更衣／暁更衣／貴賤更衣／初着単衣支体軽／遅桜／新樹／緑樹陰前／筍／卯花／月前卯花／雨後卯花／薄暮卯花／渓卯花／田家卯花／卯花隠路／籬卯花／社卯花／葵／郭公／待郭公／暁待郭公／聞郭公／初聞郭公／伝聞郭公／暁聞郭公／谷静伝聞山鳥語／雨中郭公／年〻郭公／五月郭公／郭公待五月／暁郭公／一声山鳥曙雲外／夕郭公／晩郭公／山郭公／暁山郭公／遠山郭公／岡郭公／野郭公／海辺郭公／渡郭公／古寺郭公／里郭公／山家郭公／松間郭公／寝覚郭公／名所郭公／羇旅郭公／郭公増述懐／郭公徐稀／早苗／朝早苗／夕早苗／早苗多／山田早苗／山畦早苗／端午／五月五日／小五月／菖蒲／牽菖蒲／池菖蒲／池朝菖蒲／古池菖蒲／橘／蘆橘／暁更盧橘／夜盧橘／盧橘子低／盧橘子低山雨重／廬橘／盧橘驚夢／五月雨／夕五月雨／五月雨久／山五月雨／谷五月雨／渓五月雨／杜五月雨／路五月雨／沢五月雨／湖五月雨／河五月雨／山家五月雨／山里五月雨／仙家五月雨／水鶏／月前水鶏／夏月／夏月似秋／月色似秋／雨後夏月／水辺夏月／夏秋待月／水夏月／水路夏月／河辺夏月／河上夏月／海辺夏／海上夏月／瞿麦／瞿麦露／朝瞿麦／庭瞿麦／籬瞿麦／夏草／野夕夏草／野外夏草／水辺夏草／夏草蔵水／河辺夏草／花薫紫麝飄風程／羇中夏草／野草秋近／草花秋近／鵜河／照射／処処照射／蛍／暁蛍／澗底蛍火／池蛍／沢螢火／蛍飛野沢／江蛍／海辺見蛍／羇中夏蛍／蛍火秋近／蛍火乱飛秋已近／蚊遣火／閑居蚊遣火／蓮／潭荷葉動／氷室／夕立／行路夕立／蟬／雨後聞蟬／蟬声夏深／未是蟬悲客意悲／蟬声秋近／扇／泉／泉前涼／対泉避暑／泉辺晩涼／松風如秋／松風暮涼／松高風有一声秋／緑樹陰前逐晩涼／竹風秋涼／竹亭陰合偏宜夏／夜深有水声有／野亭水源／心静即身涼／早涼／納涼／家家納涼／納涼添述

懐／春過夏閑／挽夏／夏祓／杜夏祓／荒和祓／六月祓／みな月／夏天／夏日／夏風／夏雲／夏雨／夏煙／夏露／夏暁／夏暁更／夏朝／夏夕／夏夜／夏山夕／夏山風／夏野／夏野風／夏池／夏海／夏田／夏社／夏鳥／夏蛍／名所夏

本集夏部には右の歌題が収められているが、これらの歌題にはどのような特徴が見出せるのか、表一と同様に他の主要類題集と比較してみたい。以下に、本集の特徴が窺える郭公歌群の比較表を挙げる。

（表二）本集郭公歌題群と他の主要類題集の比較表（※歌集は成立順）

《表凡例》

＊『類題和歌集』（後水尾院勅撰、寛永末〈一六四四〉年頃成立、総歌数二九三六八首）は、日下幸男『類題和歌集』（平成22年、和泉書院）に拠った。

＊（）内は、類似の歌題として収載されているもの。

類題集名／本集夏巻の歌題	『題林愚抄』	『明題和歌全集』	『類題和歌集』	『類題六家集』	『独看和歌集』	本集収載歌人（収載順）
郭公	○	○	○	○	○	後鳥羽院・土御門院・順徳院・雅経・為家・寂蓮
待郭公	○	○	○	○	○	為家・寂蓮
暁待郭公	×	○	○	×	×	順徳院
聞郭公	○	○	○	×	×	為家
初聞郭公	○	○	○	○	○	為家
伝聞郭公	×	×（人伝郭公）	×（人伝文時鳥）	×	×	為家
暁聞郭公	○	×	○	○	○	後鳥羽院・寂蓮
谷静伝聞山鳥語	×	×	×	×	×	土御門院

雨中郭公	○	○	○	○	○	後鳥羽院・順徳院
年〻郭公	×	×	×	×	×	為家
五月郭公	○	○	○	×	×	為家
郭公待五月	×	×	×		×	為家
暁郭公	○	○	○	○	○	後鳥羽院・順徳院
一声山鳥曙雲外	×	×	×	×	×	土御門院
夕郭公	○	○	○	○	○	為家
晩郭公	×	×	○	×	×	順徳院
山郭公	×	×	○	×	×	為家
暁山郭公	×（山暁時鳥）	×（山暁郭公）	○	○	○	後鳥羽院・雅経
遠山郭公	×	×	○	○	○	寂蓮
岡郭公	×	○	○	○	×	雅経・為家
野郭公	×	○	○	○	○	為家
海辺郭公	○	○	○	×	×	為家
渡郭公	×	×	○	×	×	為家
古寺郭公	×	×	○	×	×	後鳥羽院・為家
里郭公	○	○	○	○	○	雅経・為家
山家郭公	○	○	○	×	×	為家
松間郭公	×	×	○	×	×	順徳院
寝覚郭公	○	○	○	×	×	為家
名所郭公	×	×	×	×	×	為家
羇旅郭公	○	○	○	○	○	順徳院
郭公増述懐	×	×	○	×	×	寂蓮
郭公徐稀	×	×	○	×	×	為家

表二から、全体にいくつかの傾向を見出すことができる。まず、『類題和歌集』は他の歌集に比しても収載歌数が圧倒的に多く、そのことに伴い歌題も網羅的に収められている。次に、『題林愚抄』『明題和歌全集』『類題六家集』『独看和歌集』は、概ね基本的な収載歌題が一致している。『明題和歌全集』については、『題林愚抄』を踏まえて編纂されているため当然のことである。また、『類題六家集』と『独看和歌集』は、ほとんどの収載歌題が一致している。これは両集が、主に『六家集』を撰集資料としていることによると考えられる。あるいは、後出の『独看和歌集』が『類題六家集』を参考としたことも想定されよう[11]。

本集において最も特徴的なのは、『類題和歌集』と同じく、網羅的に歌題をおさめていること、また本集だけに収載されている歌題を持つことである。表二の中では、「伝聞郭公」「谷静伝聞山鳥語(ママ)[12]」「年ゝ郭公」「郭公待五月」「一声山鳥曙雲外」「名所郭公」が挙げられる。「伝聞郭公」「年ゝ郭公」「郭公待五月」「名所郭公」は、それぞれ『為家集』から一首ずつ、「谷静伝聞山鳥語(ママ)」「一声山鳥曙雲外」は『土御門院御集』から一首ずつ収められたものである。本集にはこのように、他の類題集に収められない歌題を、一首ほどの少ない歌と共に収載している例がある。右の例を検討してみると、例えば、「郭公待五月」「年ゝ郭公」の歌題は『為家集』にしか確認できない。また、「谷静伝聞山鳥語(ママ)」「一声山鳥曙雲外」の二題は、『和漢朗詠集』を基にした土御門院の句題和歌であり、和歌の題としては珍しい例である。

右記のことから、本集は類題集ではあるが、収載歌題において他の主要類題集や『六家集』関係の類題集とは異なる性質を持つことが分かる。一点目は、本集編者の歌題への関心の高さである。二点目は、珍しい歌題を収載していることである。これらの性質は、本集の編纂が先述の六歌人の家集の集成を目的とすることに強くよるものであろう。例えば『為家集』収載の歌題が多く収められているのは、歌題を多く収める『為家集』の性質[13]によると考えられる。本集編者は、できるだけ多くの歌題を収載しつつ、各家集の個性的な歌題を収めることで、各家集の特質とそこに収められた和歌の特徴を明確にしようとしたのではないだろうか。

四、収載歌と各家集

以上、本集の書誌及び収載歌題について考察してきたことで、大方の属性は見えてきたように思われる。そこで本章では、収載歌人の割合や、編纂にあたって依拠した資料について検討することで、本集の編纂過程や目的について考えてみたい。

まず、本集に収載された各家集の収載歌数を比較した表を次に挙げる。

（表三）　本集における各家集の部立別収載歌数比較表

《表凡例》

＊表三では家集名が下段に明記された和歌のみを集計対象としたため、贈答歌によって、先に示した本集の収載歌数六九〇六首と、表の合計歌数六七六三には差異がある。

＊「％」は各部立合計内で該当歌人が占める割合を示し、四捨五入して表記した。

＊下段の家集名に誤りがある場合も見受けられたが、本稿では全歌の詳細な考察には至っていないため、下段の表記に拠って集計した。

＊「家集収載歌数」は参考までに各歌人の家集の総歌数を示し、家集は新編国歌大観に拠った。

部立＼集名	後鳥羽院	土御門院	順徳院	雅経	為家	寂蓮	合計
春	三六九（二七％）	六三（五％）	二四〇（一八％）	二一八（一六％）	四〇九（三〇％）	五三（四％）	一三五二
夏	二二〇（二八％）	四八（六％）	一三六（一七％）	一四六（一八％）	一九九（二五％）	五〇（六％）	七九九
秋	四六四（二七％）	七八（五％）	三六六（二二％）	三二〇（一九％）	四〇九（二四％）	六六（四％）	一七〇三
冬	二五七（二九％）	五二（六％）	一三九（一六％）	二〇三（二三％）	一八四（二〇％）	四七（五％）	八八二

雑上	一六一（一九％）	八五（一〇％）	一〇七（一三％）	二五五（三〇％）	二〇四（二四％）	三三　（四％）	八四五
雑中	一三五（一五％）	二五　（三％）	六二　（七％）	一八九（二一％）	三八二（四三％）	八七（一〇％）	八八〇
雑下	五八（一九％）	一一　（四％）	一一一（三七％）	五九（二〇％）	五九（二〇％）	四　（一％）	三〇二
合計	一六六四（二七％）	三六二　（五％）	一一六一（一七％）	一三九〇（二一％）	一八四六（二七％）	三四〇　（五％）	六七六三
家集収載歌数	一七六八	四四九	一二七九	一六七二	二二〇一	三八六	七六五五

右の表から本集は、為家（一八四六首）・後鳥羽院（一六六四首）・雅経（一三九〇首）・順徳院（一一六一首）・土御門院（三六二首）・寂蓮（三四〇首）の順に収載歌が多いことがわかる。割合にすると、為家・後鳥羽院・雅経・順徳院の四家集で九割を占めている。参考までに新編国歌大観収載の各家集の総歌数を示したが、収載歌数は全体に、出典とした家集の規模によるところが大きいと考えられる。以下、本集収載歌から出典となった各家集について若干の考察をしてみたい。なお現段階では、全収載歌にまで詳細な調査が及んでいないため、問題が明らかな箇所に限って検討する。

六歌人の家集にはそれぞれ、『後鳥羽院御集』・『土御門院御集』・『順徳院御集（紫禁集）』・『明日香井和歌集』・『為家集』・『寂蓮集』がある。まずはそれぞれの家集の概要を紹介しておく。(14)

『後鳥羽院御集』は他撰で、諸説あるが伝本は大きく四類に分かれる。第一類本には、承応二〈一六五三〉年刊本がある。新編国歌大観本（一類本）では、総歌数一七六八首。『土御門院御集』も諸説あるが、伝本は大きく四類に分けられる。新編国歌大観本（一類本）では、総歌数四四九首。『順徳院御集』は自撰と想定されている。基本的には同一系統と考えられるが、本文異同から三類に分けられる。三類本には、寛文六〈一六六六〉年版本がある。新編国歌大観本（三類本）では、総歌数一二七九首。『明日香井和歌集』は飛鳥井雅経の家集で、孫である雅有によって編纂されたことが知られている。現存伝本は全て同一系統である。新編国歌大観本では、総歌数は一六七二首。『為家集』（『中院集』）は、四種に分けられ、自撰・他撰本がある。最も歌数の多い『為家集』（『大納言為家集』・他撰）には、元禄七〈一六九四〉年版本がある。同種の書陵部本を底本とする新編国歌大観本『為家集』は、総歌数二一〇一首。『寂蓮集』は、部類本の自撰家集と、雑纂本の他撰家集がある。雑纂本を含む伝本には四系統あり、そのうちの一系統、部類本・撰集抄出本・雑纂本から成るものには、寛文七〈一六六七〉年・元文元〈一七三六〉年・無刊記版本がある。新編国歌大観本（雑纂本と部類本から成る系統〈書陵部本〉）の総歌数は三八六首。

さて、各家集の伝来状況は右のとおりである。このうち『土御門院御集』『明日香井和歌集』『為家集』は、それぞれの家集にしか確認できない和歌を収めており、そして、そうしたそれぞれの家集にしか存しない歌が本集にも収められている。そのためこの三集については、系統までは明らかでないものの本集の引用資料と考えて良いであろう。『為家集』は版本に拠ったと考えるのが自然であろうか。

では、問題となる和歌について検討していきたい。まず後鳥羽院の家集についてである。

けふとてや大宮人のかへつらんむかしかたりの夏衣哉　（更衣〈題不知〉・一三〇〇・後鳥羽院）

今はとて背はてたる世中に何とかたらふ山時鳥(15)　（同・一四五一・同）

ふる郷を忍ふの軒の風すきて苔の袂に匂ふ橘(16)　（橘〈題不知〉・一六一五・同）

右に挙げた三首は、いずれも『後鳥羽院遠島百首』にしか確認できない和歌である。このように、本集には全冊を通じて『後鳥羽院遠島百首』が出典と考えられる和歌が収載されている。また、これらの和歌はいずれも、後鳥羽院歌群のうち『後鳥羽院御集』歌群の後にまとめて配列されている。編者は『後鳥羽院御集』と『後鳥羽院遠島百首』を区別して配列しているのである。先に『後鳥羽院御集』の伝本について述べたが、第二類本には第一類本に未収の『後鳥羽院遠島百首』や歌会・歌合歌が増補されている。編者は第二類本に拠った可能性もあるが、今のところ『後鳥羽院御集』・『後鳥羽院遠島百首』以外から収載された和歌は見出せない。両資料をそれぞれ別に所持したか、あるいは合綴された資料が存したのかは不明だが、本集編者は両資料を保持し、依拠したと考えられよう。

右の『後鳥羽院御集』収載状況と同様のことが、『順徳院御集』にも確認される。

夕立の雲にさきたつ山風に秋もなひかぬ草のはそなき　（夕立〈題不知〉・一八九七・順徳院）[17]

暁の八声の鳥もいたつらになかぬはかりに明るしの、め　（夏夜〈題不知〉・二〇五三・同）

右の二首は、いずれも『順徳院百首』にしか見出せない歌である。そしてこれらも後鳥羽院の収載歌と同様、全冊を通じて確認され、『順徳院御集』歌群の後に『順徳院百首』がまとめて配列されている。『順徳院御集』には、『順徳院百首』を含む伝本は確認されていない。そのため、本集編者は両資料を所持し、依拠したと考えられよう。

『寂蓮集』については、本集収載歌から確認できる事実がある。

いにしへの野守のか丶み跡たえて飛火はよはの蛍なりけり　（蛍〈題不知〉・一八五一・寂蓮）

谷河の流をみてもしられけり雲こす嶺の夕立の空　（夕立・一八八六・同）

しはしたに絶まもなきは夏山の梢につ丶く蟬のもろ声　（蟬〈題不知〉・一九一四・同）

右の三首は、新編国歌大観本（底本　部類本と雑纂本の合体本、宮内庁書陵部蔵Ｂ本）には収載されていないが、半田公平氏の翻刻による高松宮家蔵Ａ本（雑纂本のみ）に見出すことができる。[18] これは『六百番歌合』（一八五一・一八八六）や『続千載集』（一九一四）収載歌を含むか否かの違いによるものであり、高松宮家蔵Ａ本はこれらを収載している。『寂蓮集』については不明なことも多いが、少なくとも本集は、雑纂本で特に『六百番歌合』や勅撰集収載歌なども収めた本を引用したと言えるであろう。

右のことから本集は、家集のみでなく『後鳥羽院遠島百首』や『順徳院百首』を撰集資料としたであろうこと、また『寂蓮集』については特に『六百番歌合』や勅撰集歌も収載する雑纂本系統を引用したであろうことが明らかとなる。撰集資料には、版本だけでなく写本も含まれたものと考えられよう。

おわりに

以上、龍谷大学図書館写字台文庫蔵『舟水和謌集』の成立過程及び属性について考察してきた。最後に本集の編纂目的について言及しておきたい。三村氏は、中古から近世期に生まれた多様な類題集の編纂目的の第一に、和歌の初心者から中級程度の者が詠作する際に参考とするための実用的な役割を挙げられている[19]。本集も同じく、六歌人の和歌を詠作に資するために編纂されたものであることは序文から明らかである。ただし、編纂したものの集名も付けずしばらく机下に置いていたことや、個性的な収載歌題を勘案するに、本集編纂の機縁は個人的な関心に拠るところが大きかったと考えられよう。その関心の中心には、収載した六歌人の和歌そのものだけでなく、君主と臣下の関係に纏わることがあったと言える。そうして成立した草稿の体裁を整えたものが本集であると考えられる。本集については序文と和歌によって考察する他なく、明らかにできなかった部分も多い。大方の御批正を乞う次第である。

［注］

（1）糸井通浩他編『龍谷大學大宮圖書館和漢古典籍分類目錄（總記・言語・文學之部）』文学・和歌・私撰集（平成12年、龍谷大學、一三一頁）参照。なお、現在は龍谷大学貴重資料画像データベース「龍谷蔵」での閲覧が可能になっている。

（2）「臼杵市教育委員会所蔵『舟水和歌集』翻刻」（『北九州市立大学文学部紀要』85、平成28年3月、北九州市立大学比較文学科）。

（3）第五句「相坂の山」は、新編国歌大観所収『明日香井和歌集』では「あふさかのはる」。

（4）ただし「歳内立春」に関しては、雅経歌に「無題」とあるが、新編国歌大観所収『明日香井和歌集』には歌題が明記されている。

（5）松野陽一『藤原俊成の研究』第一篇・第一章（昭和48年、笠間書院、五九頁）、片山享・久保田淳編校『中世の文学　六家抄』「解説」片山享執筆（昭和55年、三弥井書店）参照。

（6）三村晃功『近世類題集の研究　和歌曼陀羅の世界』（平成21年、青簡舎）三章・四節「藤原伊清編『類題六家集』の成立」〈初出『京都光華女子大学研究紀要』43、平成17年3月〉、四章・三節「松平定信編『独看和歌集』の成立」〈初出『光華日本文学』13、平成17年10月〉参照。

（7）龍谷大学図書館写字台文庫蔵『類題六家集』（宝永元〈一七〇四〉年刊、十八冊、請求記号911・208／84―W／1～18）。

（8）松野陽一・上野洋三校注、新日本古典文学大系67『近世歌文集　上』（平成8年、岩波書店、一九三頁）。

（9）『平家物語』該当箇所は以下のとおり（新編日本古典文学全集『平家物語1』巻三・「城南之離宮」、平成6年、小学館、二五九頁）。

君は舟、臣は水、水よく船をうかべ、水又船をくつがへす。臣よく君をたもち、臣又君を覆す。保元、平治の比は、入道相国、君をたもち奉るといへども、安元、治承のいまは、又君をなみし奉る、史書の文にたがはず。

漢籍では『荀子』巻五・王政篇第九（藤井専英、新釈漢文大系5『荀子　上』、昭和41年、明治書院、二二二頁）、『藝文類聚』（董治安編『唐代四大類書』二、平成15年、精華大学出版社、九一八頁）、『孔子家語』（宇野精一、新釈漢文大系53『孔子家語』、平成8年、明治書院、二二〇頁）などに見出すことができる。

（10）注（2）の渡瀬淳子氏著書に拠る。

（11）三村氏は『独看和歌集』収載歌について、「早蕨」題の収載状況から、「『類題六家集』が本集（稿者注『独看和歌集』）の直接の撰集資料でないことは明らかである」と述べられている（注（6）三村氏「松平定信編『独看和歌集』の成立」、六一八頁）。

（12）正しくは「谷静纔聞山鳥語」。『和漢朗詠集』所収の句。『土御門院御集』では上記の句題で、「あしびきの山ほととぎすしのぶなりうの花かこふたにの一むら」（二一六）を挙げる。和歌については本集と家集との異同はない。『土御門院御集』そのものの異同か、編者による誤写の可能性が考えられるが定かでない。

(13) 佐藤恒雄氏は、『大納言為家集』が「歌題を最優先させ、詠歌年次を第二の柱とした、類題集と規定できる」と述べられている（「大納言為家集の編纂と成立」『藤原為家全歌集』、平成14年、風間書房、七八九頁〈初出「大納言為家集の編纂」『和歌文学研究』62、平成3年4月〉）。

(14) 各家集の概要については、主に『和歌文学大辞典』（平成26年、古典ライブラリー）・『新編国歌大観』解題・『新編私家集大成』解題に拠った。

(15) 第二句「背はてたる」は、新編国歌大観では「そむきはててし」。（　）内は本集での歌題・歌番号（私に付した）・作者名を示す。以下同じ。

(16) 第二句「忍ふの軒の」は、新編国歌大観では「忍ぶの軒に」。

(17) 第四句「秋もなひかぬ」は、新編国歌大観では「秋になびかぬ」。

(18) 半田公平『寂蓮法師全歌集とその研究』研究編・第一章・Ⅰ家集（昭和50年、笠間書院）参照。

(19) 三村晃功「類題和歌集概観―古典和歌を中心とする―」『夫木和歌抄　編纂と享受』（平成20年、風間書房、四二七頁）参照。

鎌倉時代の言語規範に関する一考察
——「古」なるものへの意識をめぐる——

山本　真吾

一、日本語史の中の中世

歴史学一般の三分法（古代・中世・近代）を日本語史に適合させて区分することには議論の余地があり、中世は古代に入れるか、近代に入れるか、古代でも近代でもない時代として独立させるかなど、幾通りかの立場が成り立つ(1)。いずれにせよ、日本語の歴史を大きく古代と近代に二分するならば、それぞれの時代を特徴づける言語特徴を指摘することは可能のようであり、文法史では係り結び、条件法、動詞終止形の問題を軸に、音韻史の場合にはアヤワ行の変遷、特殊音を含む音節構造といった点に顕著な違いを認めることができる。しかし、乾善彦の説くように(2)、

○その移行期としての中世は、独立した中世としての特徴を規定することが難しいし、そのような言及を見ない。むしろ、移行期としてしか中世を捉えることができないのではないか。

というところに落ち着くようである。

文法、音韻、語彙、文字・表記の諸領域についてその独立性を認めがたいというのを一応認めたとしても、言語

文化の全体としては、中世は「引き裂かれた」ものとして捕捉され、前後の時代と画する面も有するようである。奥田勲[3]は、「中世は、さまざまな意味で引き裂かれた時代だった。王朝懐古と乱世の現実に引き裂かれつつ、その時代を駆け抜けて行った人の群の中に連歌師がいた」と述べ、連歌の歴史に中世の言語文化の特質を見る。また、阿部泰郎[4]も「中世という時代を引き裂くものを焦点として、文学と歴史を読み直す可能性を提起してみたい」として《抗争するテクスト―引き裂かれる中世―》の企画を行った。中世のテクストは、「分裂と葛藤」の「せめぎあいの裡から、あたらしい思惟と表現そして作品が生みだされる坩堝でもあった」とする。さらに、言文二途の分岐、和漢混淆文の成立といった文体の側面からは多分に前代とも後代とも異なる様相を示しているのではないかとの見通しもあって、文体史における中世の、前後と画する領域を認め得るかどうかの可否はなお検討されてよい。

本稿では、右のような問題意識から出発し、言語規範の中世的特質をめぐって若干の考察を加えるものである。

二、中世人の「古人」説依拠の意識

国語意識史の流れについては、時枝誠記[5]や永山勇[6]が夙に関心を寄せている。時枝は「古語意識」の発生を平安朝末であると見るのに対して、永山は、「古語」「古詞」「古説」の記録を踏まえて、上代すなわち『古事記』『日本書紀』の時代より古語意識の見られることを指摘し、この点においては上代以来一貫して流れている意識であると結論されている。

ここでは、「古人」の言説を巡る中世人の意識を検討することを通して、前代との異なりやその位相的特徴などを抽出してみたいと思う。

(1)『下官集』の「古人」

藤原定家の著述とされる『下官集』には、仮名遣いに関する次のような記事があり、注目されてきた。

〇一　嫌文字事

他人惣不然、又先達強無此事、只愚意分別之極僻事也、親疎老少一人無同心之人、尤可謂道理、況亦当世之人所書文字之狼藉、過于古人之所用来、心中恨之

緒之音　を　ちりぬるを書之　仍欲用之

をみなへし　をとは山　をくら山　たまのを　をさゝ　をたえのはし　をくつゆ

てにをはの詞のをの字

尾之音　お　うゐのおくやまに書之故也

おく山　おほかた　おもふ　おしむ　おとろく　おきの葉　おのへのまつ　はなをおる　時おりふし

大野晋(7)、小松英雄(8)など日本語史研究者がこれについて種々に解釈を施しているが、これらを踏まえて、浅田徹(9)は、次のように整理している。

その一つは、「故実・古代志向」という主題を認め、「当世の人々の仮名遣いは古人に比べいっそう乱れていると述べ」、その一方で、「『を／お』の書き分けに際しては経験則に拠らず、アクセントの高低で統一している」点に、今一つの主題「合理性志向」を指摘している。そして、「を／お」に対して、「え／へ／ゑ」「ひ／ゐ／い」ではアクセントの高低による書き分けといった基準を立てることができずに、「『旧草子』を見て経験的に判断せねばならなかったのである。しかし『旧草子』を見ることは古人の慣例に即こうとする志向を示している。『お／を』では古人の例は捨てられているから、ここには定家の志向の分裂を見ることができる。」と述べている。

小松英雄が定家の合理性、現実的処理の側面を強調しているのに対して、浅田徹は、その「合理性志向」と「故実／古代志向」の二つの意識が窺え、「分裂」と捉えており、注目される。当時のアクセントに基づく、現実的、

当代的処理をしながら、一方で、「古人之所用来」に「過」ぎ[10]、いっそう乱れていることを「恨」む意識をどのように位置づければよいであろうか。このことを考究する上で、さらに兼好法師の「古き人」の言説も紹介しておきたい。

（2）兼好法師の「古き人」

『徒然草』第二十二段には、

○「主殿寮人数だて」と言ふべきを、「たちあかししろくせよ」と言ひ、最勝講の御聴聞所なるをば、「御講の盧」とこそ言ふを、「かうろ」と言ふ、くちをしとぞ、古き人はおほせられし。

とある。ここでも「古き人」の言説を引いてそれに即こうとする兼好法師の意識を認めることができる。

定家の言説と安直に繋げることは慎まなければならないが、中世人が「古人」の言説をどのように意識し、己の規範と対峙させているかは、当時の言語規範の意識を解明するうえで重要な観点となり得よう。

そこで、次には、もう少し文献探索の範囲を広げて、鎌倉時代の諸書に見る「古人」の説を通覧してみることとする。

（3）諸書に見る「古人」の説

ア、説話集の「古人」

①『古今著聞集』（大系本に拠る、以下、注記の無いものは同書から引く。）

・但念仏の儀ばかりにとりよれるにや。古人之所作、仰而可信歟。（一四〇民部卿斉信斉名が秀句を朗詠の事、一三九頁）

・太鼓の撥をとる日は、笛吹とよくいひあはせて、存知すべき事也。これ古人の伝るところなり。（二五七前所衆延章太鼓を打ち　拍子を過つ事、二一一頁）

②『沙石集』

・漢書ニ云ク、「貧賤ノ知人ヲ不レ可レ忘、糟糠ノ妻ヲ不レ可レ下レ堂」トテ、貧キ時ノ知人ヲバ、富ラム時ワスレズ、賤妻ヲバ不下ト云ヘリ、此訴訟人ノ心、スデニ古人ノ教ニ叶ヘリ。（巻三、二問注ニ我ト劣タル事、一四四頁）

・古人ノ云、「実際ノ理地ニハ不レ受二一塵一、仏事門ノ中ニハ、不レ捨二一法一ヲ」（巻五本、六学生ノ見ノ僻タル事、二一四頁）

・情ハ人ノシナニモヨラヌニヤ。サレバ、古人ノ詞ニモ、「貴賤ノワカレ、行ノ善ト悪トニアリ」ト云テ、只振舞モ賢ニ、情ケアルヲ貴トシ、ヲロカニ情ナキ人ヲ、賤トスベシ。ヨノツネノ種性ヲ、論ズベカラズト云ヘリ。マコトナルカナ。（巻五末、四西　行ガ事、二三九頁）

『今昔物語集』には、「古人」また「古き人」の例は見えない。①は「古人」の言い伝えを拠るべき説として引いており、②の「古人」もこの言説に依拠して自分の考えの正当性を訴えているようであるが、依拠する書物として「漢書」などの中国古典の言説を踏まえている点が注意される。

イ、軍記物の「古人」

①覚一本平家物語

・ふるひ人の申されけるは、「清盛公は悪人とこそおもへ共、まことは慈恵僧正の再誕也。…」（慈心房、上四一二頁）

②延慶本平家物語

・古人ノ被レ申候シハ、「死罪ヲ被レ行バ、謀叛ノ輩絶ベカラズ」ト（上一三二頁10行）[11]

・古人ノ申ケルハ、「此人ノ果報カ、リツルコソ理ナレ。正キ白河院ノ御子ゾカシ。」（上六三二頁5行）

軍記物でも、②の第一例のように、「古人」の言説「死罪ヲ被行バ、謀叛ノ輩絶ベカラズ」を引いて、平重盛が父清盛を説得しており、説話のそれと通じる。しかし、①や②の第二例は、単に昔のことを記憶している古老、老人といった程度の意味であって、必ずしも彼の言説を拠り所として自説を補強しようとするものではない。

ウ、歌論・歌合評の「古人」

①歌合

・俊云、いづれも〳〵おかし。但、前歌は、初五文字、明言を冒したれば、うち聞に思ひ出られぬ。古人もかやうの詞去るべしと（こ）そ申されけれ。（『元永元年十月二日内大臣忠通家歌合』三五一頁）

・第五句には「ありあけの月」とや、古き人は詠み侍らまし。（『建仁元年千五百番歌合』五一二頁）

②歌論

・古人云、「仮名に物書く事は、歌の序は古今の仮名序を本とす。日記は大鏡のことざまを習ふ。和歌の詞は伊勢物語并後撰の歌詞を学ぶ。物語は源氏に過ぎたる物なし。皆これらを思はへて書くべき也。いづれも〳〵構へて真名の言葉を書かじとする也。又、詞の飾りを求めて対を好み書くべからず。僅に寄り来る所ばかりを書くなり。対をしげく書きつれば真名に似て仮名の本意にはあらず（『無名抄』九三頁）

・古人の詠作にも、心のなからん哥をば無實哥とぞ申すべき。今の人のよめらんにもうるはしくたゞしからんをば有實（哥）とぞ申し侍るべく候（『毎月抄』一三〇頁）

・稽古に力入るる人も、才学を好み、義を案じもちてばかり問答をする時、古人の詞をも我がかたの趣にのみとりなし、心は入れでひがざまにことはり、我が物に得るところもなし（『為兼卿和歌抄』一五六頁）

・されば、年來の好事、是をのみたしなむよしなるも、古人のさほどたしなむとや聞えざりけるも、よめる哥の

さま遥かにへだて、、及ぶ事なし（同右一五六頁）

歌合や歌論の例は、概して、「古人」の言説を持ち出すことで、これに依拠し、その正当性を主張しようとするものである。①第一例の「古人も」と「も」助詞は《自分の考えと同じように…も》という含意を認めることができよう。但しこの依拠するところは、中国古典や経文ではなく、和歌の先人のそれである。

エ、その他

①古人の云、「智者の作る罪は鉄鉢の如し。大れども不レ沈。愚者の造る罪は砂礫の如し。少なけれども沈む」と云へり（『妻鏡』一六四頁16行）

②彼骨折髄難有血気、其色已変白、物体不分明歟、且一手一足経数日、不為穢之由、古人之説炳焉者歟、但咎徴之縡、非無疑殆、被行御卜、随其旨趣、宜被所謝候哉（寛喜二年）後正月二十二日平範輔請文案、石清水文書、『鎌倉遺文』三九四〇）

③如古答者、大和大神等六位為中社、自余為小社云々、然者法家所存可奉准何社哉、又分別大中小祀之時、当宮御節可准何祀哉、重被尋所存、且召別勘文、可有其沙汰歟、抑可入八虐否事、古人説釈縦雖不同、任准拠之先例、被計行之条可宜歟、以流血汚南階事、断罪軽重、了見区分、宜在非常之断乎、左大弁藤原朝臣定申云、先度議定之時、存知旨粗定申畢（寛元三四月十四日公卿定文・平戸記寛元三年四月十四日条、『鎌倉遺文』六四六七）

ア～ウの他、鎌倉時代には『妻鏡』や古文書にも見える。やはり中国古典や先人の説を正しいものとして依拠し、自説の正当性を述べ立てる箇所に見える。

三、前代の「ふるひと」「古代なる（の）人」

平安仮名文学作品には「古人（こじん）」の例は認めがたい。類義の語としては「ふるひと」や「古代の（なる）

人」が用いられるようである。

①「いかに。かへりごとはすべくやある」などさだむるほどに、こだいなる人ありて、「なほ」とかしこまりてかかすれば（『かげろふ日記』上一〇11）

右の「こだい（古代）なる人」は古風な考えの人、具体的には作者の母親を指すという。このような「古代」の例は、『更級日記』にも見える。

②はゝいみじかりしこだいの人にて、「はつせには、あなおそろし、ならざかにこひとにとられなばいかがせむ」（『更級日記』三六10）

この「古代なる（の）人」とほぼ同じ意味で用いられる語としては、他に「ふるひと」があり、『源氏物語』に見える。

③あやしきふる人にこそあれ。かく物づゝみしたる人は、ひきいりしづみ入たるこそよけれ。さすがにはぢがましや」とて（『源氏物語』行幸・3七七12）

右の「ふる人」は古風な人、昔気質な人の意である。さらに、

④右近は、なにの人かずならねど、なをそのかたみとみ給て、らうたきものにおぼしたれば、ふる人のかずにつかふまつりなれたり（『源氏物語』玉鬘・2三三一4）

のような例もあり、ここの「ふる人」は古くから仕えている人、古参の人を言う。さらに、

⑤かのとはずがたりのふる人めしいでゝ、のこりおほかる物がたりなどせさせ給（『源氏物語』椎本・4三四九15）

は、単に老人、古老といった意味で使用されている。

これらの語は、次代の「古人」のように、その言説に依拠して自身の説を補強するような文脈で用いられてはおらず、どちらかと言えば否定的、批判的に傾く用法が多いように映る。では、次代の「古人」のような用法の源は

どの辺に求められるであろうか。

平安時代の公家日記にも「古人」の例はさほど多くなく、『九条殿記』『小右記』に数例認められるに過ぎない。しかし、この「古人」の例は、次代の例のように、その説を拠り所として事態を処理したり、現実の状況を古典の描写になぞらえたりする例が認められる。

⑥故高階忠岑真人云、物忌日者不可参向神社及山陵、是古人所伝也云々（『九条殿記』承平五年十二月二十五日）

⑦昨禁家令（今）滅亡、古人云、神（禍）福如非（糾）纏、誠所以乎（『小右記』長徳二年六月九日）

ここの「古人」の言説は、「因禍爲福。成敗之轉、譬若糾墨」（『史記』南越列伝）に拠るものであろう。また、

⑧近日山城・丹波蝗虫成災、万人愁苦、古人云、以政駈蝗、所謂善政、近代以何術得駈追哉（『小右記』寛仁元年七月二十八日）

の「古人」の言説は「我聞古之良吏有善政、以政驅蝗蝗出境」（白居易「捕蝗一刺長吏也」）を踏えていると考えられる。

この⑦⑧の「古人」の用法は、他の公家日記には認めがたく、小野宮実資に特徴的な用い方と見られる。

以上を要するに、「ふるひと」は単に古老、古参の人、また、古風な人・昔気質の人という意味であり、「古代（の）なる人」も古風で昔の価値観を保った人の意であって、王朝仮名文学の世界ではむしろ否定的、批判的な語感を伴う用法であると見られる。これに対して、「古人」は、その伝えるところを尊重し、特に『小右記』では、中国古典を踏まえて現前の事態の意義を解説する手法として用いられ、中世の用法に繋がるものと見られる。仮名文学の描くところとは異なる、記録世界の別の位相の用法とも言えようが、但し、他の平安公家日記等には「古人」の例そのものを指摘することが難しく、小野宮実資の個としての「古人」依拠意識と認められよう。しかして、この「古人云」として中国古典に依拠しつつ自説を補強する手法は、説話の説教や法語に取り入れられ、さらに歌

論や歌合の場合には、中国古典の枠に限定されず、日本古典を範とする用法も出現するに至るのである。
このように、「古人」の説に依拠して自説を補強する姿勢は、中世に至って多様なジャンルの諸書に見えることから、当時の説得材料として尊重されていることが知られる。

四、兼好法師の言語規範意識——その《分裂》——

拙稿(12)では、次の『徒然草』第百六十段「門に額掛るを」の段を取り上げ、その解釈を通して兼好法師の言語規範意識を探ろうとした。

○門に額掛るを打つといふは、よからぬにや。勘解由少路の二品禅門は、「額掛る」との給ひき。「見物の桟敷打つ」などもよからぬにや。「平張打つ」などは、常の事なり。「桟敷構ふる」など也。「護摩焚く」と言ふも悪し。「修する」「護摩する」など也。「行法も、法の字を澄みて言ふ、悪し。濁て」と、清閑寺の僧正仰せられき。常に言ふことに、かゝることのみ多し。

右で、兼好の問題としている言葉遣いを整理してみると、次のⅠ・Ⅱのように纏められる。

Ⅰ、動詞と目的語との対応

次のａ～ｃについて、目的語に対して応ずる動詞の適否を扱い、前者×が不適であり、後者○を良しとすることを挙げる。

ａ門＝×「打つ」、○「掛る」
ｂ桟敷＝×「打つ」、○「構ふる」
ｃ護摩＝×「焚く」、○「修する」「護摩する」

Ⅱ、「行法」について

鼻音（-m・-n・-ng）同化による字音の連濁現象を問題にしており、非連濁の「ギヤウホフ」を否とし、連濁形「ギヤウボフ」を適当とする。

これまでの解釈としては、兼好法師の尚古的国語観の立場で読み解こうとする説がある。永山[13]は、この章段について、「余りにあらわなことぐさ、いかにも実用一点張りな表現は、古人のことばに対する態度にもそむき、それら先人の精神にも戻ることとして兼好の採らざる所であった」（七八九頁）と述べる。しかし、実際の文献使用例について見るに兼好法師の良しとする方が必ずしも古い言い方であるというわけではないので、末尾の「かゝること」として統一的な解釈を施すことが難しい。

そこで、

①「うつ」と云語は「撃つ」「討つ」と凶なひびきがあるから忌むと云ふのであらう。（沼波武夫『徒然草講話』一九二九年）

②「護摩」は梵語Homa.焼くといふこと。（略）意味が重複するから、よくないといふのであらう。（佐野保太郎『徒然草講義』一九三一年）

③〈護摩を修する〉の例は文献に見えないという。（略）兼好の独断かも知れず（石田肇『徒然草講座』一九七四年）

④連濁現象の〈行法〉とは当時の言語現象を正統的表現と認めたのである。（同右）

右の①〜④は、それぞれの事例ごとに個別の解釈を与えており、末尾の「かゝること」はなお不明のままである。因みに右は個別処理の比較的古い説を紹介したが、②の重言説などは最新の『徒然草』の校注本[14]も継承している。

拙稿では、先行説において用例が見えないというものを含めて、諸文献を広く探索し、時代的先後関係を調査した。その結果、次のようなことが分かった。

⑤（世次）「…いみじう気高きさましたる男のおはして、『この、日の荒れて、日ごろここに経たまふは、己がし侍る事なり。よろづの社に額の懸かりたるに、己が許にしも無きが悪しければ、懸けむと思ふに、…止め奉りたるなり』とのたまふに、（中略）神官ども召し出だして、打たせなど、よく法のごとくして帰りたまふに」（『大鏡』第二実頼）

⑥仍又改書、木工寮額、寮頭造門打額（『本朝神仙伝』九）

⑤の事例から、額を「打」つという表現は平安時代から見られ、⑥漢文資料にも用いられることから、必ずしも伝統的な言い方に違反するものとは言えない。なお、右の『大鏡』には額が「懸か」るという言い方も見える。

⑦かものかはべにさじき、かはほとりに（ママ）さじきうちて、おとこ君たちおはしまさふず（『宇津保物語』二藤はらの君、一九八10）

⑦は『宇津保物語』の例で、「桟敷＝うつ」という言い方も平安時代から見られることが分かる。

⑧今夜退□箇日修不動護摩法（『権記』長徳四年七月二日）

⑨問記若有修護摩法者□者読経半者誦呪ト者八半ト者何ヲ師曰番僧云也（高山寺蔵康治元年十一月六日記、英仁筆、Ⅲ二九）

⑩是令修護摩之時焼也（高山寺蔵『問答抄』建仁三年、覚経筆、Ⅲ二二四）

文学作品に限定して「護摩」の用例を探しても容易には見つからない。⑧のような記録、また⑨⑩のように寺院経蔵の聖教類に求めるべきであろう。

⑪我れ已に久時念誦し護摩して堅く戒行を持テリ（広島大学蔵蘇悉地羯羅経院政期朱点）

「護摩を修す」「護摩す」という言い方も珍しいものではなく、平安時代に認めることができる。「護摩」「焚く」の例はニ格をとって「護摩に焚」くという表現は覚一本『平家物語』に見られる。この場合は、兼好法師が不適とする表現が新しい言い方であると解釈しても用例の出現状況としては矛盾を来さない。

⑫一《イッ》(入)ー生《シャウ》(去)ー涯《カイノ》(平濁)之行《キャウ》(平濁)ー法《ホフ》(入)ハ薫《クン》ー修《シュ》(上濁)久《ヒサシク》続《ツカムトナリ》（仁和寺蔵『十八道初行表白』鎌倉初期点）

「行法」の読み方が明示されている例を探索することは容易ではない。⑫はその稀少な例である。仁和寺喜多院御室守覚法親王の自筆で、鎌倉時代極初期の加点と見られる。「法」に声点の単点が差され、清音であることが知られる。平安時代における僧侶の伝統的な読み方は「ギャウホフ」であって、連濁形「ギヤウボフ」を支持してはいない。

以上の用例の出現状況から、尚古的国語観に沿って、この段の兼好法師の良しとした表現を古い時代の言い方であると解釈することはやはり難しいことが確認された。そこで、拙稿では「かゝること」は《当時の基本的運用法から外れること》と捉えた。すなわち、Ⅰ、動詞と目的語との対応ということでは、「額」を所定の位置（＝「門」など）に物の一部を付けて固定させる「掛る」の基本義が適い、釘などを用いて「打つ」ことはあってもそれは表面的な所作に過ぎない。同じく、「桟敷」は祭りの見物のために前もって設営するのであるから、「構ふる」がふさわしく、その過程で杭などを「打つ」ことがあってもそれは桟敷を設ける一つの動作である。「護摩」は本来密教修法の一つであり、仏道、修法をおさめるのであるから、「修する」「護摩する」が正しい。護摩木を「焚く」のはその目の前の所作であって目的ではない。

そして、Ⅱ、当時の鼻音同化の法則に従い、「行法」は「ギヤウボフ」（連濁形）を選択すべきである判断もこの《当時の基本的運用法から外れること》が良くないと解釈し得るのである。

兼好法師の生きた《当時》の基本的用法と見ることで統一的に解釈が可能となる。ここに兼好法師の言語意識の二面性《分裂》を見ることができるのではなかろうか。すなわち、情としては古語憧憬を謳い、尚古的国語観に立つが、理では現実的処理をするほかないと判断する。藤原定家の『下官集』に見る「合理性志向」と「故実／古代志向」の《分裂》は、兼好法師の『徒然草』にも通底すると言えそうである。実際には現実的、合理的な処理をする一方で、「古人」の言説をことさら持ち出し、依拠する態度を示すのは、このような情の側の志向をあたかも理の上で正当なものと裏付けようとする《装い》とも捉えられよう。

五、中世人の言語規範意識に見られる古代志向と合理性の《分裂》そして《装い》

この稿で問題としたかったのは、実際には現実を直視し、その中で合理的運用を採用するにもかかわらず、なぜ「古人」の言説を持ち出し、これに依拠する態度を示そうとするのかの意識を探ることであった。藤原定家『下官集』と兼好法師『徒然草』にその《分裂》が見られる。唐突な示し方ではあるが、このような《分裂》と相似形を成すのが、守覚法親王の説である。[15] 真言宗における、小野・広沢両流の相違を説明するのに伝統的に得意とする修法の違いを根拠にするが、先例にそのような事実はなく、結果としてそれぞれによく行われる修法が異なっているという既成の事実をもって説明していると言う。

中世人の古代志向と合理性の意識の《分裂》は、このように、複数の文化人に共通するものであった。実際には、目の前の現実を見て合理的な処理をするにもかかわらず、「古人」の言説に依拠する態度を《装う》のである。その《装い》の意識は理の側でなく情に傾くものであった。心では古代の理想を求め、しかし、頭では現実を直視して合理的な判断を下す、そのような《分裂》した意識が中世、鎌倉時代に認められる。これを《装い》と称するのは、この古代志向の方は言葉に明示され、表現されているのであるが、現実的合理性は表に現れず、ゆえに現今の研究者が探らねば明らかにならないところであったことに基づく。合理性、現実的処理は言葉には表現されず作者の心の側に止まり、古代志向の言説は明確に主張されるのである。

[注]

（1）前田富祺『国語語彙史研究』第七章語彙史の時代区分（明治書院、一九八五年）
（2）乾善彦「語彙史の時代区分・文字史の時代区分」（『国語語彙史の研究』二〇、和泉書院、二〇〇一年）
（3）奥田勲『連歌史　中世をつないだ歌と人々』（勉誠出版、二〇一七年）
（4）阿部泰郎「特集にあたって」（《特集》抗争するテクスト―引き裂かれる中世―、『文学』四―六、岩波書店、二〇〇三年）
（5）時枝誠記「古典註釈に現れた語学的方法―特に万葉集仙覚抄に於ける―」（京城帝国大法文学会論集『日本文化叢考』一九三一年）
（6）永山勇『国語意識史の研究』（風間書房、一九六三年）
（7）大野晋「藤原定家の仮名遣について」（『国語学』七二集、一九六八年）
（8）小松英雄『いろはうた―日本語史へのいざない』（中公新書、一九七九年）
（9）浅田徹「下官集の定家―差異と自己―」（『国文学研究資料館紀要』二七、二〇〇一年）
（10）注（8）文献等では「過」を「あやまつ」と訓ずるのに対して、注（9）は「すぐ」と読む方が適当とする。
（11）北原保雄・小川栄一『延慶本平家物語　本文篇』（勉誠出版、一九九〇年）
（12）山本真吾「兼好の言語規範意識の一側面―『徒然草』第百六十段（門に額かくるを）を手懸かりとして―」（三重大学人文学部文化学科研究紀要『人文論叢』一一、一九九四年）
（13）注（6）文献。
（14）小川剛生『徒然草新版　現代語訳付き』（角川ソフィア文庫、二〇一五年）
（15）速水侑『平安貴族社会と仏教』（吉川弘文館、一九七五年）

[付記]　本稿は、龍谷大学仏教文化研究所セミナー（平成二八年九月一四日）における口頭発表の内容を纏めたものである。

第二章　中世の表現

建久六年民部卿経房家歌合の俊成歌について

安井重雄

はじめに

建久六年（一一九五）正月二十日民部卿経房家歌合は、同四年（一一九三）六百番歌合のおよそ一年後の開催で、良経家歌壇が活発に活動する中、良経家以外の歌合として注目されるものである。歌題は「山花」「初郭公」「暁月」「深雪」「久恋」の五題、各二三番、歌人四六人、計一一五番の歌合で、判者は俊成である。特に判者による跋文に、古来風体抄、慈鎮和尚自歌合十禅寺跋と共通する歌論が記されることで著名である。[1]

当該歌合の詠歌は、新古今集への入集がわずかに二首（いずれも二条院讃岐歌）であることから、従来それほど注意されてはこなかった。しかし、六条家・御子左家あるいは歌道家以外の歌人たちの詠歌傾向について注目すべきものがあることを拙稿[2]（以下「前稿」と称す）で報告した。その際、判者でもある俊成の詠作に言及することができなかった。そこで本稿では、当該歌合における俊成歌の特徴について考察したい。当該歌合の俊成歌の他歌集への入集状況は、「山花」題歌が閑月集に、「初郭公」題歌が題林愚抄に入集するに過ぎず、俊成自身も他の歌人たちも俊成歌を高く評価しているようには見えない。しかし、実は俊成歌の表現は新風を志向する歌人たちの強い興味を惹いたようで、当該歌合の俊成歌は歌壇史的にも重要な意味があったと思われる。ただし、俊成歌五首のうち、本文に問題のある歌があり、特に「山花」題歌についてはそれが著しい。そこで、まず俊成歌の本文について検討した後、その表現について考察することとする。

本文を考察するにあたって、本稿で言及する当該歌合の伝本について挙げておく。当該歌合の伝本は十一本が報告されているが、中世に遡るものはなく、いずれの伝本も校訂することなく読むのは難しい。新編国歌大観には群書類従本が翻刻されているが、右の伝本残存状況を踏まえれば、とりあえず妥当な処置といえよう。松野陽一は、当該歌合の伝本八本を掲出して「全て同一系統本であり、本文異同はほとんどないといってよい[3]」と指摘するが、その後に報告された三本の伝本を含めても基本的に同一系統といってよい。しかし、細かな所では注意すべき異同も存し、新編国歌大観本だけで読むのは難しい。

さて、本稿で参照した伝本は次の通りである。伝本名の下の（　）に函架番号、〈　〉に本稿での略号、＊を付して松野による分類を記した。また、奥書等の情報を＊＊に簡単に記した。

○松平文庫本（一三八・四六）〈松〉＊松野⑤島原公民館松平文庫蔵本（一三八・四六）＊＊奥書なし。

○神宮文庫本（三・1050）〈神A〉＊松野①神宮文庫蔵甲本（三・一〇五〇）＊＊延宝七年村井古厳奥書。天明七年村井古厳奉納印あり。

○神宮文庫本（三・942,997,1050）〈神B〉＊松野②神宮文庫蔵乙本（三・九四二）＊＊天明七年村井古厳奉納印あり。

○書陵部本（501—634）〈書御〉＊松野⑥宮内庁書陵部蔵御所本（五〇一・六三四）＊＊「山花」「初郭公」「暁月」のみの零本。題簽霊元天皇筆。明応七年甘露寺親長の本奥書あり。

○書陵部本（151—361）〈書部〉＊松野⑦宮内庁書陵部蔵歌合部類本（一五一・三六一）＊＊「山花」「初郭公」「暁

月」のみの零本。書御と同じ奥書を持ち、若干の漢字・仮名の異同はあるが、本文は一致する。「書御」の写しか。九種の歌合を三冊に合写した『歌合部類』に所収。

○彰考館本（巳・十二）「歌合部類」所収本〈彰A〉＊松野④彰考館文庫蔵乙本（歌合部類本。巳・一二）＊＊奥書なし。本文は、松平文庫本と同系統。

○彰考館本（巳・十三・07253）〈彰B〉＊松野③彰考館文庫蔵甲本（巳・一三）＊＊奥書なし。

○河野美術館本（123―958）〈河〉＊＊蘆庵本歌合集二十六冊の中の一冊。「庚戌冬十一月再校以朱書入　蘆庵」の奥書あり。

○京都女子大学図書館本（N911／18／U96／1）〈京女〉＊＊蘆庵本歌合集四冊の中。本文は河に一致。

○群書類従本〈群〉＊松野⑧群書類従本

○玉井忠臣氏蔵本―「玉井忠臣氏蔵『民部卿経房家歌合』」（愛媛国文研究三四号、一九八四年一二月）に紹介。

松野は、松・彰A二本を「本文的に最も善い」[4]と指摘しており、首肯される。本稿では当該歌合の引用は松によることとする。なお、河と京女は小澤蘆庵が弟子らに書写された蘆庵本で、本文は全く一致する。よって河によって代表させる。また、玉井本は未見である。

一、「山花」題歌の本文

当該歌合の五首の俊成歌の中で、最も異同が多いのが「山花」題歌である。次に、当該の番の左右歌と左歌の判詞を摘記する。

廿三番

左　　　　　　　　　　皇太后宮太夫入道釈阿

風かほる春のにしきにまよふ哉花散比の志賀の山越（四五）

右　　　　　　　　　　　　　　　　少納言法印静賢

三輪の山杉の青葉はときはにて花こそ春のしるしなりけれ（四六）

左歌、志賀の山越は春の花ふりにたる事なるうへに、まがふらん心もたど〳〵しく思ふたまふる程に、をろかなるみづからの歌にはべりけり、大かたは歌合にはいやしくも為判者ものは歌人のかずにはいらざるは先例也、又よむ事有時もそのつがひには判をくはへずなどぞ申ならはしたる、（中略）右まさるとぞ申さまほしく侍れど、判者の例に事をよせてしばし心にく候てやとて、しがの山越をとれり共申さだめずなりぬるなるべし

俊成歌は当該歌合諸本によって、第二句・第三句に「春のにしき」―「春のふ、き」〈書御・書部〉、「まよふ哉」―「まかふ哉」〈神A・書御・書部・群〉という異同がある（掲出本文の漢字・仮名は〈　〉内の最初に示した本による。以下同じ）。また、閑月集(5)（八七・春下）に入集するが、その本文を加えると、次のようにa～d四種類の本文が存在する。

a　風かほる春のにしきにまよふ哉花散比の志賀の山越　〈松・神B・彰A・彰B・河〉

b　風かほる春のにしきにまがふ哉花ちるころの志賀の山越　〈神A・群〉

c　風かほる春のふゞきにまがふかな花ちるころのしがの山ごえ〈書御・書部〉

d　かぜかをるはるのふぶきにまよふかなはるちる（ママ）ころのしがのやまごえ〈閑月集〉

異同による意味の差異は大きく、いずれの本文が適当か検討する必要があるが、まずは普通に考えれば、松野が善本であると指摘する松・彰Aを含み、最も伝本数が多いaが適当と考えられよう。cd「春のふゞき」の「ふゞ」は「春のにしき」の「にし」との字体の類似によって生じた誤写と片付けることが可能である。また、

「ふゞき」では、初句の「風」と重言となるのではないかとも思われる。

しかし、重言という点については、西行や俊成自身に次のような用例があって、必ずしも重言とはいえないようだ（傍線は私による。以下同じ）。

〔落花の歌あまたよみけるに〕
はる風の花のふぶきにうづまれてゆきもやられぬしがのやまみち[6]（山家集・一一三）
ふぶきしてこしのねわたしかぜたけしいかがあらちのやまはこゆべき（為忠家後度百首・四五七・行路雪・顕広）

特に西行歌は、「はる風の花のふぶき」「しがのやまみち」という表現が俊成の当該歌合歌に近く、その発想に影響を与えた可能性が考えられる。

なお、右の西行歌だが、山家集、山家心中集では「花のふぶき」であるが、西行法師家集は「花の錦」とする。鎌倉期写本が伝存する山家心中集が「花のふぶき」とし、山家集も「ふぶき」で異同がないことから[7]「ふぶき」が正しいとすべきだが、「ふゞき」「にしき」は誤写の生じる可能性がある詞であることが知られる。

右のように見てくると、「ふゞき」が誤写であるか否かは一首全体の表現から考えてみる必要があるということになろう。

まずは、「春のにしき」について、考えてみる。「春のにしき」は素性の歌によって知られる表現である。

花ざかりに京を見やりてよめる　〔そせい法し〕
みわたせば柳桜をこきまぜて宮こぞ春の錦なりける（古今集・春上・五六）

「春のにしき」を用いる詠歌には、「うすくこくのもせにさけるいはつつじはるのにしきとみえわたるかな」（天喜四年閏三月六条斎院歌合・八・出羽）のように躑躅を詠むものがあるが、むしろ例外で、ほとんどの歌が次のように素性歌を本歌とする。

はるつかた、くまのへまゐらんたむけにぬさすこしと、
にし山のひじりの、こひにつかはしたりしに
たてぬきにやなぎさくらをおりみだるはるのにしきをたむけにはせよ（二条太后太后宮大弐集・一〇）
萩花勝春花
小萩原やなぎさくらをこきまぜし春の錦もしかじとぞおもふ（清輔集・一〇七）
あはれにも思ひたつかなかへるかりさすがにみゆる春のにしきを（久安百首・八〇六・春・顕広）

久安百首の俊成歌は素性歌の「柳桜」の詞はないが、柳桜の色美しく乱れる都の春の錦を前提にして帰雁の哀れを詠じたと考えられ、やはり素性歌が本歌であろう(8)。つまり「春の錦」という詞は素性歌を本歌とする場合が多く、柳が鮮やかに芽ぶき同時に桜が咲く情景を表現していると考えられるが、当該歌合「山花」題俊成歌においては、志賀山越であることから、そこには一面の桜のみで柳が詠み込まれているとは思われないのである。志賀山越に柳を詠む歌は管見に入らず(9)、よって「春のにしき」は表現として適切とは言いがたい。それでも「春のにしき」が成立する可能性を考えると、幾重にも散り敷いた桜花を「錦」に例えた可能性はある。

さほ姫の心にそめて手向山やへしく花の春の錦を（建保名所百首・七七・手向山・俊成卿女）

右の俊成卿女歌はその例だが、それでは素性歌を本歌とはしなかったことになる。俊成が、わざわざ「春のにしき」を用いながら、「錦」を一般の歌語としてのみ用いるのか、不審は残るのである。しかも「錦」の縁語もみられない。

それでは、「春のふぶき」の可能性を考えてみよう。実は、「春のふぶき」という表現は非常に少なく、管見では次の三例のみであり、俊成歌以前には見られない。

同（建保三年内裏詩歌合）　　大納言経通卿

御芳野は春のふぶきに雲きえて雪に成行くせぜの埋木（夫木抄・一一七八）

〔余寒月〕

　余寒月

一
かすむべきならひもしらず晴れくもり春のふぶきをわたる月かげ（草根集・八〇四）

八
かすみてぞ猶さえかへる天つ風春のふぶきをわたる月影（草根集・八〇六）

もともと「ふぶき」は、「ふゞきはゆきをふく也」[10]（八雲御抄）と記されるように、冬の景に用いる詞であり、「春のふぶき」のように春に用いるのは前掲西行歌など平安末期になってからである。次に挙げる嘉応元年（一一六九）十一月或所歌合は、散逸しているものの、清輔・俊成両判として注目されるものであるが、「ふぶく」に関する判詞が摘記されており、注意される。

　或所歌合嘉応元十一　　　　少納言建春門院女房

おとはやまあらしにふぶくはなをみてゆきもやられぬたびのそらかな（高良玉垂宮神秘書紙背和歌・二〇六）

清輔朝臣判云、ふぶくとは雪を風のふきちらすなり、さればふぶきににたりとぞいふべき、俊成卿判云、

　ふぶきの事とがめられず

作者少納言は、旅に音羽山を越える際の嵐に花が散る様子を「ふぶく」と見立てているが、それに対して、清輔は、「ふぶく」は「雪を風のふきちらす」のであるから、比喩であることを明確にして「ふぶきににたり」と表現すべきだと説く。しかし、俊成は、清輔の批判を肯んじていない。ここには、冬の雪を吹く意である「ふぶく」が比喩として春の花を吹く場合に用い得るか否かの対立があり、「春のふぶき」成立への一過程を垣間見せてくれる。

右のように春歌に用いる「ふぶく」を容認する俊成であったが、千載集には勅撰集として初めて「ふぶき」詠を採用しながら、いずれも冬部に配列する慎重さを見せている。[11]しかし、勅撰集には採用されないものの、俊恵や教

長などが春の「ふぶき」を詠じており[12]、建久四年（一一九三）六百番歌合「志賀山越」題において、六条家の季経が詠むに至る。

十番　左　季経

にほはずはふぶくそらとぞおもはまし花ちりまがふ志がのやまみち（一三九）

右勝　信定

みちもせにはなのしらゆきふりとぢて冬にぞかへるしがの山ごえ（一四〇）

右方申云、左歌、ふぶく如何、左方申云、右歌無難

判云、左は志がの山ごえを無念に思ひて、山みちといへるこそ、だいのよみやうしられげに侍るめれ、右、冬にぞかへる志がの山ごえこそ、まことにをかしく見え侍れ、右可為勝

さすがに季経は、「ふぶくそらとぞおもはまし」と表現することで、春の「ふぶき」を前提とした詠み方を回避している。それでも左方から「ふぶく如何」との難が提出されたのは春歌に「ふぶく」を用いるのを不審とする意識からであろう。しかし、判者俊成はその難には触れていない。季経歌は「志賀山越」題であることも注意され、六百番歌合の約一年後に俊成が、当該民部卿家歌合「山花」題を詠むにあたって季経歌を意識した可能性もある[13]。「春のふぶき」という表現が成立する環境はこのように徐々に整っていっていたといえよう。「春のふぶき」が俊成「山花」題歌の本来の表現ではなかったかと考えるのである。

もう一つの異同、第三句の「まよふ哉」「まがふ哉」であるが、「春のにしき」の場合、「まよふ」であれば、散り敷いた幾重もの桜花の錦のような美しさの中で志賀の山越えに迷うことになる。しかし、それはあまりに現代的な解釈に陥っていると思われる。「錦」に「まよふ」を組み合わせる根拠を見いだすのは難しく、ともに詠む例として管見に入ったのは次の一首のみである。

林中花錦時開落
たつた山花のにしきのぬきをうすみさくかちるかにまよふ春かな（土御門院御集・二一〇）

それも、句題の「花錦」を第二句に置き、「時開落」を「さくかちるかにまよふ」と表現したものであり、句題の規制が生んだものに過ぎない。よって、「錦」と「まよふ」は関係性を持たせるのが難しい組み合わせであったといってよい。それに対して、「錦」と「まがふ」は例えば次のような例がある。

屏風絵に山家にをとこをんなこのしたにもみぢをもてあそぶところをよめる　平兼盛
からにしきいろみえまがふもみぢばのちるこのもとはたちうかりけり（後拾遺集・秋下・三六〇）

菊粧如錦東宮にて
うつろへばにしきにまがふいろをみてむべむらぎくと人はいひけり（経信集・一一三）

右の二首以外もすべて秋の景を詠じたものであるが、それでも花や紅葉の多彩な色を「錦」にたとえていることが知られる。しかし、そもそも春の花が散る情景を詠むのに「春のにしきにまがふ哉」と表現するのはやはり不審が残るのではないであろうか。このように考えてみると、a「風かほる春のにしきにまよふ哉花散比の志賀の山越」、b「風かほる春のにしきにまがふ哉花ちるころの志賀の山越」の形は成立しづらいと思われるのである。

それでは、「春のふぶき」の場合、「まよふ」「まがふ」のいずれが適切であろうか。「春のふぶきにまがふ」は、春の花が風によって散る様子に似通っている意で、似通っている対象は下句の内容となるが、比喩が適合しているとは思われない。「春のふぶきにまよふ」であれば、花が風に吹き散らされる中で志賀の山越えの道に迷う意となるが、その方が先行の志賀の山越え歌の表現に合致する。次に挙げるのは後拾遺集歌である。

山路落花をよめる　橘成元

　さくらばなみちみえぬまでちりにけりいかがはすべきしがのやまごえ（後拾遺集・春下・一三七）

志賀の山越えの道が見えないほどに花が散り、道に迷ってしまいそうで「いかがはすべき」と思案する歌である。

また、永久百首に「志賀山越」題があり、俊頼に次の歌がある。

　しがの山心晴にぞこえつれどかすみにさへもまよひぬるかな（永久百首・五九・志賀山越・俊頼）

俊頼歌は散木奇歌集・一二六〇にも入集し、第五句は「まがひぬるかな」の異同もあるが(14)、歌意が通じにくい。「まよひぬるかな」が正しいとすべきであろう。なお、第二句は冷泉家本散木奇歌集は「こゝろ（みちは）はれにぞ」とあり、「みちは」という校正後の本文ならばわかりやすい。また、当該歌合からは五年後の例になるが、正治初度百首に次の歌がある。

　散りしける花は分きてもかよひけり雪にぞまよふしがの山ごえ（正治初度百首・一二六七・冬・丹後）

冬の歌であるが、散り敷く花では迷わなかった志賀の山越えの道を雪には迷うと詠んでいる。成元、俊頼歌あるいは俊成歌をも参照して詠じた可能性があろう(15)。

俊成歌第三句が「まよふ哉」が適当であることは判詞の文脈からも示唆される。俊成判詞は松では「左歌、志賀の山越は春の花ふりにたる事なるうへに、まがふらん心もたど〳〵しく思ふたまふる程に」であるが、傍線部「まがふらん」は、「まよふらむ」〈神A〉、「まか（よ歟）ふらん」〈彰A〉とする以外はすべて「まがふらん」である。伝本比較上は「まがふらん」が多いのだが、それでは、直後の「たど〳〵しく」との繋がりがよくない。山道に迷う意の表現だからこそ「たど〳〵しく」と記して自歌を卑下して見せていると考えられる。ここは「まよふらん」が本来の判詞本文であったと考えるべきであり、それに該当する俊成歌第三句は「まよふ哉」であったと考えたい。

以上の考察からは、俊成の「山花」題歌は、前掲a～dのうち、閑月集に見えるだけであるが、左のdが本来の本文であった可能性が高いと考える（ただし、dは第三句「はな」を「はる」と誤写する）。

d　かぜかをるはるのふぶきにまよふかなはる（ママ）ちるころのしがのやまごえ〈閑月集〉

二、「初郭公」「暁月」「深雪」「久恋」題の俊成歌本文

前節に示したように、「山花」題歌は異同が多いが、その他の四題については大きな異同はない。次に題ごとに掲げ、異同箇所には傍線を付し、＊に異同を示す。

初郭公

名にたてるときの鳥とやいつしかと卯月きぬとて初音なくらん（諸本異同なし）

暁月

今も猶なくさめかねつ秋の月有明かたのさらしなの里〈松・神A・神B・彰A・彰B・河・群〉

＊猶―けに〈書御・書部〉

深雪

ほのみゆる梢はそれかはつせ山雪のあしたのふたもとの杉〈松・神A・群〉

＊は―や〈神B・彰A・彰B・河〉

久恋

ふりにけりこしまの海人の浜ひさし浪まにたちもよらまし物を〈松・神A・神B・書御・書部・彰A・彰B・河〉

＊こしま―としま〈群〉

「初郭公」題歌は異同がない。

「暁月」題歌は初句の「猶」「げに」の異同があり、どちらでも意は通る。この場合は伝本数の多い「猶」に従っ

ておくべきであろうか。

「深雪」題の第二句は「は」「や」の違いがあるが、第二句末尾が「か」と疑問の助詞が置かれているので、いずれにしても疑問の意となり、大きな差異はない。また、松野が「善本」とする松・彰Aも分かれており、どちらかに決めがたい。

「久恋」題歌第二句は「こじまの海人」「としまのあま」の相違があるが、群書類従本のみが後者を取る。判詞には、「あまのしほ屋などのひさしは今もこじまにもあるものなり」とあり、和歌本文も「こじま」として引用するが、判詞のこの箇所は「こじま」で諸本異同がない。判詞にも引用する本歌も次の通り「こじま」である。

浪間従（ナミマヨリ）　所見小嶋之（ミユルコシマノ）　浜久木（ハマヒサギ）　久成奴（ヒサシクナリヌ）　君尓不相四手（キミニアハズシテ）（万葉集巻十一・二七五二）

〔題しらず〕　〔よみ人しらず〕

浪まより見ゆるこ島の浜ひさ木ひさしく成りぬ君にあはずて（拾遺集・恋四・八五六）

よって、やはり群の誤刻とみるべきであろう(16)。

以上、俊成歌の本文を検討した。

三、俊成歌の表現

俊成歌五首の本文が以上の通りであるとした時、当該歌合における俊成歌の表現にはどのような特色を認めうるであろうか。

まず「山花」題歌については、前述したように、「春のふぶき」という新しい表現を用いていた。

また、「初郭公」題の「時の鳥」についてはかつて考察したことがある(17)が、俊頼「時つ鳥なかず雲ゐにとどろきて星のはやしにうづもれぬらん(18)」（永久百首・五〇一・星）、仲正「おもはずにときのとりこそきなくなれよをうみはつるみなといりえに」（為忠家後度百首・二一一・夕郭公）が詠まれて以降、用例がなかった表現を俊成が採用したのであった。その後、新古今時代に至り、次の歌が詠まれる。

さみだれの雲まの月のをりしもあれ身にしむ時の鳥のこゑかな（正治初度百首・七三二・夏・忠良）

うぐひすのいりにしあとのくもゐよりまちつるときのとりもなくなり（千五百番歌合・六七五・三百三十八番右・家長）

忠良、家長が「時の鳥」を詠じたのは俊成歌に影響を受けたと考えてよいであろう。

「深雪」題の俊成歌は、「はつせ山」と「ふたもとの杉」を詠み込んだものであるが、本歌は、次の古今集歌である。

題しらず

はつせ河ふるかはのべにふたもとあるすぎ年をへて又もあひ見むふたもとあるすぎ（雑体・一〇〇九）

本歌の「はつせ河」を「はつせ山」に変えているのだが、そのことについて、顕昭が疑問を持ったことが顕注密勘の「はつせ河」歌注に記されることが指摘されている[19]。

（前略）[a]近代の達者、はつせ山にふたもとの杉よまれて侍き。古今によらば、初瀬河とよむべきなり。何故、河を詠山乎とかたぶき侍しほどに、[b]後に院の御哥合にはつせ河ふたもとの杉をよまれて侍しかば、かんがへなをされにけりと心おちゐ侍りにき。

ふる河のべのふたもとの杉、人はしり侍らず、昔より河によむべしとぞしりて侍。

右の傍線部aが当該民部卿家歌合における俊成詠についての言及で、「近代の達者」は俊成であり、「はつせ河」を「はつせ山」と詠じた不審を述べる。bは建仁元年（一二〇一）新宮撰歌合において俊成が詠じた「初瀬川又みむとこそたのめしか思ふもつらし二本の椙」[20]（二十九番左・勝・逢不遇恋）を指す。顕昭が不審に思う通り、当該民部卿家歌合以前に古今集「はつせ河」歌を本歌取して「はつせ山」と詠じた例は管見に入らない。ところが、俊成歌以後、千五百番歌合で家隆（六百八十七番右勝）、最勝四天王院障子和歌「泊瀬山」題で後鳥羽院・通光・有家らが詠じており、俊成歌が影響を与えたらしいことが注意される。

「久恋」題歌については判詞とともに掲げる。

廿三番

左　　皇太后宮太夫入道

ふりにけりこじまの海人の浜びさし浪まにたちもよらまし物を（二二二九）

右　　少納言法印

昔より心づくしに年はへぬ今はしらせよあふのまつ原（二二三〇）

左歌、はまびさしと云り。かの、浪間よりみゆるこじまのはまひさぎ久しくなりぬ君にあはずして、と云歌は、万葉集にもよろしき本と申にもおほく久木とぞかきて侍を、郢曲などにうたふ歌に、はまびさしとうたふにつきて、うた絵などにあまの家などをかきてひさしとかく也。されば、ひさぎそ正説にはあるべき。たゞし、はまひさぎは久しく成てくちもうせにけん、あまのしほ屋などのひさしは今もこじまにもあるものなり。一説につきて殊さらよめる成べし。又、万葉集にも楸とはかゝず、久木とかける也。すこしはおぼつかなき事なるべし。右歌、心づくしに年はへぬといひてあふの松原とよまれたり。いとよろしくこそ侍めれ。左歌はふる事とりすぐしても見え侍れど、是も判者号に事をよせて不加判矣。是非の定は作者の群議に有べし。

判詞によると、俊成は意図的に「正説」である「浜久木」ではなく「浜びさし」と詠じたという[21]。先掲の万葉歌は、伊勢物語百十六段ではたしかに「浜びさし」と記されている[22]。他に俊成以前の例には「これやこのあまのすむてふはまびさしなぬかゆくまのなにこそありけれ」（実方集・一六五）があり、実方歌は俊成歌の「海人の浜びさし」の詞続きに影響を与えていると思われるが、その後は当該俊成歌まで「浜びさし」の用例はない。ところが、新古今時代に至り、正治初度百首以後、「浜びさし」は多くの用例を見る。次に正治初度百首・後度百首の例のみ挙げてみる。

はまびさしはるかにかすむながめにもこじまの浪は袖にかかれる（正治初度百首・一四八七・羈旅・家隆）

ながめやるをじまがさきのはまびさし軒ばにきゆるおきつ白波（正治後度百首・五七七・海辺・家長）

たまもふくともべのあまのはまびさしまぢかきのきに沖つ白波（正治後度百首・六七九・海辺・長明）

このように見てくると、当該歌合の俊成歌には「春のふぶき」「時の鳥」「はつせ山……ふたもとの杉」「浜びさし」といった、全く初出の表現や、数少ない先行例はあるものの顧みられなかった表現を採用するという特徴が認められるといえよう。またこれらの表現は「時の鳥」を始めいささか新奇に傾いているといえ、俊成自身、かなり踏み込んだ表現であったと思われる。また当該歌合の俊成歌はほとんど他出資料を持たず、評価されていないように見えるが、その試みは、後鳥羽院歌壇において注目され、模倣作を生み出していたのである。当該歌合の俊成の試みが新風の模索の中で強い興味を惹き、大いに参照されていることを知るのである。

おわりに

本稿において検討した結果による俊成歌の本文をあらためて掲げておこう（誤写等は校訂した形で掲げる）。

山花

かぜかをるはるのふぶきにまよふかなはなちるころのしがのやまごえ

初郭公

名にたてるときの鳥とやいつしかと卯月きぬとて初音なくらん

暁月

今も猶なぐさめかねつ秋の月有明がたのさらしなの里（「猶」は「げに」の可能性あり）

深雪

ほのみゆる梢はそれかはつせ山雪のあしたのふたもとの杉（「は」は「や」の可能性あり）

久恋

ふりにけりこじまの海人の浜びさし浪まにたちもよらまし物を

その表現の試みについては前節に述べた通りであるが、最後に、俊成の自歌に対する判詞について述べておきたい。

俊成は「時の鳥」について、「など常のごと郭公とこそよむべけれ、時鳥殊不可庶幾事なり」と記す。「浜びさし」については、「浜久木」を「正説」としながら「浜びさし」の効用を説く。こういった、一見謙譲と見えながら自歌の表現の新しさを訴えかける自注的判詞のあり方は、慈鎮和尚自歌合判詞に似ている。小比叡三番では、「又やみんかたののみののさくらがり花の雪ちる春の明ぼの」（三七）について、「これは桜がりと申す事を人のあしく申すかたの侍れば、事のついでに申しきらむとてつかうまつれりしうへにすこしはよろしきにやと思ひたまへ侍りしを」と、「桜がり」についての自説の正当化を図る。十禅寺九番「月さゆるみたらし河に影見えてこほりにすれる山あひの袖」（一七三）については、「これはみたらし河に月さえてなどはつねの事なるを、こほりにすれるといへる心ばかりすこしおもかげおほく侍るによりて」と、「こほりにすれる」の独創性を訴える（実際俊成以前にはない）。また、三宮十四番「夏かりのあしのかり屋もあはれなり玉江の月の明がたの空」[23]（二一四）については、「此旅の歌又、玉江の蘆をふみしだき、といふ歌ののちいともみえ侍らぬと思ひたまへて、玉江の月はよろしくやとおもひたまへ侍りしを」と、源重之歌「なつかりのたまえのあしをふみしだき、むれゐるとりのたつそらぞなき」（後拾遺集・夏・二一九）を本歌取したことを強調して自歌の新しさを訴える。

慈鎮和尚自歌合判詞では、俊成歌の表現の新しさが更に強調されているといえるが、その判詞の書き方（スタイル）には当該民部卿家歌合における判詞執筆経験が活かされているように思われる。民部卿経房家歌合、慈鎮和尚自歌合はともに跋文の歌論的言説を記すことに加え、判詞の書き方にも共通する側面を持つといえるのである。

建久六年民部卿経房家歌合は、その歌人構成や新古今集への入集状況から大きな注目はされてこなかったわけであるが、後鳥羽院歌壇における新風表現への一階梯として、また俊成の判詞執筆史においても実はかなり重要な側面を持っていることに注意しておきたい。

［注］

（1）当該歌合跋文に記す「おほかたは、歌はかならずしも絵のところのもの丶いろ〳〵のにのかずをつくし、つくもつかさのたくみのさま〳〵きのみちをえりすへたる様にのみよむにはあらざる事なり。たゞよみもあげ、うちも詠たるに、えんにもおかしくも聞こゆるすかたのあるなるべし。たとへば、在中将業平朝臣の、月やあらぬといひ、紀氏の貫［之］は、しづくに丶ごる山の井のなど云るやうによむべきなるべし」（松平文庫本による）との文言。

（2）「建久六年民部卿経房家歌合の詠歌表現について」（国文学論叢六二輯、二〇一七年二月）。

（3）『藤原俊成の研究』（笠間書院、一九七三年三月）四七〇～四七六頁参照。

（4）注（3）に同じ。

（5）閑月集は、近世写の歴博高松宮本及び、それを昭和三七年に書写した書陵部本の二本のみ伝存。なお国文学研究資料館「日本古典籍総合目録データベース」によると、同資料館蔵古筆切一葉（五一一と五一四の二首の間に五一二を小字で書き入れる）が紹介されている。当該俊成歌は次の通り。

前大納言経房家の五首歌合によみてつかはしける、山花

皇太后宮大夫俊成

かぜかをるはるのふぶきにまよふかなはる（ママ）ちるころのしがのやまごえ

（6）以下、民部卿経房家歌合以外の和歌の引用は、特に指示しない限り、新編国歌大観による。

（7）山家集、山家心中集、西行法師家集の異同については、『西行全集』（久保田淳編、一九八二年五月、貴重本刊行会）、『山家集の校本と研究』（寺澤行忠、一九九三年三月、笠間書院）を参照した。

（8）久安百首の俊成歌「春のにしき」は、個人別百首本では異同がないが（ただし群書類従本のみ「春のけしき」）、部類本及び長秋詠藻は「春のけしき」とする（平安末期百首和歌研究会編『久安百首　校本と研究』笠間書院、一九九一年八月）。俊成自身による改作であろう。

（9）志賀山と柳を詠み込む歌は、俊頼髄脳に志賀聖の詠として見える「はつ春のはつねのけふの玉ばはきてにとるからにゆらく玉のを」（新古今集・賀・七〇八・よみ人しらず）を本歌とした次の正徹歌一首が管見に入るのみ。志賀山越に柳を詠み込む詠は管見に入らない。

十二　古郷春

しがの山ここや聖のあとならむ霞にゆらく玉のを柳（草根集・一〇〇一）。

（10）「枝葉部」の「雪」の項目（『八雲御抄　伝伏見院筆本』和泉書院、二〇〇五年三月、五六頁）による。

（11）千載集の「ふぶき」詠は次の二首である。

うへのをのこども百首歌たてまつりけるとき、雪のうたとてよませ給うける

二条院御製

雪つもるみねにふぶきやわたるらむこしのみそらにまよふしら雲（千載集・冬・四五五）

摂政右大臣に侍りける時、百首歌よませ侍りけるとき、雪のうたとてよめる

藤原良清

ふぶきするながらの山をみわたせばをのへをこゆるしがのうらなみ（千載集・冬・四六一）

（12）俊恵歌は詠作機会未詳だが、教長歌は承安二年（一一七二）八月十五日公通家十首会の「落花」題によるものと推定されている（松野陽一『鳥箒』風間書房、一九九五年十一月、七五頁）。

〔山花の心を〕
みよしのは山路ふみ分け行きかかり花のふぶきも人はとめけり（林葉集・一六六）
公通卿の会
ゆきとのみただみよしののやまざくらちるはふぶきのここちこそすれ（教長集・一四二・春）

(13) 松野注（3）著において、民部卿経房家歌合における判詞・俊成歌の表現が六百番歌合判詞と関連がある旨の指摘がある。

(14)『阿波本散木奇歌集本文校異篇』（関根慶子・大井洋子、風間書房、一九七九年七月）による。

(15) 和歌文学大系『正治二年院初度百首』脚注に、本歌として成元歌を指摘する。

(16)「としま」「こじま」の異同については、治承三年（一一七九）十月兼実家歌合（俊成判）の顕昭歌が注意される。

十六番
左勝　俊恵法師
打はらふ衣手さえぬ久方のしらつき山の雪の明ほの（三一）
右　顕昭法師
浪かくるとしまか崎の濱ひさきしつえは雪もつもらさりけり（三二）
左哥（中略）、右哥としまか崎の濱ひさきこれも哥のふるまひはおかしく侍を浪かくるしつえに雪のふらぬことはかり見所なくや侍らん、すへにつもらんをはをはなともうたかひはまにしけるを月とみんや雪の哥のほひに侍るへからんとそおほえ侍る、雪の曙はなをおかしくもや見え侍らんとて以左為勝

この顕昭歌は管見に入った数本の兼実家歌合はすべて「としまが崎」であり、「としま」と詠じた可能性が高い。

(17) 安井重雄『藤原俊成　判詞と歌語の研究』（笠間書院、二〇一六年一月）第十二章「新奇な詞と俊成歌」中の「一時の鳥について」参照。

(18) ただし、俊頼歌は散木奇歌集の冷泉家時雨亭叢書所収本及び夫木抄所収歌では初句「ほととぎす」とある。

(19) 新田奈穂子「『顕注密勘』の顕昭注の成立時期について」（中世文学五五号、二〇一〇年六月）九一頁に顕注密勘の当該箇所を指摘し、「顕注の成立時期は早くとも建仁元年（一二〇一）三月以降」と論じる。なお『顕注密勘』の引

用は日本古典文学影印叢刊による（四五三頁）。

(20) 新宮撰歌合の引用は京都府立綜合資料館本による。

(21) 俊成が判詞に「正説」は「久木」であることを細かに説いた背景には、「はつせ山」の「二本の杉」の場合と同様、顕昭の批判があった可能性もある。千五百番歌合において、後鳥羽院の「はまひさしひさしくも見ぬ君なれやあふよをなみのなみまなければ」（千二百七十六番・左・二五五〇）を判じた顕昭は、次のように判詞を書き、持と判ずる。

左歌は万葉に、なみまよりみゆるこじまのはまひさぎひさしくなりぬ君にあはずして、と侍る歌につかば、はまひさぎとよみ侍るべきを、伊勢物語、もしは雑芸集などに、あるひははまひさしとかける本も侍るにつきて、はまひさしともよむことのはべるに、ひとへに万葉を本として、みゆるこじまのはまひさぎとよみ侍らんときは左右におよび侍らず、ただ、はまひさしひさしとばかりつづけられん時は、浜ひさし、くるしみ侍るまじ、ひさぎにてもひさしにても心にまかせ侍るべし、はまひさしひさしとては、いますこしなびやかにいひくださるるかたも侍りぬべし

おそらく顕昭は、万葉集を本として「浜久木」を正しいと考えていたものと思われる。ところが、後鳥羽院の「浜ひさし」に接して右の傍線部のような認め方をせざるを得なかったのであろう。

なお、渡部泰明「歌合の〈声〉―読み上げ、詠じもしたる」（『聖なる声―和歌にひそむ力』三弥井書店、二〇一一年五月）に、「久恋」題歌とその判詞の分析がある。また同論文は「久恋」題判詞と跋文との関係に注目している。

(22) 伊勢物語における「浜びさし」「浜久木」の異同は確認できない。

(23) 俊成「夏かり」歌については、注(17)拙著第七章で論じた。

［付記］建久六年民部卿家歌合の伝本については、国文学研究資料館蔵紙焼写真による調査の他、宮内庁書陵部蔵本、河野美術館蔵本、京都女子大学図書館蔵本については実見した。閲覧に際し、便宜をお図り下さった各資料所蔵施設に御礼申し上げる。また、本稿は、龍谷大学仏教文化研究所指定研究「龍谷大学図書館蔵蘆庵本歌合集の研究」における成果の一部を含む。

定家の歌語意識と改作
——「閨の月影」の歌をめぐって——

溝端悠朗

はじめに

歌人にとって自詠を改作するという行為は、よりよい表現を追求するための作業にほかならない。ゆえに、それをたどることで、作者の表現観を垣間見ることもできる。ただし古典和歌の場合は、誤写や誤伝の可能性がつねにつきまとうため、一首の歌について発生している本文異同が必ずしも「改作」を意味しない場合も多い。小山順子氏はこの問題に対して、何度も自詠を使って歌集を編纂し、さらにそれを忠実に伝えようとしてくれる存在があった「幸運な歌人」として俊成を取り上げ、彼の改作を論じている。(1)

その意味では、自筆本の家集が伝存する定家もまた「幸運な歌人」といえる。本稿でも、定家の歌一首を取り上げ、その「改作」について考えたい。次に挙げるのは、建久四年(一一九三)六百番歌合に定家が詠進した歌である。(2)

かぜかよふあふぎに秋のさそはれてまづてなれぬるねやの月かげ

(「扇」十一番左勝・二六一・定家、以下「当該歌」と称す)

判云、左の「ねや」は、詩歌にもつくりよむ事には侍れど、殊不可庶幾にや。右、……共不被甘心。又事不分明。「ねやの月」、猶まさるべきにや。

俊成による判は定家詠を勝とする。しかし、それは必ずしも当該歌を評価しての判定ではなく、番えられた右歌（家隆詠）がさらに低評価であったことによる、相対評価にすぎない。特に俊成が問題視したのが、「ねや（閨）」の語であった。俊成はこの語の使用を「殊に庶幾すべからざるにや」と、非常に強い調子で戒めているのである。

定家がこの批判をどのように受け止めたのかはわからない。しかし『拾遺愚草』では、当該歌は次のように結句が「ねやの月かげ」から「とこの月かげ」へと改められている。

風かよふあふぎに秋のさそはれてまづてなれぬるとこの月かげ　（『拾遺愚草』上・八二二）

管見では、『拾遺愚草』諸本に結句の異同は見られない(3)。すなわち単なる誤写や誤伝ではなく、定家自身の明確な意図に基づく改作と見なすべきであろう。この改作に注目した五月女肇志氏は、「俊成の批判を定家は素直に受け止め」て改作したと指摘する(4)。五月女氏はさらに、改作後の「とこの月かげ」という句が、定家の自信作に見られることをも指摘した。

百首歌たてまつりし時　藤原定家朝臣

ひとりぬる山鳥のをのしだりをに霜おきまよふ床の月かげ　（『新古今和歌集』秋下・四八七）

建仁元年（一二〇一）千五百番歌合に詠進したこの歌（秋四・七百五十五番右負・一五〇九）は、判者が定家自身であったために負となったが(5)、『新古今集』に採られ、また後に『定家卿百番自歌合』にも自ら撰んでおり（三十番左・五九）、定家自身も高く評価していた歌といえる。五月女氏も「床の月影」という表現について、「定家が高い評価を下していることがわかる」と指摘している。

確かに、当該歌の改作結果と俊成判とを並べてみると、俊成の批判が改作の原因であったように見える。しかし、この改作がいつの時点でなされたのかは、まったく確言できない。歌合直後、俊成判詞を見てすぐに改めたのか、『拾遺愚草』編纂時に改めたのかでは、改作の印象はずいぶん変わってしまうだろう。もちろん、改作の契機が俊成の批判にあったことは否めない。とはいえ、定家が俊成の批判を「素直に受け止めた」と単純にいうのは早計ではないか。例えば、同じ六百番歌合から定家詠をもう一首挙げてみる。

ひきかくるねやのふすまのへだてにもひびきはかはるかねのおとかな　（「衾」二十四番左負・五八七・定家）

判云、左歌、ひきかくるにかねのおとのへだたる様なりけるを、「遺愛寺のかね」など思ひやりてよみけるにや。而るを、「『鐘』何故ぞ」と令申哉。又さもある事にや。……

この「衾」題で詠まれた定家詠もまた、「閨」の語を詠んでいる。しかし、こちらは『拾遺愚草』においても改められてはいないのである。(6) もちろん、ここでの俊成判は「閨」の語を直接に批判してはおらず、もっぱら「鐘」を詠む必然性について論じられている。そのため定家も「閨」の語を改めなかったとはいえるかもしれない。しかし、俊成の「殊に庶幾すべからざるにや」という強い調子の批判は、「閨」の語そのものの使用を戒める発言と読め、もし定家がこれを「素直に受け止めた」のならば、この一首も改められてしかるべきではないだろうか。それがなされていない以上、当該歌の改作にはさらなる意味づけが求められよう。

本稿では、当該歌における改作の意味を「俊成からの批判」だけでなく、歌の表現面、特に歌語「閨」に対する定家の意識を通して検討する。そして、定家が俊成の批判をどのように受け止め、乗り越えていったのか、両者の距離を測定する一助としたい。

一、平安期和歌における「閨」

まずは、俊成が「殊に庶幾すべからざるにや」と評した「閨」について、和歌における表現史を概観しておきた

い。「寝室」あるいは「寝所」の意として、初めて「閨」が詠まれた確実な例は、次の『万葉集』「貧窮問答歌」である。(7)

……　いとのきて　短き物を　端切ると　言へるがごとく　しもと取る　里長が声は　寝屋処まで　来立ち呼ばひぬ　かくばかり　すべなきものか　世の中の道

（『万葉集』巻五・八九二・山上憶良）

これは「しもと」（鞭の意）を持つ「里長」が「寝屋処」まで来てわめき立てる、と詠むが、この「寝屋処」（原表記「寝屋度」）は、「寝宿」あるいは「閨戸」の意で、必ずしも「寝室」を意味しないともいう。(8)しかしいずれにしても、ここでは庶民の寝起きの場を指すものとみて差し支えない。とはいえ、本稿で扱うような、歌人のイメージする空間としての「閨」とは異なる用例と思われる。これを除くと『万葉集』に「ねや」の語は見られず、以降の和歌においても、平安初期まで「閨」の語はほぼ見出せない。

そもそも「閨」は、「閨怨詩」という言葉があることからも察せられるように、もともとは漢詩の用語と意識されていたようである。(9)すなわち「ねや」の語は、漢詩における「閨」、より限定的にいえば「閨怨」を容易に連想させる語であったのだろう。そして、和歌における最初期の例と考えられるのが、次の一首である。

君こずはねやへもいらじこ紫わがもとゆひにしもはおくとも

（『古今和歌集』恋四・六九三・題しらず・よみ人しらず）

あなたが来ないのならば、濃紫の元結に霜が降りたとしても寝室へ入らずに待っていよう、との意である。ここでの「ねや」は男女が共寝をするための（特に女の）寝室として詠まれている。すなわち閨怨詩と同様に、「待つ女」を描写する具体的な素材として「閨」が選ばれているのであろう。この歌は『古今和歌六帖』にも重複して採られている（第一・六七一・しも、第五・三一七七・もとゆひ）が、『古今和歌六帖』にはもう一首、「待つ女」を詠むために「閨」を用いた例がある。

君まつとねやにしをればかきまより月はのぼりぬこじとてならし（『古今和歌六帖』第一・三五〇・ざふのつき）

この歌も「君まつとねやにしをれば」と、女が男を待つ場所として「ねや」を詠んでいる。やはり閨怨詩の発想を引き継いだ詠みぶりであろう。このように、平安初期における「閨」の歌は、閨怨詩的な独り寝の寂寥感を詠む歌でほぼ占められているといってよい(10)。

また、三代集に「閨」を詠む歌は少なく、『古今集』の一例のほかは『拾遺和歌集』の一例（雑下・五二九）のみである(11)。まだ「閨」は歌語（雅語）と認められていなかったのであろう。勅撰集に「閨」を詠む歌が多く採られるようになるのは、『後拾遺和歌集』からのことである。そこでは「閨」を詠む歌が四首採られているが、新たな歌材との組み合わせが開拓されている点は注目される。

あられをよめる　　大江公資朝臣

すぎのいたをまばらにふけるねやのうへにおどろくばかりあられふるらし（『後拾遺集』冬・三九九）

そのよかへしはなくて、二三日ばかりありてあめのふりけるひ、

みこのもとにつかはしける　　中納言定頼

あめふればねやのいたまもふきつらんもりくる月はうれしかりしを（同・雑一・八四七　※贈歌略）

前の三九九番公資詠は、「閨」の屋根に「あられ」が降りかかり、激しく音を立てるさまを詠む。管見の限り、「閨」と「霰」の組み合わせはこの歌が初例である（のちに為忠家初度百首で「閨上霰」が出題される）。また八四七番定頼詠は、「閨」に「もりくる月」を詠むが、このような趣向も和歌では先行例を見ない。そしてこの「閨」とそこに差し込む「月」を詠む趣向は、当該歌にも引き継がれていく。この趣向は、和歌に限らなければ、次の『和漢朗詠集』に載る漢詩が定頼詠に先行する例として挙げられる(12)。

擣処暁愁閨月冷　裁将秋寄塞雲寒（『和漢朗詠集』秋・擣衣・三四七・藤原篤茂）

〔擣(う)つ処(ところ)には暁に閨月(けいぐゑつ)の冷(すさ)まじきを愁ふ　裁(た)ち将(も)っては秋に塞雲(さいうん)の寒きに寄す〕

女が月明かりの下で衣を擣つというのは、漢詩文では類型化された趣向である。またその場合、女は出征などで遠く離れた場所にいる夫を思って衣を擣つのであり、「閨怨」の主題にも容易に結びつきうる。「閨」に「月」が差し込むという趣向は、そうした経緯によって生まれたものといえるだろう。その後、この趣向は堀河百首でも詠まれ、しだいに広まっていく。[13] そして、為忠家後度百首において「閨中月」という題が出されるに至るのである。

しづのめがふせやのねやのいたまよりをしくも月のもりてすむかな　（為忠家後度百首・閨中月・四二四・親隆）

はしちかくあさまにねやをしつらひてそらゆくつきをいれぬよぞなき　（同・四二六・仲正）

ひとりぬるねやのいたまのあはれよりさしきてやどる月のかげかな　（同・四二八・為盛）

あしぶきののきのつまなきあづまやはねやまでつきのいるぞうれしき　（同・四二九・為経）

月のいるねやにあげたるひきものをおろすとみするよはのうき雲　（同・四三〇・頼政）

為忠家初度百首で「閨上霰」が出題されたことは先述した。家永香織氏が指摘するように、これは「閨」が歌題とされた最初と考えられる。[14] 後度百首の「閨中月」題とあわせ、為忠家歌壇では「閨」の語に強い関心が向けられていたことがうかがえよう。「閨中月」題詠の表現についてみると、四三〇番頼政詠のように「月」を隠しかねない「よはのうき雲」を詠むといった特異な例もあるが、特に四二八番為盛詠・四二九番為経詠のように、「月」を擬人化して、「閨」に（恋人は来ないが）「月」はやって来た、と詠む例が目につく。基本的に「閨怨」の詠み方を受け継ぎつつ、（「擣衣」を媒介にして）「月」という新たな景物を取り込んだ例といえよう。

以上、平安期における「閨」の表現史をたどってきたが、ここからわかることは、おおよそ次のようなことである。まず「閨」は、漢詩における「閨怨」を基盤として受容されてきた。初期のころは雅語としては認識されていなかったようだが、『後拾遺集』のあたりからしだいに歌語として用いられることが広まっていく。特に院政期にそれが花開き、為忠家両度百首における「閨」の結題へと至る。しかし詠み方としては、概ね「閨怨」的な、独り寝の寂寥感を詠むものが一般的で、それ以外の詠み方はあまり広まらなかったようである。院政期に「閨」に注目が集まるのは、和歌表現の閉塞感を打破するために新たな歌材・趣向を開拓しようとする、院政期の表現志向の潮流と合致するものといえよう。そして新古今時代前夜へとさしかかると、「閨」への注目はますます高まっていく。私見では、その傾向が特に顕著に表れたのが、当該歌の詠まれた六百番歌合であったと考える。次節では、六百番歌合における「閨」の作例を検討し、新古今当代歌人に「閨」の語がどのように受け止められたのか見ていきたい。

二、六百番歌合における「閨」

六百番歌合では、「閨」を構成要素にもつ題は出されていない。にもかかわらず、本歌合において「閨」が詠まれた歌は十二首にものぼる。この事実だけで、当代の歌人たちに「閨」の語が多大な関心をもって見られていたことがうかがえよう。

①夕すずみねやへもいらぬうたたねの夢をのこしてあくるしののめ（「夏夜」二十七番左負・二三三・有家）
②かぜかよふあふぎに秋のさそはれてまづてなれぬるねやの月かげ（「扇」十一番左勝・二六一・定家）
③ゆふかぜのまののはぎはらふくままにねやあれぬとやうづらなくらむ（「鶉」二十一番左勝・三四一・季経）
④秋かぜになびくをばなのゆふつゆやうづらがねやのあめとちるらん（「鶉」二十三番右負・三四六・家房）
⑤あけぬるかしぎのはねがきねやすぎて袖に月もるふかくさのさと（「鴫」二十二番右負・四〇四・隆信）
⑥この葉をやとりのうはげにのこすらんねやのふすまもさゆる霜夜に（「衾」十九番右負・五七八・寂蓮）
⑦ひきかくるねやのふすまのへだてにもひびきはかはるかねのおとかな（「衾」二十四番左負・五八七・定家）
⑧ゆきの夜はおもふばかりもさえぬこそねやのふすまのしるしなりけれ（「衾」二十四番右勝・五八八・家隆）

⑨ねやのうちはなみだの雨にくちはててしのぶはしげるつまにぞ有りける　（「忍恋」七番右負・六一四・家房）
⑩おのづからねやもるつきもかげきえてひとりかなしなうき雲のそら　（「寄雲恋」十一番右持・九二二・隆信）
⑪ひとりのみねやのいたまもあはずしてあめもなみだもところせきまで　（「寄雨恋」二十二番左負・九四三・有家）
⑫きみまつとあれゆくねやのさむしろにはらはぬちりをはらふあき風　（「寄席恋」二十九番左持・一一三七・良経）

まず作者から見てみると、有家・定家・家房・隆信の四人がそれぞれ二首、そのほか季経・寂蓮・家隆・良経が一首と、御子左家系の歌人にやや多い傾向が見てとれるが、六条藤家の季経らも詠んでいることから、歌道家によって「閨」への好尚が分かれていたということはないといえるだろう。次に判定だが、勝とされた歌は②・③・⑧の三首のみで、⑩・⑫の二首は持、残り八首は負とされている。当該歌②を勝としながらも、「閨」の語を「殊に庶幾すべからざるにや」と評した俊成は、やはり一貫して「閨」を好んでいないということができよう。実際に俊成は六百番歌合において、次のように「閨」の語をくり返し批判している。

①夕すずみねやへもいらぬうたたねの夢をのこしてあくるしののめ　（「夏夜」二十七番左負・二三二・有家）
　判云、左、「夢をのこして」といへる末句、いと宜しくきこえ侍り。かみの「ゆふすずみ」、「ねや」など、よむことにては侍れど、不可庶幾にや。右、……可為勝。
③ゆふかぜのまののはぎはらふくままにねやあれぬとやうづらなくらむ　（「鶉」二十一番左勝・三四一・季経）
　判云、左、「吹くままに」とおき、「ねやあれぬとや」などいへる、殊に不被庶幾にや。右、……病を見ざる遺恨に侍るべくや。「ねや」可勝にこそ。
⑩おのづからねやもるつきもかげきえてひとりかなしなうき雲のそら　（「寄雲恋」十一番右持・九二二・隆信）
　判云、……右歌、「ねやもる月」、不可庶幾歟。但、……右は下句優なるべし。仍為持。

すべての歌に対してではないが、最終的な判定にかかわらず、俊成はくり返し「閨」の使用を戒めている。やはり俊成にとって「閨」の語は忌避すべきものであったようだ。この「不可庶幾（不被庶幾）」という評語については、すでに安井重雄氏による詳細な分析がある[15]。安井氏はまず、この種の評語が衆議判の場で現れないこと、権門の歌人に対しては使用していないことから、「判定を受ける作者たちに強い調子で指導を行う、あるいは強い調子で批判する語」であると規定する。そして俊成は、詩歌伝統に則った表現に対しても「不可庶幾」を用いており、そうした「個人的な歌観による（特に詞の使用に対する）批判または指導意識を「不可庶幾」として歌合判の場に持ち込んでいる」こと、それが「純粋な表現批評とは別個の、いわば歌壇状況を反映した政治的ともいえる意図からの発言」でもあったことを論じる。今回の「閨」は、前節で概観したように、平安期から一定数詠まれてきている詞である（俊成も「詩歌にもつくりよむ事に侍れど」と述べている）。安井氏の指摘に従えば、俊成は「個人的な歌観」から「閨」を忌避したということだろうか[16]。俊成の意図については知る由もないが、仮に「歌壇状況を反映した政治的ともいえる意図」があるとすれば、当時の歌壇における「閨」の表現状況を検討することで、俊成の真意をある程度は推測することもできるであろう[17]。

では、具体的にいくつかの歌の表現を見ていく。まず有家①の「ねやへもいらぬ」は、『新古今集』にも「君まつとねやへもいらぬまきのとにいたくなふけそ山のはの月」（恋三・一二〇四・まつこひといへる心を・式子内親王）と類例があり、前掲『古今集』六九三番歌を踏まえた、いわば伝統的な表現である。『古今集』『新古今集』の例はいずれも独り寝の寂寥感を詠む、「閨怨」の伝統を踏まえたものと解せるが、①は「夕すずみねやへもいらぬうたたね」と続けることで、縁側で夕涼みをしているうちにうたた寝をしてしまったことを詠み、伝統から離れようとする。しかし、四句「夢をのこして」に注目すると、やはり「閨怨」が読み取れる。この句は、うたた寝から目覚めてもなお夢見心地である様子を詠んでいると思われるが、「夢」といえば即座に逢瀬が想起されよう。つまり、うたた寝をして夢の中で逢瀬を果たしたが、短い夏の夜は早くも明けてしまったという意に解釈できると思われる。

季経③・家房④はともに「鶉」題の歌である。「鶉」と「閨」の組み合わせは六百番歌合までにあまり用例が見られず、最も早い例は『夫木和歌抄』に見える「くだらののささめがしたにふすうづらねやもあらはに冬はきにけり」（雑四・九七四九・冬歌中歌林に・道因）であろうか。また、④に近似した「うづらのねや」の形では、「このごろはうづらのねやもさえけらしかりたのくろにゆきはふりつつ」（為忠家後度百首・刈田雪・五〇四・親隆）や「今朝見れば鶉のねやもあけにけり雪深草の野べのかや原」（『月詣和歌集』十月・九四六・雪埋寒草・顕昭）の二首が先行例として見出せる。これらは「鶉」を擬人化して、その「閨」での独り寝を詠んでいるものと解せるが、「鶉」の独り寝といえば『伊勢物語』一二三段の「野とならばうづらとなりて鳴きをらむかりにだにやは君は来ざらむ」[18]、またそれを摂取した俊成の自讃歌「夕されば野べのあきかぜ身にしみてうづら鳴くなりふか草のさと」（『千載集』秋上・二五九）が容易に想起されよう。つまり、これらも本質的には「閨怨」を主題としている歌なのである。

隆信⑤の「しぎのはねがき」は、「暁のしぎのはねがきももはがき君がこぬ夜は我ぞかずかく」（『古今集』恋五・七六一・題しらず・よみ人しらず）により、恋人が訪れない夜を暗示する表現である。下句「袖に月もる」はいかにも新風的な表現で、俊成も判詞で「優に侍る」と評するが、これは涙で濡れた袖に月の光が差す様子を詠んでおり、結句「ふかくさのさと」も俊成自讃歌の影響下にあるとみて差し支えない。すなわち、全体の主題はやはり「閨怨」の情だが、表現の点で新しさを達成しているといえよう。また「閨」についていえば、何かが「閨」（の上）を「過ぎ」るという趣向はこの歌が初例で同時代にも類例が見出せず（なお後代に「なみだこそ枕のもとにこぼれぬれ夜はのしぐれのねやすぐるのち」（『伏見院御集』一九二七・夜時雨）がある）、珍しい表現である。「過ぐ」のは一義的には「鴫の羽掻き」の音だが、寝ずに待っていた夜が「過ぐ」という、時間経過をも表現するのであろう。

寂蓮⑥・定家⑦・家隆⑧の「ねやのふすま」は、本歌合初出の表現である。しかし、俊成に近い御子左家の新風歌人たちが揃って詠んではいるが、これ自体は特に創意のある新風表現とも思われない。歌語「閨」への意識の高まりと、「衾」の出題とが重なって生まれた表現であろう。とはいえ、定家⑦は、寝具をかぶったことで鐘の音の響きが変わって聞こえると詠み、「寒さ」を軸に一首を構成する⑥・⑧と比べ、何らかの新しさを模索していたことがうかがえる。ただし、「鐘」を詠む必然性をめぐって難陳があった。この「鐘」は、暁を告げる鐘の音と考えるのが自然であろう。暁の鐘は後朝の別れを告げるものだが、⑦の詠歌主体は閨にいるので、一晩中恋人の訪れを待っていて暁を迎えたと思われる。つまり、鐘の音が変わって聞こえるのは、単に衾をかぶっているからだけではなく、後朝の別れを告げる音と比べて独り寝の終わりを告げる音がつらく聞こえるということであろう。

隆信⑩の「ねやもるつき」からは、当該歌と同じく、さきの『後拾遺集』八四七番定頼詠や為忠家後度百首「閨中月」題詠の影響が看取されるが、この措辞としては最初期の例である。同時期に「いでしよりあれまくおもふるさとにねやもる月をたれと見るらん」(『秋篠月清集』・治承題百首・旅・四八〇)、「ふる里のねやもる月をあるじにて秋吹きかへす庭のまつ風」(『拾玉集』第四・緇素歌合・故郷冬月・三九六三)と用例が二首見られる[19]ことから、この時期に創出された措辞であるらしい。これらの表現もやはり、「月」を擬人化して「(恋人は来ないが)月は来た」という趣向からの派生と思われるが、⑩は「雲」という題意に寄せて、そうした「ねやもる月」ですらも光が消えて、「ひとりかなしな」と詠む。題意にうまく絡めながら「ねやもる月」を詠んだといってよかろう。

良経⑫には「きみまつ」とあり、「閨怨」の定番であるが、二句以降は「つまなくてあれゆくねやのうへとてや木の葉を風の吹きちらすなん」(『赤染衛門集』二七六)を下敷きにしていると思われる。これは夫匡衡を亡くした後の詠で、通う人がいなくなって閨が荒れてゆく、ということであろう。赤染衛門詠は、風が木の葉を散らして吹くさまを「つまなくてあれゆくねやのうへ」と描写するものと思われる。一方⑫では、「あれゆく」のは「ねやのさむしろ」である。この語は「くもりなきのきばの月にあくがれていくよがれしつねやのさむしろ」(文治二年(一一八六)十月・経房家歌合・月・六八・殷富門院大輔)が初出と思われ、用例は少ない。季経執筆の判詞によると

「『いくよがれしつねや』とてありなむ、『さむしろ』あまりなり」との難陳があり、耳慣れない詞であったことが難じられている。それを受けてか、⑫は「あれゆくねやのさむしろ」と続けることで、「あれゆく」のは「ねや」でもあり、また「さむしろ」でもあるというように、徐々に焦点化してゆくような手法を採り、よりいっそう寂しい情景を描く。そこに「飽き」を響かせる「秋風」が吹くことで、恋人が訪れない寂しい独り寝を表現するのである。

以上のように、六百番歌合において詠まれた「閨」の歌からは、いずれも伝統的な「閨怨」の詠み方を引き継ぎつつも、新奇な歌材との組み合わせや趣向・詞続きの工夫によって、新たな表現を開拓しようとする意志が看取できると思われる。当代歌人にとって「閨」は、恋歌の可能性を広げる歌語として受容されていたと思しい。六百番歌合では百題のうち半数に恋題が出され、恋歌にさまざまな場面を設定することが要求された。このこともまた、「閨」の活発な受容に影響を与えたかもしれない。

とすると、俊成の執拗ともいえる「閨」批判は、そうした「氾濫」ともいえる表現状況に警鐘を鳴らそうとしたものではなかっただろうか。もちろん俊成の個人的な歌語意識もあったろうが、俊成の「政治的」意図としてはそのようなことを考えたい。

三、定家と歌語「閨」

では次に、定家が歌語としての「閨」をどのように意識していたのかについて考えてみたい。まず気になるのは、俊成の「不可庶幾」という批判に、定家はどのように向き合っていたのか、ということである。安井重雄氏は、さきに引いた論で俊成の「不可庶幾」評の特質を明らかにしたのち、それがどれほどの規制力を有していたかについても仔細に検討している。それによれば、定家は俊成が「不可庶幾」とした表現をその後ほとんど詠まなくなるケースが多く、「基本的に定家は俊成の指導をよく受け入れているといえ」る、という。しかしながら、定家にも「批判は受けながらもどうしても捨てがたい詞があった」ともいい、定家はそうした詞については「俊成の目には触れにくい場（または俊成没後）を選んで詠んだ」とまとめている。[20]

今回の「閨」の場合は、安井氏の調査で「不可庶幾」評の前後いずれにおいても定家に作例があることが明らかにされており、後者のケースである。次に定家における「閨」の作例全八首を[21]詠作年次順に掲出するが、ここでは特に表現に注目して見ていきたい。[22]

A月まつといはでぞたれもながめつるねやにはうとき夏のよの空
（『拾遺愚草員外』二九〈建久元年（一一九〇）六月・一字百首・夏〉）

B見るゆめはおぎのは風にとだえして思もあへぬねやの月かげ
（『拾遺愚草』上・六七四〈建久元年（一一九〇）九月・花月百首・月五十首〉）

C衣うつおとは都のものにもあれあらしはうときねやの手枕
（『拾玉集』第五・五一九六〈建久元年（一一九〇）十月・東大寺棟上御幸時に慈円・良経と贈答した歌〉）

Dかぜかよふあふぎに秋のさそはれてまづてなれぬるねやの月かげ
（六百番歌合・夏・「扇」十一番左勝二六一〈建久四年（一一九三）秋〉→『拾遺愚草』上・八二三改作）

Eひきかくるねやのふすまのへだてにもひゞきはかはるかねのをとかな
（『拾遺愚草』上・八四九〈建久四年（一一九三）秋・六百番歌合百首・冬・衾〉）

F心からきく心ちせぬすまひ哉ねやよりおろすまつかぜの声
（『拾遺愚草』中・一六九九〈建久七年（一一九六）九月・韻歌百二十八首・山家〉）

Gさむしろにはつしもさそひふく風をいろにさえゆくねやの月かげ

（『拾遺愚草』下・二二五六〈建仁三年（一二〇三）八月・良経家詩歌合・月明風又冷〉）

H手なれつるねやの扇を、きしよりとこもまくらもつゆこぼれつゝ

（『拾遺愚草』上・一四三〇〈貞永元年（一二三二）四月・洞院摂政家百首・早秋〉）

まず詠作年次についていては、A〜Fの六首が建久年間と目立って多い。「閨」は、新風表現に傾斜していた建久期の定家が関心を抱いた語であったようだ。また、俊成没（元久元年（一二〇四）十一月三十日）後の詠はHしかない。六百番歌合後で俊成存命中の詠F・Gはいずれも良経家での催しで、「俊成の目に触れにくい場」であったかは不明だが、どちらも私的な催しで、少なくとも公的な場ではなかったようである。概ね安井氏の指摘通りといってよかろうが、詠作時期に偏りがある点は留意が必要であろう。

次に個々の表現に目を向けてみると、まずAは上句が「あしひきの山よりいづる月まつと人にはいひて君をこそまて」（『拾遺集』恋三・七八二・題しらず・人麻呂）を踏まえており、「月まつ」から「君まつ」を連想させる点で、やはり「閨怨」的な詠み方である。しかし「いはで」と否定することで、「待つ」ことにすら倦んでしまった心を表現しようとするのであろう。「ねやにはうとき」とあるのは夏夜の寝苦しさゆえであるが、一方で「待つ」ことのつらさも含んでいると思われる。Cは後白河院の東大寺棟上御幸に随行して宇治平等院に宿った際に慈円へ贈った十首歌[23]のうちの一首で、「擣衣の音は都でも聞いたが、宇治の里で聞く嵐の音（と擣衣の音）は慣れない」と詠む。表面上は旅寝の歌として詠まれているが、「衣うつ」「ねや」の語によって「閨怨」をも想起させよう。ここでは詠歌主体が「ねや」にいるが、聞こえてくる「衣うつおと」によって、詠歌主体とその「衣うつ」女とが重ねられていくように表現されているのではないか。Fは、「ねやよりおろす」という表現が特異である。風を「〜よりおろす」という場合は、例えば「はつせやまみねよりおろすこがらしはあきたつ日こそすずしかりけれ」（『風情集』四七三・山寺立秋）のように「みね（山）よりおろす」などというのが普通だが、ここでは「ねやよりおろすまつか

ぜ」と、「松風」が「閨」から発生したように詠んでおり、「待つ」を響かせて「閨怨」を表現するものであろうか。それを「心からきく心ちせぬ」というのである。

簡単に見てきたが、定家詠においても「閨」の語は「閨怨」を意識させるものとして用いられているといってよい。そして、特に注目されるのは、当該歌Dで詠まれた「ねやの月かげ」の句が、Bですでに試みられ、またGでも再び詠まれていることである。俊成の批判を受けながらも、定家は「閨の月影」という措辞にこだわり、容易には捨て去れなかったことが知られよう。むしろ建久から建仁期にかけての定家にとっては、かなり愛着のあった表現ではなかっただろうか。そして、そうした感覚は定家ひとりのものでもなかったらしい。定家が詠んで以降、新古今当代歌人の間でこの「閨の月影」が盛んに摂取されているのである。(24)

秋の色はまがきにうとくなり行けど手枕なるねやの月かげ
（『新古今集』秋上・四三二・式子内親王〈正治初度百首〉）

こひわたるなみだやそらにくもるらんひかりもかはるねやの月かげ
（同・恋四・一二七四・公経〈千五百番歌合〉）

かぜさむみ木の葉はれ行くよなよなにのこるくまなきねやの月かげ
（『式子内親王集』三一七・題不知）

ふしわびぬ秋のよながき呉竹のさ枝もりくる閨の月かげ
（建保四年（一二一六）閏六月・内裏百番歌合・秋・一一七・康光）

あかつきの涙も袖にあらはれぬちりうちはらふ閨の月影
（『紫金和歌草』五四一〈建保三年（一二一五）五月当座歌合〉）

秋ふかき軒ばの木の葉散りにけり嵐にはるるねやの月影
（同・八五〇〈建保四年（一二一六）三月ごろ・二百首和歌〉）

なれなれて秋にあふぎをおくつゆのいろもうらめしねやの月かげ
（『新勅撰和歌集』恋四・九一四・侍従具定母〈俊成卿女、貞永元年（一二三二）洞院摂政家百首〉）

このうち『式子内親王集』の一首のみは詠作年次が不明で、かつ結句の本文に揺れがあるが[25]、それを除いて考えたとしても、定家詠B・D（当該歌）・G以降に「閨の月影」という句が広く受容されていることがわかる。流行という側面もあるだろうが、定家を含めた新古今当代歌人たちが、俊成の批判を超えて表現の領域を拡張していく様子が垣間見られるのである。

四、「閨の月影」から「床の月影」へ

では、なぜ定家は家集においてこの「閨の月影」を改めたのだろうか。留意すべきは、同じ「閨の月影」を詠んだ歌でも、BとGは家集においても改められていないことである。つまり、当該歌Dにおいてのみ、何らかの意図に基づいて改作がなされたのであろう。この改作の主眼はどこにあるのだろうか。本節では、改作の前後で当該歌がどのように変わるのか、表現面から検討したい。すでに指摘があるが、「閨の月影」は定家の創出した句ではなく、『源氏物語』に見出せる句である[26]。

尼君の方よりくだものまゐれり。箱の蓋に、紅葉、蔦など折り敷きて、ゆゑなからず取りまぜて、敷きたる紙に、ふつつかに書きたるもの、隈なき月にふと見ゆれば、目とどめたまふほどに、くだもの急ぎにぞ見えける。

やどり木は色かはりぬる秋なれどむかしおぼえて澄める月かな（七三二・弁の尼）

と古めかしく書きたるを、恥づかしくもあはれにも思されて、

里の名もむかしながらに見し人のおもがはりせるねやの月かげ（七三三・薫）

わざと返り事とはなくてのたまふ、侍従なむ伝へけるとぞ[27]。（東屋・⑥―一〇一〜一〇二頁）

東屋巻の末尾、弁の尼（薫の実父柏木の乳母の娘。宇治八の宮の北の方とは従姉妹にあたる）と薫が歌を贈答する場面である。薫はこの直前に浮舟を亡き大君の「形代」として宇治の邸へ引き連れてきており、弁の尼はそれを「やどり木は色かはりたる」と表現する。しかしやはり大君のことが思い出されて「むかしおぼえて澄める月」と薫に歌を贈った。それに対し薫は、「宇治」の名の通り「憂し」という気持ちは昔のまま変わらないのに、かつて見た人（大君）の顔は変わってしまった、と感慨を込めて詠む。結句の「ねやの月かげ」は、直接的には「おもがはり」に気づかせる光であるが、一方で「おもがはり」した大君、すなわち浮舟をも象徴的に指していよう。そして、薫がここで浮舟に対して「閨」の語を用いるのは、それまでの物語展開に関係がある。

琴は押しやりて、「楚王の台の上の夜の琴の声」と誦じたまへるも、かの弓をのみ引くあたりにならひて、いとめでたく思ふやうなりと、侍従も聞きゐたりけり。さるは、扇の色も心おきつべき閨のいにしへをば知らねば、ひとへにめできこゆるぞ、おくれたるなめるかし。事こそあれ、あやしくも言ひつるかなと思す。

（東屋・⑥―一〇〇～一〇一頁）

さきに引いた場面の直前である。ここで薫は、浮舟を自身の理想である大君のような女性にするべく、琴を教えようとする。そのなかで薫は次の詩句を誦じているのだが、この詩句が物語叙述のうえで大きな意味を持つことになる。

班女閨中秋扇色　楚王台上夜琴声

（『和漢朗詠集』冬・雪・三八〇・尊敬〈俗名橘在列〉）

〔班女が閨の中の秋の扇の色　楚王が台の上の夜の琴の声〕

これは「雪」の部に入っているように、雪を詠んだ詩である（第一句は雪の色を、第二句は雪の降る音を詠む）。薫は自身が弾いた琴の音を、楚の襄王が蘭台で奏でた琴の音（『文選』巻十三・宋玉「風賦」）になぞらえてこの句を誦じたのだが、そのために第一句の「班女（班婕妤）」の故事（『文選』巻七・「怨歌行」）がともに引き出されてしまう。

そのために、ここで浮舟と班女が重ねられることになり、浮舟のその後の展開に暗い影が落とされる——というのが、『源氏物語』の物語叙述なのである。(28) つまり、定家が「扇」題で薫詠から句を取って用いるのは、そうした物語叙述の展開を踏まえるためといえよう。田中初恵氏は、定家における『源氏物語』の受容方法について、「巻全体を理会しての受容」であって、「場面の展開をふまえつつ、ある詞で……登場人物も象徴化させ「心」の側面にも眼を向け、引歌の風景も揺曳させる工夫をはらい余情を深めた」点に特徴があると論じる。(29) 当該歌の場合も、定家は東屋巻の展開とその叙述をもとに、歌句だけでなく物語で引用された漢詩句をも摂取してその情景を揺曳させているといってよい。すなわち改作前の当該歌は、上句「かぜかよふあふぎに秋のさそはれて」で班女のイメージと「秋（＝飽き）」を想起させ、「ねやの月かげ」によって浮舟へとそのイメージを広げつつ、それを「まづ手なれぬる」と薫の立場になって詠む歌と理解することができよう。改作前の当該歌は『源氏物語』を媒介にしなければ真意を理解しえない歌なのであり、「ねやの月かげ」の句は、ここでは『源氏物語』を呼び込む鍵語として機能しているのである。

ところが、結句を「とこの月かげ」へ変えてしまうと、『源氏物語』を呼び込む鍵語が失われることになり、右のような『源氏物語』のイメージはまったく消去されてしまうだろう。しかしむしろ、それこそが改作の主眼だったのではないだろうか。定家は後年、『京極中納言相語』において次のような発言をしている。(30)

> 近代の人、源氏物語を見沙汰する様、又改まれり。或は歌を取りて本歌として歌を詠まん料、或は職者を立て、紫上は誰が子にておはすなど言ひ争ひ、系図とかや名付けて沙汰ありと云々。古くはかくもなかりき。身に思給ふやうは、紫の父祖の事をも沙汰せず、本歌を求めむとも思はず、詞遣ひの有様の言ふ限りもなきものにて、紫式部の筆を見れば、心も澄みて、歌の姿・言葉の優に詠まるゝなり。（『京極中納言相語』二三五頁）

ここで定家が述べているのは、『源氏物語』から本歌取りをする、あるいは登場人物の系図といった学問的な検討をする「近代の人」への批判であり、『源氏物語』は学問の対象として扱うものでも、「本歌を求め」て受容するものでもない、という。このように、後年の定家は『源氏物語』を本歌取りの対象とはせず、そこから「詞遣ひの有様の言ふ限りもなきもの」を受容して、「歌の姿・言葉の優に詠」むためのものと考えていた。すなわち、物語の情趣を取ることは控え、詞のみを取るべきであると考えていたのである。そこで改作前の当該歌を見ると、この歌は物語に大きく倚りかかった歌なのであった。後年の定家には、物語がなければ理解しえない晦渋な歌と見えたのではないか[31]。そのために結句を改め、『源氏物語』の痕跡を消去したのだと思われる。

では、前掲の定家詠B・Gの場合はどうであろうか。これらの「ねやの月かげ」は、家集においても改められていない。Bは、荻の葉風によって夢から覚まされると、「ねやの月かげ」を思うこともできない、と詠む。「荻の葉風」は秋の到来を告げるものなので、大意としては、「荻の葉風」によって秋（＝飽き）が訪れ、夢（逢瀬）が途切れて、恋人のことも思い出せない、ということになろう。「ねやの月かげ」とは去っていった恋人を指すと思しく、やはり「閨怨」の情を感じさせる歌である。またGは、床に敷く狭筵に初霜を置くように吹く秋風を受け、ますます光を増してゆく月を詠む。歌材や趣向が近似する「さむしろや待つよの秋の風ふけて月をかたしく宇治の橋姫」（『新古今集』秋上・四二〇・定家〈建久元年（一一九〇）九月・花月百首〉）と類想の歌と思われ、「ねやの月かげ」の語も相まって「閨怨」の主題を表現していよう。しかし二首の「ねやの月かげ」は、別段『源氏物語』に引きつけて考える必要性がない詞とみてよいと思われる。もちろん『源氏物語』を意識した詞ではあったろうが、歌の内容面において東屋巻の当該場面を引き合いに出す必然性は薄く、その点で当該歌とは異なっているのである。

おわりに

以上、当該歌の改作をめぐって、定家の意図を検討してきた。定家が当該歌の「ねや」を「とこ」に改めたのは、確かに俊成の批判も意識の底にはあったのであろうが、本質的には『源氏物語』との距離が問題であったと思われる。すなわち、定家にとって重要だったのは「閨」という歌語の可否ではなく、歌が物語から自立しているか否かだったのである。

そもそも定家は俊成とは違い、「閨」の語に抵抗感を抱いていなかったのであろう。それゆえに、建久期には多く「閨」の語を詠み、「閨怨」の情を取り込むことで、さまざまな場面の歌に恋のイメージを付与しようとしていた。しかし、六百番歌合で当該歌の「閨」に対し強い調子で批判されたことが尾を引いたのか、その後しばらく定家の詠作に「閨」の語はほぼ見られなくなる。

定家が再び「閨」を詠んだのは、貞永元年（一二三二）四月のことである。三十年近い年月を経て詠まれたHは、「手なれつるねやの扇をゝきしより」と詠んでおり、当該歌と類想の歌と思われる（あるいは当該歌の焼き直しといってもよいかもしれない）。「なつはつるあふぎと秋のしら露といづれかまづはおかむとすらむ」（『新古今集』夏・二八三・忠岑）などを踏まえ、扇を置いて秋（＝飽き）が来ると、寝床も枕も露（＝涙）がこぼれる、と詠むが、やはりこれも「閨怨」の情を引き込んで恋歌に仕立てたものだろう。三十年を経ても、定家にとって歌語「閨」の持つイメージは一貫していたのである。

定家は父俊成の指導を受けながらも、歌語意識に関しては必ずしもその教えに染まりきらず、独自の意識を有していたといってよい。本稿で取り上げた「閨」の事例は、定家よりもむしろ俊成の異質さを示すものであったが、定家はそうした「異質」な俊成の教えをただ素直に受け入れるのではなく、時間をかけて消化していったものと思われる。もちろん、定家が受けた俊成の指導にはさまざまなものがあり、もとより「閨」の語の事例ひとつをとって論じられるはずもない。定家が俊成の指導をどのように受け止め、また乗り越えていったのかについては、さらにさまざまな角度からの検討が必要であろう。今後の課題としたい。

［注］

(1) 小山順子『和歌のアルバム―藤原俊成　詠む・編む・変える―』(ブックレット〈書物をひらく〉4、平凡社、二〇一七・四)。

(2) 以下、引用する和歌の本文は、『拾遺愚草』『拾遺愚草員外』については冷泉家本(それぞれ冷泉家時雨亭叢書8『拾遺愚草上中』(朝日新聞社、一九九三・一〇)、同叢書9『拾遺愚草下　拾遺愚草員外　俊成定家詠草　古筆断簡』(同、一九九五・一二)所収の影印に拠る。冷泉家本『拾遺愚草』は定家自筆本)に拠り、それ以外は特に断らないかぎり『新編国歌大観』に拠った(歌番号も同様)。ただし『六百番歌合』については、左右の方人による難陳は省き、判詞も必要部分のみの摘記とする。字体は通行のものに統一し、清濁・句読点等は私意によった。

(3) なお、宮内庁書陵部蔵御所本六家集(五〇一―五一一)所収『拾遺愚草』(『新編国歌大観』『新編私家集大成』底本)は四句を「まづ手になれぬ」とする。『拾遺愚草』の本文異同は、『新編私家集大成』の「解題　定家」(赤羽淑)をもとに、赤羽淑編『名古屋大学本　拾遺愚草』(笠間書院、一九八二・一二)のほか各種影印、ウェブ上の画像を参照して確認した。

(4) 五月女肇志「藤原定家の自詠改作」(『藤原定家論』第三編第一章、笠間書院、二〇一一・一二)一三六頁参照。なお、久保田淳「閨の月影」(『礫』170、礫の会、二〇〇〇・一二)も同様の見解を示している(五八頁)。

(5) 定家は「ひとりぬる」の歌について、判詞では「『山鳥のしだりを』、『とこの月かげ』など、霜夜のながきおもひ、詞たらぬところおほく、心もわかれがたく侍るめり」と評する。もちろん謙遜を含んだ発言であろう。

(6) 御所本『拾遺愚草』は初句「ひきかづく」(自筆本「ひきかくる」)。二句は諸本異同なし。なお、小西甚一編『新校六百番歌合　付・顕昭陳状』(有精堂出版、一九七六・六)によれば、『六百番歌合』諸本においてこの歌に異同はない。

(7) 『万葉集』の本文および歌番号は、新編日本古典文学全集7『万葉集②』(小島憲之ほか校注・訳、小学館、一九九五・四)に拠った。

(8) 吉野朋美「閨」(久保田淳・馬場あき子編『歌ことば歌枕大辞典』、角川書店、一九九九・五)参照。例えば、和歌文学大系2『萬葉集(二)』(稲岡耕二校注、明治書院、二〇〇二・三)は「寝屋戸」と本文を立て、「寝屋の戸口」

と解している。

（9）例えば、嵯峨朝の弘仁九年（八一八）ごろ編纂された『文華秀麗集』には、全一四三首中「閨」の字を含む詩が一五首見出せる（検索は芳賀紀雄編『文華秀麗集索引』（和泉書院、一九八八・一〇）に拠った）。特に「艶情」部には、「奉和春閨情」と題する詩三首（五一・菅原清公、五二・朝野鹿取、五三・巨勢識人）をはじめ閨怨詩が一一首（五一〜六一）並び、続く「楽府」部にも王昭君に取材する詩が五首（六二〜六六）並んでいる。「閨怨」が漢詩において一般的な主題であったことが認められよう。詩題と作品番号は日本古典文学大系69『懐風藻　文華秀麗集　本朝文粋』（小島憲之校注、岩波書店、一九六四・六）に拠った。

（10）もちろん、例外もある。例えば、この時期に「閨」を多く詠んだ歌人として、好忠の存在が注目されるが、好忠の詠み方には変わったものも多い。数首例示する。

(1)わぎもこがひまなくおもふねやなれどなつのひるまは猶ぞふしうき（『好忠集』一六八）

(2)いもとわれねやのかざとにひるねして日たかき夏のかげをすぐさむ（同・一七八）

(3)きみまつとねやのいたどをあけおきてさむさもしらず冬のよなよな（同・三四一）

例えば(1)は、夏の昼間は暑くて（独り寝よりも）寝づらい、と詠む。(2)は、風が吹き込んでくる寝室の戸のあたりで昼寝をしよう、と詠む。(3)は冬の閨での独り寝だが、寒さを忘れたと詠む。これらはいずれも独り寝のつらさを詠む「閨怨」の情とは性質が異なっており、好忠独自の捉え方といえよう。こうした詠み方は、「閨」の表現史においては少数派である。

（11）『拾遺集』五二九番歌は「とねりのねや（舎人の閨）」を詠む。これは散佚した古物語・口承文芸の類とされ、石川徹『古代小説史稿—源氏物語と其前後—』（刀江書院、一九五八・五、四五〜五一頁）によれば、「少年と法師との同性愛」（四六頁）を主題とした、「内裏に召された法師が、宮中の舎人の宿所に忍び入る物語」（四八頁）という。

（12）以下、『和漢朗詠集』の本文および作品番号は『新編国歌大観』に拠る。また、新編日本古典文学全集19『和漢朗詠集』（菅野禮行校注・訳、小学館、一九九九・一〇）、三木雅博訳注『和漢朗詠集　現代語訳付き』（角川ソフィア文庫、二〇一三・九）ほか各種注釈書を参照し、読み下し文を〔〕に入れて示した。

（13）「秋の夜は閨にさし入る月影のあかぬにあくる山のはもをし」（『堀河百首』月・七九五・基俊）、「ねやのうちにさしくる月のかげこそはもろこしまでもさしてゆくらめ」（『肥後集』一一〇・月とほくちかくてらす）、「あしびたくこひにやつるるねやのうへにしろくもりくる月のかげかな」（同・一七三）、「ねやのうへのひまをかぞへてもる月は空よりもけにくまもなきかな」（『散木奇歌集』秋・四九九・月あばれたる家をてらす）など。

(14) 家永香織『為忠家初度百首全釈』（風間書房、二〇〇七・五）二九四頁。また「閨中月」題については、同『為忠家後度百首全釈』（風間書房、二〇一一・一〇）二九五頁、および同書「解説」五八四頁参照。

(15) 安井重雄「俊成判詞の「不可庶幾」という評語について」（『藤原俊成　判詞と歌語の研究』第五章、笠間書院、二〇〇六・一←初出『自讃歌注研究会会誌』8、二〇〇〇・一〇）一三八～一七三頁。特に「ねや」については同書一五二頁参照。

(16) なお、俊成の「不可庶幾」評については、日本語学の立場からの論もある。山本真吾「古語辞典における歌論用語の扱いについて」（『和歌文学研究』113、〔発表特集〕日本語学研究からみる和歌文学、二〇一六・一二）は、「庶幾」という語は記録体に用いられるものであることを指摘し、そこでは「複数の選択肢を想定して過去の先例に照らして判断を下す文脈で用いられて」おり、「《（彼此先例を勘案するに、それに拠るのは）よろしくない》といった含みを認めてよ」く、必ずしも「個人的主観的判断に限定されない」と論じる（一七～一九頁）。また、それを承けて浅田徹氏は、「俊成は自分の主観的判断でしかないものを、あたかも有職故実に基づくものであるかのように述べていたと読めることになると思う」（「質疑部分の司会を担当して」、同『和歌文学研究』113、二三頁）とコメントしている。

(17) なお、久保田淳「歌ことば―藤原俊成の場合―」（『国語と国文学』78―8、二〇〇一・八）は、俊成が「閨」を忌避した理由について、「人間の褻なる姿態である寝姿を連想させ、さらにまた男女の性愛にもとづく姿をも連想させるために、これを避けようとしたのではないであろうか」（一一頁）、「身体に関する表現を排する意識は、その身体・生命を維持する飲食行為に関る表現を避けようとする意識にも通ずるであろう。この意識は『古来風躰抄』において、『万葉集』の時代は特別であったので、それを規範としてはならないという形で、鮮明に表明されていた」（一三頁）と論じている。

(18)『伊勢物語』の本文は、新編日本古典文学全集12『竹取物語　伊勢物語　大和物語　平中物語』（小学館、一九九四・一二）所収の本文（福井貞助校注・訳）に拠った（一一五頁）。

（19）良経詠について、久保田淳氏は建久六年（一一九五）三月以降、同七年十一月二十五日以前と推定している（『新古今歌人の研究』、東京大学出版会、一九七三・三、七三一～七三四頁）。慈円詠については、山本一氏が「緇素歌合」の表題下に「番左将軍御歌」とあることから、「左将軍（良経）」が内大臣に任ずる建久六年十一月十日以前の詠と推定している（和歌文学大系59『拾玉集（下）』、明治書院、二〇一一・五、一六頁脚注）。慈円詠の詠作年次に問題は残るが、「ねやもる月」に関しては隆信⑩が初例といってほぼよいかと思われる。

（20）安井重雄「俊成判詞「不可庶幾」評の規制―定家・家隆を中心に―」（注（15）前掲安井氏著書・第六章）、一七四～二一五頁。なお、安井氏は「ねや」の語について、「用例検索が難しく、各人の家集のみによって示している」（一七五頁）と断っている（論旨に大きな影響はないと思われる）。本稿では主として『新編国歌大観』『新編私家集大成』の検索に基づいて定家詠の用例を示したが、両書に未収録の歌書等での検索はいまだ不十分であり、さらに詳細な用例検索の必要がある。

（21）なお、ほかに存疑の例として、「秋風に涙そきほふまじりなん昔がたりのみねの月かげ」（御所本『拾遺愚草』下・述懐・二七〇九〈承元二年（一二〇八）・石清水八幡講を企画する具親へ贈った歌〉）の異文注記が見出せる（本文は「書陵部所蔵資料目録・画像公開システム」（http://toshoryo.kunaicho.go.jp/Kotenseki〈二〇一七年九月二五日閲覧〉）で公開されている当該本の画像〈一〇九九コマ目〉に拠り、清濁を私に分かった）。ただし現存の『拾遺愚草』諸本において、「ねや」を本行本文に有する本は見出せず、また歌の内容からも、ここは「みね」の本文が妥当であろう。とはいえ、この異文注記からは、『拾遺愚草』の享受者が少なからず「ねやの月かげ」という句を意識していたらしいことがうかがえるように思われる。

（22）以下、定家詠の解釈にあたっては、久保田淳校訂・訳『藤原定家全歌集』上下巻（ちくま学芸文庫、二〇一七・八←初刊『訳注　藤原定家全歌集』上下巻、河出書房新社、一九八五・三／一九八六・六）より多大な裨益を蒙った。

（23）定家詠Cとその背景については、片山享「新風胎動―建久元年東大寺棟上御幸時の歌について―」（甲南女子大学国文学会編『日本のことばと文芸』第一集、一九七九・一二）に詳しい。

（24）これらをめぐっては、すでに注（4）前掲久保田氏論文において、定家が当該歌以前にBを、また以後にGを詠んでいること、「閨の月影」の句が広く受容されたことが指摘されている。

(25) この歌は結句を「にはの月影」として『新古今集』に入る（冬・六〇五・だいしらず）。また『式子内親王集』諸本でも、結句に「閨のうちかな」の異文があり、一定しない。小田剛『式子内親王全歌注釈』（和泉書院、一九九五・一二）四六〇頁参照。

(26) 久保田淳氏の指摘。注(22)前掲久保田氏著書、新日本古典文学大系38『六百番歌合』（久保田淳・山口明穂校注、岩波書店、一九九八・一二）脚注、および注(4)前掲久保田氏論文参照。

(27) 以下、『源氏物語』の本文は、新編日本古典文学全集25『源氏物語⑥』（阿部秋生ほか校注・訳、小学館、一九九八・四）に拠り、引用末尾に（巻・冊―頁）を示した。歌番号は『新編国歌大観』に拠る。

(28) なお、定家は『奥入』でも当該場面の注としてこの漢詩を挙げる。二次本『奥入』東屋・一一三丁ウラ（日本古典文学影印叢刊19『奥入・原中最秘抄』、貴重本刊行会、一九八五・九）参照。

(29) 田中初恵「定家の源氏物語受容」（『和歌文学研究』61、一九九〇・一〇）五一・五二頁。また、ほかに五月女肇志「藤原定家の『源氏物語』摂取」（『国語と国文学』91―8、二〇一四・八）も、『源氏物語』における「登場人物相互の関係に強い関心を持ち、それを和歌の中で取り入れようと表現し、読者に伝えようという意図がある」（四七頁）と論じる。

(30) 『京極中納言相語』の本文は、中世の文学『歌論集一』（久松潜一編校、三弥井書店、一九七一・二）所収の本文（久保田淳校注）に拠った。

(31) 物語取り歌の問題点については、松村雄二「源氏物語歌と源氏取り―俊成「源氏見ざる歌よみは遺恨の事」前後―」（増田繁夫・鈴木日出男・伊井春樹編『源氏物語研究集成　第十四巻　源氏物語享受史』、風間書房、二〇〇〇・六）、加藤睦「源氏物語と中世和歌」（加藤睦・小島菜温子編『源氏物語と和歌を学ぶ人のために』、世界思想社、二〇〇七・一〇）など参照。

官職名を詠む和歌

佐藤　明浩

一、はじめに

官職名は、四季の景物や地名としての歌枕とは異なり、和歌に詠まれる語彙として中心的なものではないけれども、むしろそれゆえに、その用例から和歌表現の性格や特徴を窺い知ることができる。官職名は、多く漢語（音読み）であるので、そのまま和歌に詠まれることは少ない。一方、官職名を和らげたやまとことばの称、官職名の異称を和らげたやまとことばの称、またやまとことばの異称などは、さまざま和歌に詠まれている。そのうち、大臣在任を表す「かげなびく」については、別稿[1]で考察した。本稿では、和歌にどのように官職名が詠まれてるのか、全体を見渡し、その様相を検討していく。なお、『詠百寮和歌』『官職歌』『百寮和歌』『和歌職原鈔』といった官職名を詠むことを旨とした歌集はここでは対象外とし、それに準ずる性格を有する『年中行事歌合』も最小限触れるにとどめる。和歌の引用は、とくに注記しない限り、中世までの私家集は新編私家集大成（古典ライブラリー）、それ以外は新編国歌大観（角川書店・古典ライブラリー）に拠る。歌学書類はそれぞれ次に拠る。冷泉家時雨亭叢書『俊頼髄脳』（朝日新聞社　二〇〇五年八月）、『奥義抄』は『大東急記念文庫善本叢刊　中古・中世篇　第四巻　和歌Ⅰ』

（汲古書院　二〇〇三年四月）、冷泉家時雨亭叢書『和歌初学抄　口伝和歌釈抄』（朝日新聞社　二〇〇五年八月）、片桐洋一監修・八雲御抄研究会編『八雲御抄　伝伏見院筆本』（和泉書院　二〇〇五年三月）。

二、官職名（漢語）を詠む

○衛士

漢語である官職名がそのまま和歌に詠まれる例として、衛門府に属する「衛士（ゑじ）」を挙げることができる。

十月ばかりにものへまゐりはべりけるみちに一条院をすぐとてくるまをひきいれてみはべりければ、ひたきやなどの侍けるをみてよめる　　赤染衛門

ア　きえにけるゑじのたくひのあとをみてけぶりとなりしきみぞかなしき（『後拾遺和歌集』十・哀傷　五九二）

題不知　　大中臣能宣朝臣

イ　みかきもりゑじのたくひのよるはもえひるはきえつつものをこそおもへ（『詞花和歌集』七・恋上　二二五）

ア赤染衛門歌は、実景に触れて実情を詠んだ歌であり、**イ**能宣歌は恋歌の序詞に「衛士」の語が含まれる例であるが、いずれも「衛士のたく火」を詠んでいる。宮門の火をたくことは衛士の職掌のひとつであった。前掲の歌に限らず、「衛士」を詠む歌の多くは、「たく火」をも詠んでいる。

「禁中」の題または「禁中」を含む歌題で、しばしば「衛士」が詠みこまれることも注目される。

禁中月

ウ　さやかなる月の光をあけぬとてしめしやすらんゑじのたくひは（『出観集』四一一）

エ　夜もすがら雲ゐの庭をてらすなる衛士の焼く火は有明のころ（『正治後度百首』後鳥羽院・雑・禁中　八四）

これらの先蹤として、「禁中」を含む題で詠まれたのではないであろうけれども、『和漢朗詠集』の「禁中」に収められた、

オ　みかきもるゑじのたくひにあらねどもわれもこころのうちにこそおもへ（五二六）

を挙げることができるであろう。前掲の**ウ**、**エ**では、「禁中」を表す景物として「衛士のたく火」が詠み込まれているとみられる。

「衛士のたく火」は、平安時代にはすでに和歌に詠まれる景物の一つとして定着していた。また、恋歌で「衛士のたく火」が序詞となり、「思ひ」の「火」に重ねられることはあるけれども、「衛士」の語が掛詞や縁語として修辞に関わる例はみられないようである。こうした点に留意しておきたい。

なお、「みかきもり衛士」などと詠まれる「みかきもり」は、単独でも衛士を意味する語として用いられるが、『奥義抄』上・物異名に「衛門　〈みかきもり〉」、『八雲御抄』三（異名）の「左右衛門」の項に「みかきもり〈惣衛士名歟〉」とあって、衛門府官人をいうこともある。後に掲げる**ナ**の忠岑の長歌に「とのへもる身の　みかきもり」とあるのは、その例である。次の歌の「みかきもり」も衛門府官人をいう。[2]

カ　みかきもりつきしあづちにいつしかとけふこそまとをかけはじめつれ

（『為忠家後度百首』雑・射場始・為経　七五七）

三、官職名（和語）を詠む

和語の官職名を詠む例についてみていく。

○とのもり　主殿寮

宮内省の被官である主殿寮（とのもりれう・とのもれう）の役人を「とのもり」と和歌に詠むことがある。とりわけ有名なのが次の『拾遺和歌集』十六・雑春の一首である。

延喜御時、南殿にちりつみて侍りける花を見て

源公忠朝臣

キ　とのもりのとものみやつこ心あらばこの春ばかりあさぎよめすな（一〇五五）

主殿寮の数ある職務のうち、殿庭の清掃をとりあげている。『公忠集』『拾遺抄』『拾遺和歌集』のほか『和漢朗詠集』にも採録され、『俊成三十六人歌合』『時代不同歌合』にも公忠の代表歌として採られている。注目度の高いこの歌の影響であろうか、以降、「朝ぎよめ」する「とのもり」を詠む歌は多い。

ク　あけぬとやこよひの月に殿もりのともの宮人朝ぎよめする

（大治五年『殿上蔵人歌合』一番・禁中月・左・範兼）

では、題の「禁中」に応じて朝ぎよめする「殿もり」が取り上げられている。前述のように「衛士」が詠まれる歌のみられた『正治後度百首』雑の「禁中」題に、

ケ　とのもりのあさきよめする萩の戸にしかまのかちのみえぬ花ずり（家長　五八二）

コ　中中に情ぞふかきとのもりのきよめにつもる花のちり山（季保　七八〇）

とあるのも同様である。「朝ぎよめ」する「とのもり」は、ひとつの景物として扱われていると言ってよい。

殿庭の清掃以外の職務として、宮中の神楽の庭火に関わる歌がある。

サ　からかみに袖ふる程はとのもりのともの宮つこみび白くたけ（『堀河百首』冬・神楽・俊頼　一〇四八）

シ　とのもりよにはびたゆむなさよふけてあさくらかへすほどとしらずや（『六条院宣旨集』かぐら　六五）

○とものみやつこ

前掲公忠歌で詠まれていた「とものみやつこ」は、もともと律令制より前からあった職名であるが、令制以後も用いられたもので、「とのもりのとものみやつこ」は主殿寮の下級役人である。

公忠歌の影響は大きく、次の一首もこれを踏まえたものである。

禁中雪といへることを　藤原秀長

ス　花ならぬ雪にもつらし朝ぎよめまた心あれとものみやつこ（『玉葉和歌集』六・冬　一〇一四）

前述した「とのもり」と同様、題の「禁中」に応じて「とものみやつこ」が詠まれている。やはり「とのもり」と同様、『正治後度百首』の「禁中」題に、「とものみやつこ」を詠んだ歌もある。

セ　さゆる夜はともの宮つこ夢さめてうしみつとさす暁のこゑ（範光　一八四）

ソ　心なきともの宮つこいかならんおもふもつらし花のゆかりは（具親　三八一）

花だけでなく、公忠歌を踏まえて、紅葉や雪の歌にも詠まれている。

タ　ちるはをもとものみやつこはらふなよはるばかりや［はここ］ろあるべき
（『右大臣家百首』〈古典ライブラリー・歌集集成〉紅葉・頼政）

チ　きのふけふ降つむ雪のここのへにあさぎよめせぬとものみやつこ（『隣女集』一三一五）

○くらのつかさ　内蔵寮

中務省の被官である内蔵寮（くられう）を「くらのつかさ」と詠む例がある。

ツ　ももしきのくらのつかさのふりうちにわれおとらじとつどふうなゐこ
（『新撰和歌六帖』二・うなゐ・家良　八七一）

「ふりうち」は未詳。『家良集』（家良Ⅱ）、『夫木和歌抄』の本文は「ふりうり」である。(3)

四、官職名の和訓を詠む

官職名（漢語）をやまとことばに和らげた語句を和歌に用いることがある。

○かみのつかさ　神祇官

神祇官を和らげた「かみのつかさ」が詠まれる例である。

さきのおほきおほいまうちぎみ参議に侍りける時、と
よのあかりの夜、小忌きて侍りけるを見てつかはしける
よみ人しらず

テ　わきて見む神のつかさのうらあひてしるきひかげの山あゐのそで（『続後撰和歌集』十六・雑歌上　一〇九六）

新嘗会で小忌に選ばれた西園寺実氏にある女性が贈った歌である。小忌は神祇官の占によって選出されるので、「神のつかさのうらにあひて」と詠まれている。

○たみのつかさ　民部省

『八雲御抄』三（異名）「民部卿」の項に「民の官」とある。

おいののち、としひさしくしづみ侍りて、はからざる
ほかにつかさたまはりて、外記のまつりごとにまゐり
ていで侍りけるに
権中納言定家

ト　をさまれるたみのつかさのみつぎものふたたびきくもいのちなりけり
（『新勅撰和歌集』十七・雑歌二　一一六七）

定家は、建保六年（一二一八）七月九日に民部卿に任じられ、嘉禄三年（一二二六）十月二十一日に辞した。その後、寛喜四年（一二三二）正月三十日に、七十一歳で権中納言に任じられた。詞書の「つかさたまはりて」は、任権中納言を指す。和歌文学大系『新勅撰和歌集』[4]に「前官民部卿に続き今度は太政官たる中納言として、朝政の大事である民部省管掌の貢物収納の勘査にあたる感慨」とある。

○ちかきまもり　近衛府

近衛を和らげて「ちかきまもり」という。『和歌初学抄』物名の「近衛」の項に「チカキマボリ」、『八雲御抄』三〈異名〉の「近衛大将」の項に「ちかきまもりと云　次将は常事也　大将をも可謂也〈近衛なり〉所謂同事也　源氏物語に　おほやけのちかきまもりをわたくしの随身といへり」とある。源氏物語の引用は、横笛巻の源氏の言で、「ちかきまもり」は近衛大将である夕霧を指す。

『古今和歌集』十九・雑体の壬生忠岑の長歌に、次のような一節がある。

ナ　……かくはあれども　てるひかり　ちかきまもりの　身なりしを　たれかは秋の　くる方に　あざむきいでて　みかきより　とのへもる身の　みかきもり　をさをさしくも　おもほえず……（一〇〇三）

忠岑が近衛府の番長であったことを「ちかきまもりの身なりしを」、右衛門府の府生に転任したことを「秋のくる方にあざむきいでて」と詠んでいる。「秋のくる方」については、『八雲御抄』三〈異名〉の「左右衛門」の項に「あきのくるかた〈忠岑短哥　右衛門也〉」とあり、右衛門府の異称である〈右衛門府は内裏外の西側の警護を担当。秋は五行説では西に相当するのでいう〉。

『後拾遺和歌集』十九・雑五の後三条院の歌、

ニ　いにしへのちかきまもりをこふるまにこれはしのぶるしるしなりけり（一一〇四）

は、春宮時代、皇子の敦儀親王が生まれた際、道長から贈られた歌への返歌で、「ちかきまもり」は、左近衛大将のまま逝去した藤原済時（敦儀親王の祖父にあたる）を指す。

「ちかきまもり」も次のように「禁中」を含む題に応じて詠まれることがあった。

禁中月と云ふ事を　　春宮権大夫有忠

ヌ　いまははやちかきまもりになれし身もよそにみはしの雲の上の月（『続千載和歌集』五・秋下　五〇六）

○むまのつかさ・むまつかさ　馬寮

兵衛府の被官である「馬寮（めれう）」に対応するやまとことばが「むまのつかさ」「むまつかさ」で、和歌に詠まれる例がある。

ネ　見わたせばみなあをさぎのけつるめをひきつづけたるむまづかさかな（『新撰和歌六帖』一・あをむま・信実　三四）

正月七日

ノ　あおむまやむまのつかさのひきつれてわたりしにははおもかげにみゆ（『伏見院御集』（伏見院Ⅰ）二一七九）

これらは、白馬節会を詠むものである。

一方、田安宗武の次の歌は、堀河百首題の「駒迎」題で詠まれた作である。

ハ　左右馬のつかさのさわぐなりみつぎの駒のいまやきぬらむ（『悠然院様御詠草』一二一七）

上記のほか、『年中行事歌合』に、関白を「あづかりまうす」と詠む例「御ことのり二度うけて此君の関白す国ぞかしこき」（四十四番左・詔書・長綱）、武官の六衛府を「むつのつかさ」と詠む例「みきたまふけふのためにやあやめ草むつのつかさもかねて引きけん」（十五番左・五日節会・経賢）がある。

五、官職名の異称の和訓を詠む

○やつくら・やくらのつかさ　八座（参議）

『八雲御抄』三に「宰相」の異名として「やくらのつかさ〈後拾遺序〉」が掲げられる。参議の員数が八人とされたことから、その異称として「八座（はちざ）」が用いられた。これを和らげて「やつくら」と言い、また「やくらのつかさ」もこれに由来する。

『後拾遺和歌集』仮名序に、

いぬる応徳のはじめのとしのなつ、みな月のはつかあまりのころほひ、やくらのつかさにそなはりていつかのいとまもさまたげなし。

と、撰者の藤原通俊が応徳元年（一〇七六）六月二十三日に参議に任じられたことを述べる。

宰相中将公賢卿、よをのがれて侍しころ、前右少弁光俊もとに遣し侍し

ヒ　八座やはねのはやしもなにならしさとるはちすのここのしなには（『光経集』六〇〇）

藤原（滋野井）公賢は、嘉禄元年（一二二五）十二月二十二日、参議となるが、翌年正月二十八日、二十四歳で出家、当時、参議兼右中将・中宮権亮・越中権守であった。その公賢が葉室光俊に贈った歌に「八座」とあるのは、音数から考えても「やつくら」と読むのであろう。

○はのはやし・はねのはやし　羽林（うりん）（近衛府）

近衛府の異称（唐名）に「羽林（うりん）」があり、これを和らげた「はのはやし」「はねのはやし」が和歌に用いられる。

前掲『光経集』の公賢歌にも「はねのはやし」が詠まれていた。これに対する光俊の返歌は、

ことはりやうき事の葉のしげければ羽林をとびわかれける（『光経集』六〇一）

であり、「羽林」は音数律から考えても「はねのはやし」と読むのであろう。あるいは、「羽林」は「はのはやし」で、現存諸本は「はのはやしをぞ」の「ぞ」が誤脱した形を伝えているという可能性も考えられようか。

　　左少将が少将になりて侍りしに、つねいゐの三位もと
　　より

フ　日にそへて花さくやどの梢哉はねのはやしに枝をつらねて（『俊成家集』〈俊成Ⅲ〉四〇五）

　　返し

へ　げにやしか花さきまされと思ふかなみかさの山に枝はつらねつ（四〇六）

俊成の子定家が、文治五年（一一八九）十一月十三日、左近衛権少将に任じられた折の詠である。**フ**経家歌では、近衛府を「はねのはやし」の語句で表している。「枝をつらねて」というのは、定家の兄成家も文治元年六月以来右中将を務めており、兄弟がともに近衛府の左右少将に任官したことをいう。経家歌の趣旨は、俊成の子息二人がともに近衛少将に任官したことへの祝意であるが、一方、「はねの林」から「枝」と続け、上の句「花さく」とも縁をもたせるなど、景物の文脈も形成されていることを確認しておきたい。俊成の返歌に「みかさの山」とあるのは、後述するようにこれも近衛府の異称である。なお、定家は、左少将となる前、同じ文治五年春の「奉和無動寺法印早率露胆百首」の「竹」題で、

ホ　呉竹の我ともはみなならべどもひとりよそなる葉のはやしかな（『拾遺愚草』四八三）

と近衛府を表す「葉のはやし」を用いて、近衛府官人に任じられず、同朋に遅れをとっている嘆きを詠んでいた。

マ　　大将になりてのち、頼政朝臣のもとへ申おくれる

ゆきつもるとしのしるしにはなのさくはのはやしをばなどかたづねぬ（『林下集』三七八）

徳大寺実定が治承元年（一一七七）十二月二十七日に左近衛大将に任じられた際の詠作である。左大将に任じられた自らを「花の咲く」「葉の林」としたうえで、季節柄でもあろう、「雪」が「林」に降り積むさまを「花の咲く」と見立てる景物の表現を重ねている。なお、提出は省略するが、頼政の返歌、同じ歌を贈られた師光の返歌も「はのはやし」を用いて応じている。

〇おどろのみち　棘路（公卿）

公卿の異称（唐名）に棘路（きょくろ）があり、これを和らげたのが「おどろのみち」で、『八雲御抄』三に「公卿」の異名として掲げられている。

ミ　春日野のおどろのみちのむもれ水すゑだに神のしるしあらはせ

（『新古今和歌集』十九・神祇・俊成　一八九八）

藤原俊成による治承二年（一一七八）『右大臣（兼実）家百首』「述懐」題の一首である。これより先、安元二年（一一七六）九月二十八日、俊成は病のため出家し、釈阿と号した。「おどろのみち」は公卿を表し、公卿にはなったものの官途のはかばかしくなかった自らを「むもれ水」に譬えている。「すゑ」は子孫を表し、せめて子孫には霊験を現してくださいと春日明神に願っているのである。一方、春日野のいばらの生い茂った道にかくされた水の流れの末、という、景物の文脈も形成されている。

俊成は、いまだ公卿になっていなかった二十七、八歳の時、「述懐百首」の「さわらび」題で、

ム　なげかめやをどろの道のしたわらびあとをたづぬるおりにしありせば（『長秋詠藻』〈俊成Ⅰ〉一一〇）

と詠んでいた。久保田淳は「調べた限りではこの歌が「おどろの道」という歌語を用いた和歌の最も早い例か」と記している。[5]

「おどろの道」は、「おどろ」の景物としてのイメージと関係するのであろう、上掲の歌にもみられるように、沈淪、不遇などと結びつくことが多い。『新千載和歌集』十七・雑中にみえる次の贈答もその一例である。

　貞和の比やよひのはじめつかたうれへあはする事侍り
　しついでに申しおくり侍りし　　按察使資明

メ　おひはつるおどろの道の下草は春のめぐみに逢ふかひもなし（一九二一）

　返し　　前大納言為定

モ　思ひしれめぐみをたのむ春にだにあはぬおどろの道の下草（一九二二）

「おどろの道」は、相手の栄達を祝う歌には用いられにくいようである。ただし、時代は下るが、次の伊勢貞仍の作には、公卿への称讃の意も認められるであろうか。

　文明のころ、藤宰相家中納言にうつり給て後、三首歌
　講せられ侍し時よみける歌に、山月

ヤ　くらゐ山おどろの道の跡とめて代代にかはらぬ宿の月かげ（『下つふさ集』三二七）

○ほしのくらゐ

『八雲御抄』三には、「大臣」の異名の一つに「ほしの階」が掲げられている。「ほしのくらゐ」は、平安時代の

漢詩文にも用いられる「星位」もしくは「星階」に対応するやまとことばであると考えられる。ただし、「星位」「星階」は必ずしも大臣を表しているとは限らない。また、「ほしのくらゐ」が和歌に用いられた古い例である『うつほ物語』[6]菊の宴の、

ユ　雲の上に星の位はのぼれどもこひ返すには延びずとか聞く

は、あて宮の女房である兵衛による、宰相（参議）実忠への返歌であり、参議である実忠に対して、「星の位はのぼれども」と言っている。『六百番歌合』の定家歌、

ヨ　春くればほしのくらゐにかげ見えて雲ゐのはしにいづるたをやめ

（元日宴・四番左・左負　『玉葉和歌集』春上（三）に入集）

の「ほしのくらゐ」は、元日の行事に列する公卿、殿上人たちを表しているであろう。[7]このように、「ほしのくらゐ」には、大臣に限らず、公卿・殿上人といった高位高官の廷臣一般を指すとみられる例が少なくない。

一方、次のような例では、「ほしのくらゐ」が大臣を表していると考えられる。前掲**マ**「ゆきつもる」歌でみたように、徳大寺実定は治承元年（一一七七）十二月に左近衛大将となった。その折、俊成は、

ラ　くものうへやちかきまもりとなりぬればほしのくらゐもうたがひぞなき（『林下集』三七四）

の歌を贈り、実定は、次のように返歌した。

リ　のほるべきほしのくらゐのまぢかさにくものうゑまでひかりをぞさす（『林下集』三七六）

当時、大納言であり（治承元年三月還任）、左大将に任じられた実定に期待され、また自らも願ったのは、内大臣に昇任することであったであろう。この贈答での「ほしのくらゐ」は大臣を表していると考えられる。なお、実定は、寿永二年（一一八三）四月五日、内大臣に任じられた。

任槐ののち関東下向ありし時、林道春詩をおくりし

和韻

ル　正保四冬　かげたかき星の位やおろかなる身にはうかべる雲の半天（なかぞら）（『後十輪院内府集』一五八〇）

中院通村が「任槐」すなわち内大臣に任じられた後、関東に下向した折、林羅山から贈られた詩に和した一首で、内大臣在任の実績に対応して「星の位」が用いられている例である。(8) 別稿に掲げたように、同じ時、林鵞峰の詩にも和して、「出づる日のかげなびくにもあふぐなり光あまねき関の東を」とも詠んでいる。「かげたかき」では「星の位」、「出づる日の」では「かげなびく」によって大臣在任を表しているのである。

これらの例と考えあわせると、承安二年（一一七二）『広田社歌合』の、

レ　あまくだる神のめぐみのしるしあらばほしのくらゐもなほのぼりなん（述懐・四番・左勝・実国　一二三）

は、権大納言である実国が将来、大臣に任じられることを望む内容と考えられ、「ほしのくらゐ」が大臣を表す例に数えてよいであろう。

六、官職名の異称（和語）を詠む

○みかさやま　近衛府

『俊頼髄脳』の異名を掲げるところに「近衛」について「みかさの山といふ」とあるほか、『奥義抄』上の物異名に「中少将〈みかさ山〉」、『和歌初学抄』物名に「近衛〈チカキマボリ　ミカサヤマ〉中将少将〈ミカサヤマ〉」とある。また、『八雲御抄』三には「近衛大将」の異名として「みかさやま」を掲げ、なお「中少将同之」と注記する。

近衛府官人の異称として「みかさやま」を和歌に用いる例は、比較的古くから現れる。

少将さねただ、かよひ侍りける所をさりてこと女につ

きて、それよりかすがの使にいでたちてまかりければ

もとの女

ロ　そらしらぬ雨にもぬるるわが身かなみかさの山をよそにききつつ（『後撰和歌集』十一・恋三　七一五）

近衛少将藤原真忠が春日の使として向かう春日神社の背後にある「みかさの山」に、近衛少将の異称としての意を重ね、「かさ」に雨具としての「笠」の意を掛けている。このほか、平安時代の勅撰和歌集では、『後撰和歌集』（雑一・一一〇六）、『拾遺和歌集』（巻第十八・一一九二）、『後拾遺和歌集』（雑五・一一一四）、『金葉和歌集』二度本（賀・三二二）に、近衛府に関して「みかさ（の）山」が用いられているが、いずれも少将または中将の在任にちなんでいる。先に示したように藤原清輔の『奥義抄』『和歌初学抄』で「みかさ山」を「中（将）少将」の異名として掲げていたのは、こうした諸例を踏まえてのことであったとも推測される。

定家、少将になり侍りて、月あかき夜、よろこび申し
侍りけるを見侍りて、あしたにつかはしける

権中納言定家母

ワ　みかさ山みちふみそめし月かげにいまぞこころのやみははれぬる（『新勅撰和歌集』十七・雑二　一一五九）

前述のごとく藤原定家は文治五年（一一八九）十一月十三日左近衛権少将に任じられたが、その折に母が定家に贈った詠である。地名としての「みかさ山」に山の「道」とそこを照らす「月かげ」を配して景物の文脈を形成する一方、近衛少将の異称としての「みかさ山」を重ね、わが子が近衛府の官人として歩みはじめたことを喜び祝う親の思いを込めている。

なお、前に言及した別稿でも、近衛大将の任官に関して「みかさ（の）山」が詠まれる例について検討した。

○かしはぎ　兵衛府

兵衛府の異称に「かしはぎ」がある。『俊頼髄脳』に「兵衛〈かしはぎといふ〉」、『奥義抄』上・物異名に「兵衛〈かしは木〉」、『和歌初学抄』物名に「兵衛　〈カシハギ〉」、『八雲御抄』三（異名）の「左右兵衛」の項に「かしはぎ」とある。また、『枕草子』(9)「花の木ならぬは」段に「柏木、いとをかし、葉守の神のいますらんもかしこし。兵衛の督、佐、尉などいふもをかし」とある。

中納言敦忠兵衛佐に侍りける時に、しのびていひちぎりて侍りけることのよにきこえ侍りにければ　右近

ヰ　人しれずたのめし事は柏木のもりやしにけむ世にふりにけり（『拾遺和歌集』十九・雑恋　一二二二）

左兵衛のかみつねしげみまかりにけるそのいみにいもうとのあつかひなどせんとて師賢朝臣こもりてはべりけるにつかはしける　小左近

ヱ　よそにきくそでもつゆけきかしはぎのもりのしづくをおもひこそやれ（『後拾遺和歌集』十・哀傷　五五二）

ヰ「人しれず」歌では左兵衛佐敦忠、ヱ「よそにきく」歌では左兵衛督経成を指して、「かしはぎ」と詠んでいる。いずれも大和国の歌枕「柏木の森」と重ね合わせ、「森」に「漏り」を掛けている。ヱ「よそにきく」歌では、さらに「露けき」、「しづく」をも関わらせ、景物の文脈を形成している。歌枕「柏木の森」に兵衛の意を込め、その関わりから景物を配する表現は常套的と言える。

次の『言葉和歌集』(10)十二・恋中の歌では、詞書によれば、兵衛ではなく「右衛門督」を「かしはぎ」と詠んでいることになる。

節忠卿、右衛門督ときこえける時、しのびてかたらひける女の、近衛づかさなる人にも申すとききて、つかはしける
左衛門督節忠

ヲ　かしはぎのもりをよがれてほととぎすみかさの山にかたらふぞうき（一〇八）

この時代の公卿に「節忠」は見出せず、あるいは、井上宗雄が指摘するとおり[11]、安元三年（一一七七）正月二十四日に右衛門督から左衛門督に遷任した平時忠であろうか。なお、時忠は、以前、仁安二年二月十一日に右兵衛督になってもいた。推測に推測を重ねることになってしまうが、「かしはぎの」歌が右兵衛督在任時に詠まれた可能性も皆無ではない。当該歌では「かしはぎ」に対し、近衛官人を「みかさの山」と詠む。それらによって人事を詠む一方、歌枕としての「かしはぎのもり」、「みかさの山」に女の譬えである「ほととぎす」を配し、景物の文脈を一貫させている。

〇すずむし　侍従

『和歌初学抄』物名の「侍従」の項に「スヾムシ」、『八雲御抄』三（異名）の「侍従」の項に「すゞむし」とある。

『臨永和歌集』に次の歌がみえる。

侍従辞退し侍りける秋のころ、虫の声を聞きてよめる
藤原冬隆朝臣

秋をへてわが身ふりぬる鈴虫のよそになるにもねこそなかるれ（六四二）

侍従を辞した人事を、秋の虫が聞こえる時節と重ねている。「旧り」に「鈴」の縁語「振る」を掛け、虫の「音」

に自ら泣く意を重ねて「ねこそなかるれ」とするのは、景物として鈴虫を詠む歌一般によくみられる表現である。

○かげなびく　大臣

大臣在任を表す「かげなびく」については、別稿に詳述した。ここには、一例のみ掲げておく。

述懐の心をよみ侍りける　　内大臣

いかさまにちぎりおきてしみかさ山かげなびくまで月を見るらん（『新勅撰和歌集』十七・雑二　一一五八）

西園寺実氏が内大臣に任じられた感慨を詠んだ歌で、「かげなびく」は任大臣を表している。

七、おわりに

上記のほか、烏丸光広が徳川秀忠の一周忌に際して詠んだ長歌（『黄葉集』一四八四）、本居宣長の「仰遷鹵簿長歌」（『鈴屋集』二二〇〇）には、それぞれ複数の官職名が詠まれているが、紙幅の都合上、ここでは触れない。

官職名のうち、「衛士」は、「たく火」と合わせて、それ自体がひとつの景物として、和歌表現に定着していた（A）。「とのもり」「とものみやつこ」「ちかきまもり」も共通する性格があり、これらはいずれも「禁中」の題意を満たしうる景物でもあった。こうした傾向は、「衛士」「とのもり」「とものみやつこ」が比較的下級の身分であることとも関わるかもしれない。

一方、「はのはやし・はねのはやし」「おどろのみち」「ほしのくらゐ」「かしはぎ」「みかさの山」などは、官職名の意として人事の趣旨を表すべく機能する一方、景物としての文脈が別に形成され重ね合わせれていることが多かった（B）。

前者の傾向Aに異称ではなく官職名そのものが多いのは当然であるけれども、「ちかきまもり」と「はのはやし」

とでは、いずれも「近衛」、「羽林」を和らげたものであるのにも関わらず、和歌表現としては、「ちかきまもり」はAの傾向、「はのはやし」はBの傾向をもつというように、様相の異なるところがある。やはり、それぞれの語句の特徴によって、用いられ方に違いが出てくるのである。「おどろのみち」は沈淪・不遇と関わることが多く、一方、「ほしのくらゐ」「みかさの山」「かげなびく」は栄達と結びつきやすいというのも、それぞれの景物としてのイメージと関わっているであろう。

近衛府については、「ちかきまもり」「はのはやし・はねのはやし」「みかさの山」と複数の名が詠まれ、とくに「みかさの山」には用例が多い。近衛大将をはじめとする近衛府官人の任官は栄誉なことであり、人々の関心の的となっていたことがその背景にあるであろう。

全体を見渡すために概括的な叙述となったところがあるが、紙幅も尽きたので、ひとまずここで擱筆する。

［注］

（1）拙稿「「かげなびく」考―大臣在任を表す歌ことば―」（『詞林』六二　二〇一七年十月）。

（2）家永香織『為忠家後度百首全釈』（風間書房　二〇一一年十月）参照。

（3）和田英松『新訂 官職要解』（所功校訂・講談社学術文庫　一九八三年十一月）には「価長（かちょう）は、『大宝令』にも「物価を平らかにし、市易（しえき）を掌（つかさど）る。」とあって、お買い上げ、お払い下げのとき、物価を定むる役である。『夫木抄』夏、衣笠内府の歌に「ももしきやくらのつかさのふりうりにわれ劣らじとつどふなゐこ」とあるのは、お払い下げのことであろう」とある。

（4）中川博夫・和歌文学大系『新勅撰和歌集』（久保田淳監修　明治書院　二〇〇五年六月）。

（5）久保田淳『新古今和歌集全注釈 六』（角川学芸出版　二〇一二年三月）の「春日野の」歌の鑑賞。同「おどろの道（一）」（『礫』二九〇　二〇一〇年十二月）、「おどろの道（二）―梢少将公重のこと」（同・二九一　二〇一一年一月）

参照。

（6）中野幸一校注・訳・新編日本古典文学全集『うつほ物語②』（小学館　二〇〇一年五月）に拠る。

（7）久保田淳・山口明穂校注・新日本古典文学大系『六百番歌合』（岩波書店　一九九八年十二月）では、「星の位」について「禁中に列なる公卿・殿上人」と注する。

（8）鈴木健一『近世堂上歌壇の研究 増訂版』（汲古書院　二〇〇九年八月）参照。

（9）増田繁夫校注・和泉古典叢書『枕草子』（和泉書院　一九八七年十一月）に拠る。

（10）『源氏物語』柏木巻の落葉の宮の歌「かしはぎに葉守の神はまさずとも人ならすべき宿の梢か」に「かしはぎ」が詠まれているのは、亡夫（人物としての柏木）が右衛門督であったことと関わるのかという問題とも関係するが、今は立ち入らない。

（11）井上宗雄「『言葉集』雑感」（『和歌史研究会会報』一〇〇　一九九二年十二月）に「「左衛門督節忠卿」とあるのは時忠ではなかろうか。安元元年（ママ）正月左衛門督となる」とある。

［付記］　龍谷大学仏教文化研究所の二〇一六年度第一六回研究談話会（二〇一七年一月二十六日　於龍谷大学）における報告「官職名を詠む和歌」が本稿の基となった。機会を与えてくださった藤田保幸氏をはじめご教示をいただいた諸氏に感謝し、厚くお礼申し上げます。

『源平盛衰記』烏帽子折物語の成立過程

浜畑圭吾

はじめに

平家物語の語り本系諸本が、頼朝の挙兵を大庭景親の報告という形で叙述するのに対して、読み本系諸本はその状況を詳細に記述する。従来、読み本と語り本の大きな相違点のひとつとして取り上げられてきた箇所である。頼朝挙兵の報が都に届くところから始まり、文覚による教唆、山木合戦での勝利と石橋山での敗戦、源氏に荷担した三浦一族の小坪・衣笠両合戦を語り、頼朝の安房敗走から復権まで、という記述は相当な分量である。そして、源氏に味方する東国武士たちの活躍が詳細に描かれていることも読み本共通であろう。(1)

本稿が取り上げる『源平盛衰記』(以下『盛衰記』)の頼朝挙兵話群(以下挙兵話群)も、頼朝を助ける者達が描かれ、相当に独自の編集が施されている。羽原彩氏は『盛衰記』の「頼朝挙兵譚」には院宣を得た源氏に軍勢が集まり、官符を得た平家には軍勢が集まらないという枠組みが設定されているとし、頼朝の興隆に先祖八幡太郎義家が意識されているとする。さらに同氏はそれを足利将軍家の源氏嫡流工作という時代相との関わりで論じている。(2)『盛衰記』の挙兵話群が一定の枠組みを与えられて再編集されていることは疑いない。(3)そうしたなかで巻第二二

「大太郎烏帽子」も、源氏ゆかりの左折烏帽子が頼朝にあたるという奇瑞から、頼朝興隆の予兆を示す挿話として位置づけられてきた。しかしながら、一字下げ[4]で挿入されている阿育王即位説話や話末の褒賞記事をめぐってはいまだ検討の余地があると考えている。そこで本稿では『盛衰記』による再編集の過程を明らかにするために、同章段を再検討してみたい。

一、烏帽子調達物語から烏帽子折物語へ

石橋合戦に敗れた頼朝はわずかな味方と共に敗走するが、その途中で烏帽子を調達する。延慶本では第二末・一六「兵衛佐安房国へ落給事」、長門本では巻第一〇「兵衛佐殿落㆓給安房国㆒事」にあたる。延慶本・長門本では安房へ渡るために舟を用意した「小浦」に住む「二郎大夫」（長門本は「次郎大夫」）に依頼してこれを手に入れ、頼朝が「此勧賞ニハ国ニテモ庄ニテモ、汝ガ乞ニ依ベシ」と約束したが、二郎大夫には「烏帽子一ダニモモタヌ落人ニテ逃迷人ノ、荒量ニモ預タリツル国庄カナ」と笑われて終わる。しかし『盛衰記』では、異なった展開を見せている。本文を引用すると次のようになる。

軍将宣ケルハ、「敵ニ攻ラレテ甲ヲバ捨ツ。大童ニテハ落人トイハレナン、イカヾシテ烏帽子ヲ著べキ」ト仰ラレケレバ、折節甲斐国住人大太郎ト云烏帽子商人、箱ヲ肩ニ懸テ道ニテ逢。然べキ事トオボシテ、「何国ノ者ゾ」ト問給ヘバ、「甲斐国住人大太郎ト申烏帽子商人也」ト答。土肥申ケルハ、「アノ男ハ真平ガ家人、商人ノ為ニ所領ニ家造シテ通ヒ侍リ。ヤ、太郎、人ハ七八人アリ。皆大童ナレバ民百姓マデモ落人トヤ見ラン、其憚アリ。烏帽子折テ進セナンヤ」トイヘバ、「安キ程ノ事也」トテ、宿所ニ請ジ入奉テ、白瓶子ニ口裏ミサマ〴〵ノ肴ニテモテナシ奉ル。酒宴ノ半ニ烏帽子箱ヲ取出シ、中座ニ候テ折㆑之テ人々ニ奉㆑賦。不㆓取敢㆒折節ナレバ、急アハテ、折程ニ、七頭ハ右ニ、一頭ハ左折ナルヲ、而モ佐殿ニ奉ル。佐殿アヤシトオボシテ、七人

ガ烏帽子ヲ見廻シ給ヘバ、皆右ニ折テヨノ常ナリ。我身一人左也ケレバ、不思議也、源氏ノ先祖八幡殿ハ左烏帽子ヲ著給シヨリ、当家代々ノ大将軍ハ左折ノ烏帽子ナルニ、今流人落人ノ身ナガラ是ヲ着コソ難レ有ケレ。昔天竺ニ摩訶陀国トテ大国アリ、阿闍世王ヨリ三代ノ孫ニ頻頭沙羅王、国ヲ治給ヒケリ、王ニアマタ太子御座、嫡子ヲバ須子摩ト云、心操柔和ニシテ形容端厳也シカバ、位ヲ此太子ニ譲ラント覚キ、次郎ヲバ阿育ト云、皃醜悪ニシテ心根不調ニ御座ケレバ、位ノ事ハ思寄給ハザリケルニ、天帝釈降レ天給テ、十善ノ宝冠ヲ阿育ニ著給ケレバ、終ニ天下ノ国王タリキ、サレバ八頭ノ烏帽子ノ中左折一ツ、其シモ頼朝ニ当ケルモ不思議也、然ベキ八幡大菩薩ノ商人太郎ニ入替給テ著セ給ケルニコソ。末憑シク覚シケレバ、心ノ中ニ再拝シテ、土肥次郎ニ当座トラセテ著給ケレバ、七人モ面々ニ烏帽子著テ出立給ケリ。藤九郎盛長ヲ使者ニテ家主ガ内ヘ悦宣ケルハ、「頼朝世ニ立ナラバ、此悦ニハ名田百町・在家三宇計ヒ給フベシ」ト、此旨盛長申含畢ヌ。商人太郎、「畏承リ候ヌ」ト返事申テ、妻ニサ、ヤキケルハ、「今日此比身一ツ安堵シ給ハズシテ、尫弱ノアキ人ニ烏帽子乞程ノ人ノ、荒量ニモ給ツル百町カナ」トツブヤキケレバ、妻是ヲ聞テ、「人ハ一生サテモ過ヌ事ナレバ、上臈ノ果報我等ガ運ニテ去事モヤ有ベカルラン。サラバ哀此殿ノ世ニ立給ヘカシ」トゾ云ケル。サレバ平家亡テ後、甲斐国伊沢ト云所ニ百町・三家給ハリテ、今ノ世マデモ知行セリ。

烏帽子を調達する者が土肥実平ゆかりの烏帽子商人「大太郎」となり、延慶本・長門本にはない烏帽子を折るくだりが加えられている。そして一字下げ記事として阿育王の即位説話が語られることで、頼朝の予祝の物語とでも言うべき展開を見せているのである。

延慶本や長門本のような「烏帽子調達物語」を、『盛衰記』が「烏帽子折物語」へと再編集したと考えてよいだろう。奇瑞とされる左折の烏帽子を八幡太郎義家ゆかりとするが、管見の限りそうしたことを裏付けるものは見当たらない。前掲の羽原氏は(5)、『兵将陣訓要略鈔』(6)の、

一大将軍七験　後冷泉院御時始レ之。
三ニハ烏帽子左折用レ之。

とあるところを、後冷泉天皇の頃ということで義家とつなげているが、同文献は『盛衰記』を遡るものではないだろう。むしろ『中家実録』(7)などには、

左烏帽子　俗称二左折一、四品以上著レ之、
右烏帽子　俗称二右折一、
風折　或飾折、諸大夫以上著レ之、

と、四位以上の者の着用と見えるように、左折烏帽子は源氏とは関わりの無い文脈で散見されるのである。もちろん、謡曲や幸若の〈烏帽子折〉では、義経の元服に関わって義家の故事と共に語られ、また『浄瑠璃十二段草紙』(8)では、浄瑠璃姫を訪ねた義経の姿を見た女房の言葉に、「みなもと源氏の上臈かとおぼしくて候ふが」とあり、その根拠の一つに「六波羅烏帽子を左に召されて候ふが」とある通り、源氏の左折烏帽子が意識されている。しかし、左折烏帽子と源氏のつながりをうかがわせるような記述で『盛衰記』を遡るものはなく、また記録の上からもそうしたことを裏付けるものは見あたらない。あるいは、『盛衰記』が端緒となり、謡曲や幸若、御伽草子に影響を与えた可能性も考えられるだろう。

　そうした烏帽子折物語を支えるのが後続の阿育王即位説話であるが、阿育王と頼朝の関係については今少し検討を加えたい。

二、阿育王即位説話の意味

『盛衰記』は巻第二三の烏帽子折物語の他に巻第三二にも「阿育王即位」として、阿育王の即位説話を挿入して

いる。安徳天皇が平家と共に都を離れたことによる三宮惟明親王と四宮尊成親王の後継争いに続く、いわゆる「位争い説話」の直後に配されており、『盛衰記』は頼朝と後鳥羽天皇を阿育王に準えているということになる。巻第三二の方が分量も多く、阿育王と兄の須子摩との合戦場面を詳細に描いているが、話末にそれぞれ、

巻第二二「サレバ八頭ノ烏帽子ノ中左折一ツ、其シモ頼朝ニ当ケルモ不思議也」

巻第三二「サレバ王位ハ輒ク不レ可レ及二人臣之計一」

として、両話とも「サレバ」と結び、頼朝だけに源氏の左折烏帽子があたったことを「不思議」とし、また王位が「人臣之計」によるものではないとすることから、二人に神仏の加護を認めるための挿入であることは明かである。

巻第三二に「王位決定が人の思量を超えたものであるという主張」があるとし、聖徳太子や天武天皇とともに頼朝の挙兵にからめて阿育王が持ち込まれるのは、「仏法・王法の両面から、頼朝を頂点に立つべき人物として支持する意味を有しているだろう」と解き、「単なる将軍ではなく、王位継承者としてのイメージすら持ち出されて来ているのである」とする松尾葦江氏の解釈は首肯されるものである(9)。ここでは頼朝と後鳥羽天皇という次世代の担い手をつなぐ『盛衰記』の文脈をおさえておくべきだろう。

しかしながら、仏法・王法の護持者としての意味づけのためだけでは、阿育王即位説話を配した理由としては十分ではない。『盛衰記』に聖徳太子関係の記事が多く挿入されていることは以前論じたが(10)、天武天皇関係記事についても注目されている(11)。『盛衰記』の世界を下支えするこうした説話群の性格解明の一端として、聖徳太子や天武天皇だけでなく、紀元前にマウリヤ朝の王として活躍した阿育王までもが持ち込まれた理由を、さらに検討すべきであろう。

巻第二二と巻第三二とでは記事の量に差はあるが、基としたものは同一と考えられる。直接の書承関係か、あるいは同一のものからのそれぞれの成立かは判断できない。しかし、巻第三二の方が依拠資料に近いと考えられ、巻

第二二の本文は、阿育王が天より宝冠を授けられた場面で終わっている。頼朝の左折烏帽子の奇瑞との共通点を指摘することが大きな目的であることを考えると、当然の構成であろう。巻第三二は兄と弟の位争いであり、その点で、兄須子摩と弟阿育の合戦場面は描かれなければならないのである。

しかし本稿で注目したいのは、兄須子摩と弟阿育の形容である。該当部分のみを抜粋し、対観すると次のようになる。

巻第二二「大太郎烏帽子」	巻第三二「阿育王即位」
王ニアマタ太子御座、 嫡子ヲバ須子摩ト云、 心操柔和ニシテ形容端厳也シカバ、 位ヲ此太子ニ譲ラント覚キ、 次郎ヲバ阿育ト云、 皃醜悪ニシテ心根不調ニ御座ケレバ、 位ノ事ハ思寄給ハザリケルニ、	彼王ニアマタノ太子御座。 其中ニ大郎ヲ須子摩ト云、 二郎ヲ阿須迦ト云。 二郎ハ形皃醜悪ニシテ鮫膚也。心操不敵ニシテ、狼藉ニ御座ケレバ、 父ノ大王大ニ悪ンデ、 御位マデノ事思寄給ハズ。 太郎ハ形皃端厳ニシテ、御心、人間ノ類トモ覚ヘザリケレバ、 大王、不レ斜寵愛シ給テ、 御位ヲ譲給ハント覚シケリ。

兄の須子摩は「心操柔和ニシテ形容端厳也シカバ」、「形皃端厳ニシテ、御心、人間ノ類トモ覚ヘザリケレバ」とあって、容姿も内面も勝れていたとする。それが父王の寵愛の原因であり、また位を譲ろうと考えていた理由で

あった。一方弟の阿育は、「皃醜悪ニシテ心根不調ニ御座ケレバ」、「形皃醜悪ニシテ鮫膚也。心操不敵ニシテ、狼藉ニ御座ケレバ」として、兄とは全く対照的な形容である。そのため、阿育に即位の可能性はなかったとするのである。

巻三二の阿育の形容の「鮫膚」という表現については、前稿で考察した[12]。阿育王説話の源とでもいうべき『阿育王伝』に「身體麁澁」とある「麁澁」が「鮫膚」の基であり、阿育の容姿が「醜悪」であったとするのは仏典類に見えるところであると論じた。その結果、「父不愛念」「王不愛之」（『阿育王伝』）として、父王からの寵愛はなかったという点も同様である。こうした、阿育の容姿についての描写と父王の態度は、『阿育王経』や『雑阿含経』『釈迦譜』などにも見えるところであり、仏典類では共通の認識であったと考えられ、『盛衰記』もそうした系譜に連なるものと言えるだろう。

ところが、兄須子摩の形容については、仏典類に該当するような記述は見えない。類話である『榻鴫暁筆』にも、そうした描写はなく、「父ノ大王ハ長子修私摩ニ御位ヲ譲玉シヲ[13]」とするのみで、兄弟への父の愛憎は描かれていない。つまり、容貌と人格の整った須子摩像は、管見の限り見当たらないのである。それどころか、『阿育王伝』には、次のような須子摩の姿が見える[14]。

阿恕伽兄名蘇深摩者方入花氏城。第一輔臣復欲出城。道中相逢。輔臣頭禿落。蘇深摩戯笑故以手打輔臣頭。輔相念言此王子者未紹王位。便用權勢毆我頭上。若紹王位必當以刀而斬我首。即向五百輔相説蘇深摩過狀言不中爲王。唯阿恕伽者相師記言當作轉輪聖王四分之一。我等諸臣應共立之。

城内へ向かっていた「蘇深摩」（須子摩）が、城外へ出ようとしていた「第一輔臣」と出会った際、臣の「頭禿」を笑い、手を以てこれを打った。そのとき臣は「蘇深摩」が即位したら、首を刎ねられるのではないかと恐れ、阿育の即位を助けることに決めたとするものである。『阿育王経』にも同様の記述が見えるが、『雑阿含経[15]』には、

時修師摩王子。出外遊戯。又復遇逢一大臣。臣不修禮法。王子即使人打拍其身。大臣念言。此王子未得王位。用性如是。若得王者不可而當。又聞阿育得天下。得壞五百大臣。我等相與立阿育爲王。

とあって、打擲の原因を「臣不修禮法」としており、『阿育王経』『阿育王伝』とは異なるものの、この一件が基で、大臣が阿育支持を決めたことは同様である。

『盛衰記』が記すような、「非の打ち所のない兄と欠点の多い弟」という構図は、『盛衰記』の編集ということも考えられるが、巻二一、二二の双方に見られることから、『盛衰記』が基にした文献にすでにあったものとも考えることができる。しかしながら、このはっきりとした対立構図にこそ、挙兵話群と後鳥羽天皇の即位記事への接続の意味を読み取るべきであろう。挙兵話群には、諸本濃淡はあれど、頼朝予祝の意味があり、『盛衰記』独自の編集として注目すべきは、聖徳太子と天武天皇の故事であろう。石橋合戦に敗れて山中をさまよう頼朝一行が伏木に隠れていると、大庭景親勢が追いつき、伏木を改める。ところが実際に改めた梶原景時の配慮で虎口を脱することが出来たとする場面に対して、次のように続く。

昔シ聖徳太子ノ仏法ヲ興サントテ守屋ト合戦シ給シニ、逆軍ハ大勢也、太子ハ無勢也ケレバイカニモ難レ叶。大返ト云所ニテ只一人引へ給ケルニ、守屋ノ臣ト勝溝連ト行キ会ヒテ難レ遁レ御座ケルニ、道ニ大ナル椋木アリ。二ニワレテ太子ト馬トヲ木ノ空ニ隠シ奉リ、其木スナハチ愈へ合テ太子ヲ助ケ奉リ、終ニ守屋ヲ亡シテ仏法ヲ興シ給ケリ。

天武天皇ハ大伴ノ王子ニ被レ襲ハテ、吉野ノ奥ヨリ山伝シテ伊賀伊勢ヲ通リ美濃ノ国ニ御座ケルニ、王子西戎ヲ引卒シテ不破ノ関マデ責メ給ケリ。天武危ク見エ給ケルニ、傍ニ大ナル榎木アリ。二ニワレテ天武ヲ天河ニ奉レ隠シテ、後ニ王子ヲ亡シテ天武位ニツキ給ヘリ。

是モ然ベキ兵衛佐ノ世ニ立ベキ瑞相ニテ、懸伏木ノ空ニモ隠レケルニヤト末憑シ。

巻第二一「聖徳太子椋木」と「天武天皇榎木」の二章段であるが、それぞれ、「逆軍ハ大勢也、太子ハ無勢也ケレバイカニモ難レシ叶」「天武危ク見エ給ケルニ」として、危ういところを脱している。すなわちこの両説話は、頼朝の危地よりの脱出という点と共通するものであり、このあと聖徳太子、天武天皇がそれぞれ勝利したことから、「是モ然ベキ兵衛佐ノ世ニ立ベキ瑞相」として、頼朝への予祝としているのである。そして、欠点の多い阿育が、容姿人格ともに勝れた須子摩を越えて即位するという当該説話もまた、今後の頼朝興隆の予兆となっているのである。

本来阿育は即位する立場にはなく、またその容姿人格は兄に劣るものであった。醜い容姿については、前稿で『倶舎論記』や『餓鬼報應経』を引いて論じたが、その行いと繫がるものであり、不道徳、不信心の表れであった。阿育については、仏法の保護者としての性格が強調されるが、それは後年のことであり、『阿育王経』などでも即位当初の悪王としての不行跡が語られる。『日蓮遺文』「二七六　上野殿御返事[16]」の次のような言説もそうしたものを前提としている。

月氏に阿育大王と申ス王をはしき。一閻浮提四分ノ一をはしき。一閻浮提四分ノ一をたなごころににぎり、龍王をしたがへて雨を心にまかせ、鬼神をめしつかひ給ヒき。始は悪王なりしかども、後には仏法に帰し、六万人の僧を日々に供養し、八万四千の石の塔をたて給フ。

つまり、阿育王即位説話には、起死回生の先例とでもいうべき意味があり、「兇醜悪ニシテ心根不調」の弟阿育が「心操柔和ニシテ形容端厳」な兄を超えて即位するという同説話の存在は、現在「流人落人ノ身」である頼朝の将来を保証しているということになるのである。

三、八幡大菩薩の加護――鶴岡八幡若宮造営記事との連関――

一人だけ左折りの烏帽子があたったことについて、頼朝は「アヤシ」とし、「皆右ニ折テヨノ常ナリ。我身一人左也ケレバ、不思議也」と、「不思議」ともする。さらに再度「不思議也」としたあとに、この不思議の原因を「然ベキ八幡大菩薩ノ商人太郎ニ入替給テ著セ給ケルニコソ」とつなげている。他本にはない設定で、『盛衰記』は挙兵話群再編集の一環として、八幡大菩薩の加護という枠組みを設定したことになる。延慶本や長門本にもそうした箇所は見えるが、散発的であり、『盛衰記』のような一貫性は見られない。そこで、次に頼朝挙兵話群に構えられた神仏の加護について、烏帽子折物語を起点に考えてみたい。

頼朝は石橋の敗戦後、「上ノ杉山へ引給フ」（巻第二〇「石橋合戦」）として巻二一で安房へ渡るまで杉山をさまよっている。その範囲を章段名で記すと次のようになる。

巻第二〇
石橋合戦　公藤介自害　**楚効荊保**　高綱賜㆓姓名㆒　紀信仮㆓高祖名㆒

巻第二一
兵衛佐殿隠㆓臥木㆒　**聖徳太子椋木**　**天武天皇榎木**　**小道地蔵堂**　**韋提希夫人**

巻第二二
衣笠合戦　土肥焼亡舞　大太郎烏帽子　宗遠値㆓小次郎㆒　佐殿漕㆓会三浦㆒

『盛衰記』の独自記事は太字の章段である。ただし、同様の記事であっても当該説話のように再編集が施されているところもあるため、『盛衰記』はこの杉山物語に相当に手を加えたことになるわけだが、杉山から安房へ逃れ、虎口を脱した巻第二二「佐殿漕㆓会三浦㆒」に次のように見える。

　佐殿ハ、「杉山ニテ亡べキ者ガ大菩薩ノ御加護ニヨリテ遁ヌ。而ヲ今又敵陣ニ臨メリ。終ニ見捨給べキニヤ」ト祈念被レ申ケリ。真平ハ、「此辺ハ家人ナラヌ者ナシ、酒肴尋進セン」トテ、船ヨリ飛下、片手矢ハゲテ走廻、「我君此浦ニ著給ヘリ。真平ニ志アラン者ハ酒肴進スベシ」ト云ケレバ、或ハ瓶子口裹、或ハ桶ニ入テ、我モ〳〵ト船ニ酒肴ヲ運タリ。船ノ中ハ暗トイヘ共、敵ノ大場ガ篝ノ火ノ光ニテ、佐殿酒ヲノミ給ヘリ。実ニ八幡大菩薩ノ御計ト覚タリ。

杉山で討たれてもよいはずの自分が、生きているのは八幡大菩薩の加護によるという独自記事を載せることで、これまでの様々な奇瑞は神威によるものであるとするのである。

しかし、『盛衰記』の頼朝加護の仕組みは挙兵以前から既に構えられている。巻第一八「文覚頼朝勧二進謀叛一」で、伊豆の豪族伊東氏の館から逃亡する際、頼朝は次のように述べる。

　南無帰命頂礼八幡大菩薩、義家朝臣ガ由緒ヲ忽ニ捨給ハズハ、征夷将軍ニ至テ朝家ヲ守、可レ奉レ崇二神祇一

先祖八幡太郎義家のゆかりから、自分へもその加護を願い、それがかなえられたならば、将来の崇敬を約束するというものである。これは延慶本にもほぼ同様の記事が見えるが(17)、『盛衰記』はこれを鶴岡八幡若宮の造営という独自の形で回収する。具体的には巻第二三の「若宮八幡宮祝」である。

　兵衛佐殿ハ、「頼朝運ヲ東海ニ開キ且々天下ヲ手ニ把ル事、所々ノ霊夢、折々ノ瑞相、併八幡大菩薩ノ御利生也。都へ上ル事ハ不レ輙、大菩薩ヲ勧請シ奉ベシ」トテ、鎌倉ノ鶴岡ト云所ヲ打開キテ、若宮ヲ造営シテ霊神ヲ祝奉ル。社殿金ヲ鏤テ、馬場ニ砂ヲ綺タリ。緋ノ玉垣照光、翠ノ松風影冷ジ。祭礼四季ニ懈ラズ、神女日夜ニ再拝セリ。其外堂塔・僧坊繁昌シ、供仏・施僧不断ナリ。入道相国是ヲ聞給テハ、イトヾ不レ安ゾ思ハレケル。

安房から鎌倉へ入り、関東での地位を固めた後に配された『盛衰記』独自記事である。「所々ノ霊夢、折々ノ瑞

相」とあるのは、挙兵話群で描かれた様々な奇瑞を指していると考えられる。烏帽子折物語の再編集もその一環であろう。そうした八幡大菩薩の奇瑞、加護に対して頼朝は若宮造営という形で報いる。しかしここで問題となるのは、その社殿の様子である。

傍線を分けて付したが、社殿や馬場、鳥居なども美々しく設えられ、さらには堂塔も建立され、仏事も盛んに行われたとしている。そうした鎌倉の様子に清盛が「イトヾ不ㇾ安」思ったと結んでいる。しかしながら、『吾妻鏡』治承四年（一一八〇）一〇月一二日条によれば、鶴岡八幡は康平六年（一〇六三）に祖頼義が石清水より勧請したことに始まり、頼朝はそれを由比郷から小林郷へ移したとある。つまり、『盛衰記』の記すような新規の造営ではない。また、その美々しい様子に対して「致蘋蘩礼奠云々」（『吾妻鏡』同日条）とあって、『盛衰記』のような盛大な様ではないのである。それどころか、『吾妻鏡』翌治承五年（一一八一）四月一日条には、頼朝が訪れた時の社の様子を「而廟庭有荊棘、瑞籬蔵草露」とさえしている。どうやらこの社殿は仮のものであったらしく、同年五月一二日条には、「楚忽之間、先所被用松柱萱軒也」と見える。「松柱萱軒」、すなわち急造の茅葺きによる粗末な社殿であり、若宮の造営は同年七月八日に始まり、馬場や塔などが、次に示すように順次整えられていったとしているのである。

文治三年（一一八七）八月九日条　［↓馬場新造］
九日丁丑。鶴岡宮中殊以掃除。今日造馬場結埒。

文治五年（一一八九）三月一三日条　［↓造塔］
十三日乙卯。快晴。鶴岡八幡宮之傍。此間被建塔婆。

文治五年（一一八九）閏四月八日条　［↓塔完成］
八日丁酉。二品参鶴岡宮給。是為覧御塔営作事也。大略成功。

文治五年（一一八九）五月八日条→塔丹塗り

八日丁卯。鶴岡宮寺内新造塔婆。被塗朱丹也。

同様の記述は『鶴岡八幡宮別当次第』にも見えるため、鶴岡八幡の社殿は発展段階的に整理されていったと考えられる。つまり、『盛衰記』のような記述は、後年の盛大な様子を先取りして記したものであるということになる。さらにそうした様子を、治承五年（一一八一）閏二月に薨じた清盛が耳にして「イトヾ不レ安」思うことも不可能であり、これもまた『盛衰記』の虚構と言わざるを得ない。

すなわち『盛衰記』が、鶴岡八幡の後年の盛大な様子を先取りする形で記したその意図は、巻第一八の挙兵前の頼朝の誓いとの連携であり、八幡大菩薩の加護を受けた頼朝の、その神意に報いる気持ちをあらわすことにあった。延慶本や長門本では烏帽子を提供した人物に褒賞が与えられたのかどうかの記述はないが、『盛衰記』では甲斐国に領地が与えられた旨を記している。頼朝の受けた奇瑞が、烏帽子商人大太郎を通じて八幡大菩薩が示した意思であるとする『盛衰記』では、八幡大菩薩にも鶴岡八幡造営というかたちで大太郎と対応するよう設定したのである。

四、藤九郎盛長の役割

読み本系諸本はそれぞれ方法に差異はあれど、挙兵話群で頼朝の将来の興隆を約束している。(18) 前章で確認した八幡大菩薩の加護は、『盛衰記』が大枠として構えたものであった。本章では、もう一点『盛衰記』の、頼朝への予祝のための設定を指摘しておきたい。

左折烏帽子が当たるという吉事に関わった烏帽子商人大太郎に対して、頼朝は褒賞を与えようとする。その際、使者に「藤九郎盛長」を選び、その旨を伝えている。しかし延慶本、長門本では頼朝自身が伝えており、これは『盛衰記』の独自設定である。頼朝が伝える先行本文を藤九郎盛長、すなわち頼朝側近の安達盛長へと改変した意図について考えてみたい。

まず平家物語諸本における盛長の登場について、主要な諸本での記述回数と登場章段名を挙げると次の通りである。

『盛衰記』—23例

（巻第一八「文覚頼朝勧二進謀叛一」5例、巻第一九「文覚頼朝対面付白首事」2例、巻第二〇「佐殿大庭勢汰」9例、巻第二一「兵衛佐殿隠二臥木一」1例、「梶原助二佐殿一」3例、巻第二二「大太郎烏帽子」2例、巻第二三「平家方人罪科」1例）

延慶本—13例

（第二中卅八「兵衛佐伊豆山ニ籠ル事」5例、第二末七「文学兵衛佐ニ相奉ル事」1例、第二末一一「兵衛佐ニ勢ノ付事」1例、第二末一二「兵衛佐国々へ廻文ヲ被遣事」6例）

長門本—6例

（巻一〇「兵衛佐殿始給二院宣一事」2例、巻一〇「伊豆国目代兼隆被レ討事」4例）

『源平闘諍録』—17例

（一之上九「右兵衛佐頼朝嫁伊東之三女事」4例、一之上一〇「頼朝子息千鶴御前被失事」1例、一之上一一「頼朝嫁北条嫡女事」3例、一之上一二「藤九郎盛長夢物語」5例、五・八「上総介与頼朝中違事」4例）

四部合戦状本、南都異本には登場せず、語り系諸本にも見えない。諸本共通してその登場が挙兵話群のみという点には注意しておきたい。

安達盛長は『尊卑分脈』によれば、魚名流藤原氏、父は小野田三郎兼盛とされている。一族には安達遠基がおり、子の景盛から義景、泰盛と、有力御家人として活躍した。盛長は「小野田藤九郎」ともあり、正治二年（一二〇

○）四月二六日に六六歳で没している。頼朝からは個人的な信頼を受けており、[19] また頼朝の乳母である比企尼の娘を妻としていたとされ、そうしたつながりも、[20] 平家物語における盛長のイメージを醸成する基盤であったと考えられる。

登場回数としては『盛衰記』が最も多いが、当該物語との関連で特に注目したいのは同じく頼朝の逃亡場面、巻第二一「兵衛佐殿隠二臥木一」、「梶原助二佐殿一」における独自挿入箇所である。

（1）七騎の由来を語る盛長

巻第二一「兵衛佐殿隠二臥木一」と「梶原助二佐殿一」は、『盛衰記』の独自章段ではなく、延慶本、長門本にもそれに類する本文が見える。

『源平盛衰記』巻第二一 「兵衛佐殿隠二臥木一」「梶原助二佐殿一」	延慶本第二末 二三「石橋山合戦事」	長門本巻第一〇 「石橋合戦事」
兵衛佐ニ相従テ山ニ籠ケル者ハ、 土肥次郎実平・同男遠平・ 新開次郎忠氏・ 土屋三郎宗遠・岡崎四郎義実・ 藤九郎盛長也。	兵衛佐ニ付テ山ニ有ケル人トテハ、 土肥二郎、同子息弥太郎、 甥ノ新開ノ荒二郎、 土屋三郎、岡崎四郎、 已上五人、 下﨟ニハ 土肥二郎ガ小舎人七郎丸、 兵衛佐具シ奉テ、	兵衛佐につき、山にある人とては、 とひの次郎、同子息弥太郎、 おいのしんかいのあら次郎、 つちやの三郎、岡崎の四郎、 以上侍五人、 下﨟には、 とひの次郎か小とねりおとこ七郎丸、 兵衛佐殿をくし奉て、

兵衛佐ハ軍兵チリ〴〵ニ成テ臥木ノ天河 ニ隠レ入ニケリ。其日ノ装束ニハ赤地ノ 錦ノ直垂ニ赤威ノ鎧著テ、臥木ノ端近ク 居給ヘリ。スソ金物ニハ銀ノ蝶ノ丸ヲキ ビシク打タリケレバ、殊ニカ、ヤキテゾ 見エケル。 其中ニ藤九郎盛長申ケルハ、 「盛長承伝ヘ侍リ。昔後朱雀院御宇 天喜年中ニ、御先祖伊予守殿、 貞任・宗任ヲ被レ責ケルニ 官兵多討レテ、落給ケルニハ 僅ニ七騎ニテ 山ニ籠給ヘリケリ。 王事靡レ盬、 終ニ 逆賊ヲ亡シテ四海ヲ靡シ給ケリト。 今日ノ御有様、 昔ニ相違ナシ、 吉例也」ト申ケレバ、
上下只七騎ゾ有ケル。 土肥ガ申ケルハ、 「天喜年中ニ故伊与入道殿、 貞任ヲ責給シ時、 纔ニ七騎ニ落成テ、 一旦ハ山ニ籠給シカドモ、 遂ニソノ御本意ヲ遂給ニケリ。 今日ノ御有様、 少モ彼ニ違ワズ。 尤吉例トスベシ」トゾ申ケル。
上下唯七人そありける。 つちやか申けるは、 「天喜年中に故伊与入道殿の 貞任をせめ給ひし時、 わつかに七騎におちなりて、 一たんは山にこもり給ひしか共、 つゐに其御ほんいをとけ給ひけり。 今日の御ありさまこそ、 少しもそれにたかはす候へ。 尤も吉れいなり」とそ申ける。

まず、敗走する頼朝に従っていた六人の名が挙げられているが、『盛衰記』は最後に盛長が入っている。しかし

延慶本や長門本には見えない。いわゆる「七騎落」の一人に加えられているわけだが、注目すべきはその後である。頼義の七騎落の由来を延慶本が土肥実平、長門本が土屋宗遠に語らせるところを、『盛衰記』は「藤九郎盛長申ケルハ」とし、さらに「盛長承伝へ侍リ」として、前九年の役における七騎落伝承を語り、「吉例也」と結んでいるのである。

七騎について『盛衰記』は、この二章段の後「韋提希夫人」に、一字下げで次のようにも載せている。

昔天竺ニ摩訶陀国ノ大王頻婆娑羅王ノ太子阿闍世ニ禁ゼラレ給シニ、国大夫人韋提希ノ夫婦ノ情ヲ忘ズシテ、身ニ砂蜜ヲ塗付、御衣ノ下ニ隠シツヽ、瓔珞ノ中ニ漿ヲ盛入給テ密ニ王ニ奉リ、三七日マデ有ケルモ角ヤト思シラレタリ。彼ハ一人ヲ操リ、是ハ七人ヲ養ケリ。異説ニ云、兵衛佐伏木ニ隠ントシ給ケル時ハ、土肥次郎実平・子息遠平・新開荒太郎実重・土屋三郎宗遠・岡崎四郎義実・土肥ガ小舎人ニ七郎丸ト云冠者、佐殿共ニ七人也。跡目ニ付テ尋来タリケレ共、「大勢ニテハ難レ忍。何方へモ各隠レ籠テ、後ニハ」ト宣ケレバ、北条時政ト子息義時トハ山伝シテ甲斐国へ落ヌ。田代冠者信綱ト加藤次景廉二人ハ、三島ノ社ニ隠タリケルガ、隙ヲ伺ヒ、社ヲ出テ落行ク程ニ、加藤太ニ行合テ、是モ甲斐へゾ越ニケルトアリ。

直前の章段「小道地蔵堂」で、地蔵堂の上人が頼朝一行を救ったため、「是ハ七人ヲ養ケリ」とされ、「異説ニ云、兵衛佐伏木ニ隠ントシ給ケル時ハ」として伏木隠れの際の七騎の内わけについて、異説を述べるのである。伏木隠れの場面からはいささか離れたところで示された別伝の七人は、延慶本や長門本が記す七人と同じであり、こちらの方が本来の形であったのだろう。七騎落ちの伝承は大きく二つに分かれ、他作品にも見える。平家物語諸本とその他の作品を一覧すると次のようである。(21)

	1	2	3	4	5	6	7
『源平盛衰記』	土肥実平	土肥遠平	新開次郎忠氏	土屋宗遠	岡崎義実		藤九郎盛長
『源平盛衰記』異	土肥実平	土肥遠平	新開荒太郎実重	土屋宗遠	岡崎義実	小舎人七郎丸	
延慶本	土肥実平	土肥遠平	新開荒二郎	土屋宗遠	岡崎義実	小舎人七郎丸	
長門本	土肥実平	土肥遠平	新開荒次郎	土屋宗遠	岡崎義実	小舎人男七郎丸	
四部本	土肥実平	土肥遠平（下船後近藤七国平）		土屋次郎義清	岡崎義実	北条時政	北条義時
真名本曽我物語	土肥実平					北条時政	北条義時
謡曲〈七騎落〉	土肥実平	土肥遠平	新開次郎	土屋宗遠	岡崎義実	田代信綱	土佐坊
狂言「七騎落ち」	土肥実平	土肥遠平	「ちんかいの四郎」	土屋宗遠	岡崎義実	田代信綱	土佐坊
古浄瑠璃「石橋山七きおち」		土肥遠平	新開二郎	土屋宗遠	岡崎義実	新田四郎	土佐坊
古浄瑠璃「石ばし山」	土肥実平	土肥遠平	新開二郎忠氏	土屋宗遠	岡崎義実	田代信綱	藤五郎盛長

古浄瑠璃「石ばし山」は『盛衰記』の影響下にあると考えられるため、管見の限り、盛長を七騎に加えるのは『盛衰記』のみである。本来は七郎丸のところを盛長とし、二種類の頼朝七騎落伝承を語っているということになる。しかし『盛衰記』が盛長を加えたことの意味については、前九年の役に於ける頼義の七騎落伝承を語る役目を負わされていることも含めて、考えなければならないだろう。(22)

頼義と頼朝の七騎落伝承について『梅松論』には、次のように語られる。(23)

> 雖然、昔治承に頼朝義兵のはじめ、石橋の戦に打負て、真鶴が崎より御船にめされしときは、土肥二郎実平・岡崎四郎義実以下主従七人、安房・上総を心ざし給ひし海上にて、三浦小太郎義盛参じける。誠に忠臣とみえしかば、たのもしくぞおぼしめされける。御舟安房の国猟嶋に着ければ、時刻をうつさず東八ヶ国残らず相随て、御本意を達られき、又頼義・義家も奥州征伐の時、七騎になり給事あり。始の負は御当家の佳例なりと申輩おほかりけり。

九州へ敗走する足利尊氏に関連して頼朝の七騎落ちが挙げられ、最終的には「御本意を達られ」たとし、さらに頼義・義家の七騎落ちへと遡り、これらを「当家」すなわち源氏の「佳例」であるとする。これは平家物語の「吉例」と通底する。七騎落ち伝承にこうした吉兆の性格を読み取ることについては、その後の他作品への展開を考えても容易である。しかし、そうした吉兆を語る役割を任せられた盛長のイメージについては、なお検討の余地があるだろう。

(2)「吉夢」を見る盛長

頼義の七騎落伝承を語るということはすなわち頼朝の将来の興隆を約束することであった。そうした役目を盛長に与えた『盛衰記』の思惑を考える材料として、巻第一八「文覚頼朝勧㆓進謀叛㆒」での盛長の働きをとりあげたい。

或夜ノ夢ニ藤九郎盛長見ケルハ、兵衛佐足柄ノ矢倉岳ニ尻ヲ懸テ、左ノ足ニハ外浜ヲ踏、右ノ足ニテハ鬼界島ヲ踏、左右ノ脇ヨリ日月出テ光ヲナラブ。伊法々師金ノ瓶子ヲ懐テ進出、盛綱銀ノ折敷ニ金ノ盞ヲスヘテ進寄。盛長銚子ヲ取テ酒ヲウケ進レバ、兵衛佐三度飲ト見テ夢ハ覚ニケリ。盛長此事兵衛佐ニ語ル。景義申ケルハ、「夢最上ノ吉夢也。征夷将軍トシテ天下ヲ治給ベシ。日ハ主上、月ハ上皇トコソ伝ヘ奉レ。今左右ノ御脇ヨリ光ヲ比給ハ、是国王猶将軍ノ勢ニツ、マレ給ベシ。東ハ外浜、西ハ鬼界島マデ帰伏シ奉ベシ。酒ハ是一旦成㆑酔、終ニサメ本心ニナル。近ハ三月遠ハ三年ニ酔ノ御心醒テ、此夢告一トシテ相違事ハ有ベカラズ」トゾ申ケル。

挙兵の直前、盛長は頼朝が「足柄ノ矢倉岳」に座り、「外浜」と「鬼界島」に足を掛けていたという夢を見る。そしてその夢を大庭景義が「最上ノ吉夢」と判じている。いわゆる頼朝の「夢合わせ」として知られる説話である。平家物語諸本では延慶本にもほぼ同様にあり、『源平闘諍録』は独自の展開も含むが大筋では同様である。また、同説話は『曽我物語』にも見えるが、やはり夢を見るのは盛長である[24]。

今、この頼朝の吉夢説話の発生や流布の実態を論じる用意はないが、平家物語や『曽我物語』に、一貫して盛長が吉夢を見る者として設定されてくるところは注意すべきであろう。幸若「夢あはせ」は同説話に材を取ったものであるが、興味深い記述がある[25]。

こゝに物のめでたきは、たんばの国のぢうにん、くはうげつのげん五もりやすのちやくし、あだちのとう九郎もりなが、まださうてうの事成に、君の御ざ所に参る。君はいまだよるの所にまし〳〵けるに、「もりなが参りて候」。よりともきこしめされて、「いつ〳〵も、もりながけさのしゆつしのはやさよ」と仰せければ、「さん候。それがし、過し夜きたひなる御むさうをかうふりて候程にかたつて君にたもたせ申さんため、しゆつし申て候」。

頼朝の吉夢を盛長が見るということは同前だが、傍線を付したように盛長を「くはうげつのげん五もりやすのちやくし」としている。すでに確認したように、盛長の父は「小野田三郎兼盛」（『尊卑分脈』）であり、『系図纂要』所収の「安達氏系図」[26]でも「兼廣〈一二國兼〉」とあって、「くはうげつのげん五もりやす」ではない。これについては既に指摘があるように、[27]『平治物語』巻下「頼朝遠流の事付けたり守康夢合せの事」（金刀比羅本）に、平治の乱で流される頼朝に、自身の「ふしぎの夢想」を語る「上野の源五守康」をあてるべきであろう。守康は、八幡へ参詣した際、御殿の中から頼朝の弓矢を保管するよう声のあったこと、御殿より鮑を賜り、頼朝が食したことなどを語り、「いちぢやう君御代にいでさせたまひ候ぬとおぼえ候」と結んでいる。半井本にも見え、学習院大学本は「纐纈源五」としている。つまり、幸若「夢あはせ」の記述は、頼朝興隆の吉夢を見たという共通項を持つ守康と盛長の混態であり、すなわちそれは盛長に頼朝への予祝に関わるイメージがすでに付与されていたということを示している。七騎落の「吉例」は、吉夢を見た盛長が語ることで、保証されるのである。

平家物語を中心とする頼朝挙兵話群において盛長は、頼朝の側近として登場するだけでなく、その予祝に関わる人物としての役割も負っている。当該物語で烏帽子商人大太郎に褒賞を約束する役として設定されたのも、そうした盛長像を背景としているのである。

おわりに

頼朝挙兵話群の、特に『盛衰記』の独自設定について検討を加えた。八幡大菩薩の加護という大枠を設定し、烏帽子折物語もその一端となるよう改編を加え、最終的には鶴岡八幡の造営という形で報いた記事を載せる。烏帽子商人大太郎への褒賞が履行されたことを記すのも、軌を一にする編集であった。また、すでに吉兆のイメージを纏っていた安達盛長を効果的に織り込むなど、一貫した編集姿勢がうかがえるのである。こうした『盛衰記』の脈絡は、先行平家物語からの展開相として、今後も明らかにしていく必要があるだろう。

［注］

（1）四部合戦状本と『曽我物語』との関係から、福田晃氏は「頼朝蜂起資料」「頼朝蜂起物語」の存在を想定する（同『曽我物語の成立』第五編第二章「平家物語と曽我物語―頼朝蜂起説話における伝承関係―」・三弥井書店・二〇〇二年〔初出は『伝承文学研究』七・一九六五年〕）。松尾葦江氏も、頼朝将軍の合戦記を指向する『吾妻鏡』との差異を認め、読み本の背後に「東国の武士たちの間の伝承」の存在を指摘している（同『軍記物語論究』第二章四「東国のいくさ語り」・若草書房・一九九六年〔初出は『伝承文学研究』三七・一九八九年〕）。

（2）羽原彩①「『源平盛衰記』頼朝挙兵譚叙述の一方法」（『国文学研究』一三一・二〇〇〇年）、同②「『源平盛衰記』頼朝挙兵譚における義家叙述の機能」（『国文学研究』一四〇・二〇〇三年）。

（3）鈴木彰氏は『盛衰記』の巻第四六、四七の叙述には挙兵話群との照応が見られるとし、『盛衰記』の編集は「物語が提示しようとする歴史像の再構築という意義を多分に内包するものであった」としている（同『平家物語の展開と中世社会』第二部第一編第六章「頼朝と義経の関係」・二〇〇六年・汲古書院〔初出「『源平盛衰記』における頼朝の位置―編集姿勢と挙兵譚からの脈絡をめぐって―」・『軍記と語り物』三七・二〇〇一年〕）。

（4）一字下げ記事について、日比野和子氏は「別記文の中に、本文として書き流すべき文章が入っていると思われる箇所がある」として、当該章段と巻第二「会稽山」、巻第三「澄憲祈雨三百人舞」、巻一一「金剛力士兄弟」をあげている（日比野和子「源平盛衰記に関する一考察―別記文について―」・武久堅編『日本文学研究大成　平家物語Ⅰ』・国書刊行会・一九九〇年〔初出は『名古屋大学軍記物語研究会報』第二号・一九七四年〕）。しかし、日比野氏の分類のうち巻三「澄憲祈雨三百人舞」は他の三章段とはいささか性格を異にしている。当該章段が阿育王即位説話だけでなく、大太郎への褒賞記事まで一字下げて記していることを「本文として書き流すべき文章が入っている」としていると思われるが、巻第三「澄憲祈雨三百人舞」は、

是偏ニ澄憲偏執ノ詞也。其意趣イカントナレバ、

澄憲当初法住寺殿ニテ、御講ノ導師勧メケル次ニ、目出キ説法仕タリケリ。（中略）**其事猶モ本意ナク思ハレケレバ、澄憲ノ雨ノ高名モ、天下ニハ謳歌シケレドモ、入道ハ不レ被レ興ケリ。**

として、「其意趣イカントナレバ」から本文へ直接連結している。これはむしろ巻第一六「三位入道芸等」で、

頼政ハ橋ノ三階ニ右ノ膝ヲ突、左ノ袂ヲ擁テ畏テ是ヲ拝領ス。五月廿日余ノ事ナルニ、折知ガホニ郭公ノ一声二声雲井ニ名乗テ通ケルヲ、関白殿聞召テ、

郭公名ヲバ雲井ニアグルカナ

ト仰セケレバ、

弓ハリ月ノイルニマカセテ

ト頼政申タリ。

五月ヤミ雲井ニ名ヲモアグルカナ誰カレ時モ過ヌト思フニ

ト、異本也。

として、傍線を付したように「関白殿聞召テ」からそのまま一字下げ記事へ続くかたちと同類である。巻第一七「謀叛不レ遂二素懐一」「栖軽取レ雷」「蔵人取レ鷺」にも、「時ノ才人ドモ申ケルハ」として清盛に阿る者の頼朝批判が展開されるが、途中から一字下げとなり、「ト申ケレバ」と受けるまで続く。この三例を同類とすべきであろう。一方の当該章段と巻第二「会稽山」、巻第一一「金剛力士兄弟」は本来本文で展開すべき記事が一字下げとなっている点、同類である。さらに巻第二八「経正竹生島詣仙童琵琶」も、経正の竹生島詣の後、北国へ向かう記事が一字下げとなっており、加えるべきであろう。しかし注目すべきは巻第二「会稽山」、巻第一一「金剛力士兄弟」、巻第二八「経正竹生島詣仙童琵琶」がいずれも延慶本、長門本にはない記事であるのに対して、当該章段のみが延慶本、長門本にほぼ同様の章段があることである。『盛衰記』は延慶本、長門本の、先行したと思われる本文を改変し、一字下げとして記したということになる。

（5）前掲注（2）②論文

（6）続群書類従第二五輯上・九二頁～九三頁

（7）続々群書類従第一六輯・二七八頁～二七九頁

(8)『浄瑠璃十二段草紙』（新潮日本古典集成『御伽草子』・新潮社・二九頁）

(9) 松尾葦江『軍記物語論究』「源平盛衰記と説話」（若草書房・一九九六年〔初出は『説話論集』二・清文堂・一九九二年〕）

(10) 拙著『平家物語生成考』第四編第四章「「重衡長光寺参詣物語」の生成」（思文閣出版・二〇一四年〔初出は『国語と国文学』二〇一三年四月号〕）、拙稿「『源平盛衰記』と聖徳太子伝―巻第十「守屋成二啄木鳥一事」と巻第二十一「聖徳太子椋木」を中心に―」（大取一馬編『日本文学とその周辺』・思文閣出版・二〇一四年）。

(11) 辻本恭子「『源平盛衰記』の天武天皇関係記事―頼朝造形の一側面として―」（松尾葦江編『文化現象としての源平盛衰記』所収・笠間書院・二〇一五年）

(12) 拙稿「『源平盛衰記』巻第三十二「阿育王即位」の再検討」（『軍記物語の窓』第五集・和泉書院・二〇一七年）

(13)『榻鴫暁筆』第四「相論上　八　阿育王」（中世の文学『榻鴫暁筆』三弥井書店）

(14)『阿育王伝』巻第一「本施土縁」（大正新修大蔵経五〇・史伝部・一〇〇頁）

(15)『雑阿含経』巻第二三（大正新修大蔵経二・阿含部・一六三頁）

(16)『日蓮遺文』「二七六　上野殿御返事」（『昭和定本日蓮遺文』第二巻・一九五二年・一四五〇頁～一四五一頁）

(17) 砂川博氏は延慶本のこの記述について、第五末卅五「兵衛佐院へ条々申上給事」の諸社保護の記事と、第六末卅九「右大将頼朝果報目出事」における朝廷を守る忠臣としての記事につながりを見出している。前者は『盛衰記』巻第四一「頼朝条々奏聞」にも見えるが、後者は延慶本の独自記事である（同『平家物語の形成と琵琶法師』第一篇第一章「頼朝雌伏説話」・おうふう・二〇〇一年〔初出は『北九州大学国語国文学』第四号・一九九〇年〕）。また鈴木彰氏は、巻第二一「梶原助佐殿」、巻第二二「大太郎烏帽子」、巻第二三「佐殿漕二会三浦一」の独自章段と鶴岡八幡宮造営記事とのつながりを指摘しているが具体的な検討はなされていない（同『平家物語の展開と中世社会』第二部第二編第三章「〈頼朝鎌倉入り〉の意義づけ―『平家物語』から『源平盛衰記』へ―」注（35）・汲古書院・二〇〇六年）。

(18) 今井正之助「頼朝挙兵の位相―反平家の系譜から―」（愛知教育大学『国語国文学報』四七・一九八九年）、早川厚一「『源平闘諍録』の頼朝挙兵譚について」（名古屋学院大学『研究年報　社会科学篇人文・自然科学篇』1・一九八八年）、佐伯真一「四部本平家物語の頼朝挙兵譚をめぐって」（『日本文学研究』二一号・一九九〇年）など。

(19)『平家物語大事典』「安達盛長」（東京書籍・二〇一〇年・大川信子執筆項目）

(20)『吾妻鏡』宝治二年（一二四八）五月一八日条に子息景盛の母として「丹後内侍」と見える。

(21) 四部本について、高山利弘編『訓読四部合戦状本平家物語』（有精堂・一九九五年）は北条時政を加えないが、早川厚一・佐伯真一・生形貴重『四部合戦状本平家物語評釈』（九）「巻五後半　頼朝、安房国落ち〜南都炎上」（私家版・一九九六年）に従って加えた。謡曲〈七騎落〉、狂言「七騎落ち」は七騎を不吉な例とする。

(22)『中世の文学　源平盛衰記』（四）七八頁注八「藤九郎盛長」（三弥井書店・二〇〇八年）「延慶本、長門本は彼ではなく小舎人男。本書が盛長とすることに留意すべし」とあり、また、同書二二一頁補注三の七騎落ちに関する補注では、

　延慶本、長門本にも同じ文脈での七騎の交名がある。

　「土肥二郎、同子息弥太郎、甥ノ新開荒二郎、土屋三郎、岡崎四郎已上五人、下臈ニハ土肥二郎ガ小舎人男七郎丸、兵衛佐具シ奉テ」（延慶本）

　長門本も表記の異同はあるが人名は同じ。安房に船出する真鶴までの土肥山中の脱出行の案内者として、土肥の豪族である土肥一族が頼朝を守護したとするのである。盛衰記はその一行に頼朝の側近の盛長も加わっていたとして、小舎人男の代りにその名を揚げて七騎とする。あとの小道地蔵堂事では主従八人として交名の七騎のほかにもう一人、延慶本などの言う小舎人男のような従者が一行の中にいたことを記している。さまざまな解釈が考えられるが、盛衰記が盛長の名を掲げていることは注目してよいだろう。

とする。いずれも七騎の中に加えられていることのみに「留意」「注目」している。また鈴木彰氏は『盛衰記』の盛長について、文覚との間の使者としての役割に注目し、「両者の間を往復し、双方の意志を伝達するという特別な役割を担わされている」とする。文覚が頼朝の行く末を語ることから、文覚像との関連で盛長をとらえている（同『平家物語の展開と中世社会』第二編第一章「文覚と頼朝―人物形象を導く力―」・汲古書院・二〇〇六年〈初出は『国文学研究』一二五・一九九八年〉）。

(23)『梅松論』・新撰日本古典文庫・九五〜九六頁

(24) 平家物語と『曽我物語』に影響関係はなく伊豆山に流布していた説話を採取したとされる（稲葉二柄「『曽我物語』

の夢合せ譚―真名本の改訂・増補を想定して―」・『大妻国文』第一九号・一九八八年。福田晃「頼朝伊豆流離説話生成―平家物語・曽我物より―」・『軍記物語と民間伝承』・一九七二年（初出は『国語と国文学』四三巻六号・一九六六年））

（25）幸若「夢あはせ」・『幸若舞曲研究』第六巻・三弥井書店・一九九〇年

（26）藤原氏「安達氏系図」・『系図纂要』第三冊「藤原氏　九」・九一頁・一九七五年

（27）『幸若舞曲研究』第六巻所収注釈篇「夢あはせ」注二、三（三弥井書店・一九九〇年・福田晃執筆項目）。前掲注（24）稲葉氏論文にも言及がある。

［使用本文］

【源平盛衰記】…中世の文学『源平盛衰記』一〜七（三弥井書店・一九九一年〜二〇一五年）、渥美かをる解説『慶長古活字版　源平盛衰記』一〜六（勉誠社・一九七七年〜一九七八年）を適宜参照、【延慶本】…北原保雄・小川栄一編『延慶本平家物語』本文篇上下（勉誠出版・一九九〇年）、【長門本】…麻原美子・小井土守敏・佐藤智広編『長門本平家物語』一〜四（勉誠出版・二〇〇四年〜二〇〇六年）、【四部合戦状本】…慶応義塾大学附属研究所斯道文庫編校『四部合戦状本平家物語』・汲古書院・一九六七年、【源平闘諍録】内閣文庫所蔵史籍叢刊古代中世篇第八巻『源平闘諍録』・汲古書院・二〇一二年

【吾妻鏡】新訂増補国史大系三二・三三『吾妻鏡』前後編（吉川弘文館・一九六四年）、【真名本曽我物語】角川源義編貴重古典籍叢刊3『妙本寺本曽我物語』（角川書店・一九六九年）、【謡曲〈七騎落〉】『謡曲二百五十番集』（赤尾照文堂・一九七八年、【狂言〈七騎落〉】新日本古典文学大系五八『狂言記』、【古浄瑠璃「石橋山七きおち」】【古浄瑠璃「石ばし山」】『古浄瑠璃正本集』第二（角川書店・一九六四年）、【平治物語】金刀比羅本…日本古典文学大系三一『平治物語』、学習院大学本…新日本古典文学大系四三『平治物語』

天草版『平家物語』の感嘆符
——付加の規則と物語解釈——

中本　茜

一、はじめに

感嘆符（!）は、文末に付して感動や驚き、怒りや強調等の感情を表わす符号である。その起源は定かではなく、一般的には英語の「joy」を意味するラテン語の「Io」に基づき、一四〇〇年頃に出版物に登場したとされるが[1]、コロン（:）に基づき一六世紀中頃にその原型が生じ出したとする説もある[2]。

この感嘆符について、『国語学大辞典』『日本語学研究事典』といった日本語学関係の専門事典類では立項はない。『日本国語大辞典』では、「元来は欧文に用いる符号。（中略）明治二〇年（一八八七）ごろから二葉亭四迷、尾崎紅葉、山田美妙などによって使われはじめた[3]」としている。しかしそれより遡ること約三〇〇年、江戸時代直前の日本で、すでに感嘆符を使用した書物が出版されている。その書物とは、イエズス会が洋式活字印刷機を用いて作った版本、「キリシタン版」である。本稿ではそのキリシタン版の中から、天草版『平家物語』を取り上げたい。

文禄二年（一五九三）刊の本書は、外国人宣教師のための日本語と日本の歴史教科書として『平家物語』を抄出し、本文を口語体に変え、「喜一検校」と「右馬之允」という人物の対話形式に改編し、さらにローマ字で表記した全四巻の書である。その編集過程で、本書は依拠本には存在しなかった感嘆符を本文に付加している(4)。先に述べたように、感嘆符は感情を表わす符号である。その付加は物語を感情的に盛り上げ、読者へと訴えかける行為であるといえる。つまり感嘆符には、本書が『平家物語』をどのように捉え、描き、読ませようとしたのかという、物語解釈が反映しているものと考えられるのである。

しかし先行研究では、小林千草氏が本書巻二第一章の一文「さても果報な妓王やな！」について、「「さても〜やな」で、感動を表わす表現となる。（中略）文末に感嘆符「！」が使われていることに注目したい」と指摘される(5)以外に、感嘆符と物語との関係を取り上げたものは見られない。そこで本稿では新たな試みとして、本書が付加した感嘆符から本書の物語解釈を考えてみたい。

二、天草版『平家物語』以前のキリシタン版の感嘆符

天草版『平家物語』の感嘆符を考える前に、まずはそれ以前のキリシタン版で感嘆符がどう使われていたのかを見ておきたい。

天草版『平家物語』以前のもので感嘆符が使われているのは、天正一九年（一五九一）刊の『サントスの御作業の内抜書』と、文禄元年（一五九二）刊の『ヒイデスの導師』である。前者は聖人の伝記と、ドミニコ会士ルイス・デ・グラナダ著の『使徒信条入門』（*Introduccion del Simbolo de la Fe*, 1583）の抄訳とを合わせた全二巻三九章の書である。このうち巻一第一六、一七章及び巻二第四、五章は日本人修道士の養方パウロが翻訳し、残りはパウロの子のヴィセンテが翻訳したとある。後者は一五八四年刊の『使徒信条入門要略』を抄訳し、全四巻六〇章にまとめた書である。その序文から、編訳にはイエズス会士ペロ・ラモンが携わったものと考えられている。尚、両書共その本文はローマ字である。

本来なら両書の感嘆符は、欧文原典のそれと比較した上で論じるべきであるが、稿者の力不足もあり、今回は日本語刊本の用例に絞りたい。

まず『サントスの御作業の内抜書』の感嘆符は、パウロの翻訳部分に八例、ヴィセンテの翻訳部分に三九例の計四七例が確認できる。[6] これらを見ると、感嘆符が何の語の後に付いているかによって、次のように大きく三つの型に分類することができる。

(a)「かな」型―さても果報つたなき人かな！（巻一 サンパウロの御作業）
こはやすからぬ仰せかな！（巻二 サンタエウゼニヤの御作業）

(b)「や」型――あら御痛はしや！（巻二 サンクレメンテのマルチリヨのこと）
あら本意なや！（巻二 サントアレイショの御作業）

(c)「よ」型――そのかひもなく憤りを達したることのうたてさよ！（巻二 パトリアルカジョセフの御作業）
デウスの御恵みかくのごとく新たにあらはれ給ふこともありけるよ！（巻二サンタエウゼニヤの御作業）

(a)「かな」型は、詠嘆の終助詞「かな」の後に付くものである。この型は全部で三六例（パウロ翻訳部分二例、ヴィセンテ翻訳部分三四例）あり、用例の大半を占めている。

(b)「や」型は、詠嘆の終助詞「や」の後に付くものである。この型は全部で六例ある（パウロ翻訳部分四例、ヴィセンテ翻訳部分二例）。

(c)「よ」型は、詠嘆の終助詞「よ」の後に付くものである。この型は全部で二例ある（パウロとヴィセンテの翻訳部分に各一例）。

また次のように、本文中に用例が一例しかないため、型としてまとめることができないものが三例ある。

・ありがたや御主ゼズ！（巻二　サンタエウゼニヤの御作業）

・銅鉄を掘り出だす土塊の中には何しに苦しめられ給ふぞ！（巻二　マルチレスの証拠）

・あ　驚くべし驚くべし！（巻二　マルチレスの証拠）

次に『ヒイデスの導師』の感嘆符であるが、ここでは三三例が確認できる。(7) これらも感嘆符の直前の語の種類によって、次のように大きく二つの型に分類できる。

(a)「かな」型―さても真の力は甚だ大きなるかな！（巻二第二）
　　甘味を含み給ふ御クルスかな！（巻三第一五）

(d)「には」型―尊きこの御光わがアニマを照らし給へかし、常住我この火に燃えたらんには！（巻二第一四）
　　さても我汝の無事と、息災のために来たることを見知りたらんには！（巻二第二五）

やはり本書でも(a)「かな」型が指摘できる。この型は全部で三〇例あり、用例の九割を占めている。

(d)「には」型は、格助詞「に」と係助詞「は」が合体した語の後に付くものである。この型は先に挙げた二例のみである。

残る一例は、『サントスの御作業の内抜書』にある(c)「よ」型と同じ、「御主ゼズ　キリシト（中略）債となるご功力をば我ら人間に与へ給ふことの辱さよ！」（巻三第七）である。

以上、『サントスの御作業の内抜書』と『ヒイデスの導師』の感嘆符を見てきたが、両書の感嘆符の殆どは詠嘆の終助詞「かな」の後に付いていることが分かる。ここから天草版『平家物語』以前のキリシタン版では、感嘆符は終助詞「かな」と強く結び付けられ、使われていたものといえる。このことを踏まえて、次に天草版『平家物語』の感嘆符を見ていくことにする。

三、天草版『平家物語』の感嘆符付加の規則

天草版『平家物語』が本文に付加した感嘆符は、全四八例である。[8]これらの用例の場所や型を見ると、本書が付加にあたって設けていた規則の存在が浮かび上がってくる。

まず用例の場所であるが、本書の感嘆符は全て『平家物語』の登場人物の台詞中に見られる。「一、はじめに」で述べたように、本書は右馬之允という聞き手の要求によって、喜一検校という語り手が物語を語るという対話形式をとっている。このため本文中には彼等自身の台詞も存在しているのだが、[9]そこに感嘆符を付加することはない。ここから本書は、『平家物語』の世界とそれを語る語りの場とを区別し、感嘆符は前者の世界に限って付加すると決めていたものと考えられる。

次に用例の型であるが、本書では次のように大きく六つが指摘できる。

(1)「かな」型（一八例）―さてもおびたたしいことかな！これは何ごとぞ（巻一第三章）
(2)「や」型（一三例）――いとほしや！　助けまらせうずる（巻四第九章）
(3)感動詞型（五例）――あら！　はしたなの女房の溝の越えやうや（巻二第二章）
(4)「ものを」型（三例）―さても競を召し具せられうことであったものを！　捨ておかせられて（巻二第三章）
(5)「よ」型（三例）――げに野も、山も、海も、川もみな敵ぢゃよ！　これは何とせうぞ（巻二第一〇章）
(6)「やな」型（二例）――ものも知らぬ奴ばらが言ひやうやな！　馬に乗りながら庭上に参るさへ奇怪なに（巻二第二章）

また本文中に用例が一例しかなく、型としてとらえることができないものが四例ある。それらについては、次のように(7)その他とする。

(7)その他（四例）――ⓐこの一門を傾けうとするやつがなった様は!　しゃつここへ引き寄せよ（巻一第三章）
ⓑ平家はさやうに、三千余騎でござる!　味方は一万余騎（巻四第六章）
ⓒもの思ふ心がほかにしるうや見えつらう!　大臣殿も、二位殿も（巻四第一三章）
ⓓおのれはゐるか!人はいづくへぞ（巻四第二六章）

これらの型の中で最も用例数が多いのは、やはり(1)「かな」型である。ここからは本書の感嘆符が、それ以前のキリシタン版からの傾向を受け継いでいることが分かる。

ただし終助詞「かな」と感嘆符の結び付きは絶対ではない。感嘆符を付加しない例も、次の代表例を含めて一七例ある。

㋐子をば人の持つべいものかなとやがて思ひかへされた（巻一第五章）
㋑安からぬことかなと言うて、主従七人小舟に乗り移って（巻三第一二章）
㋒憎いやつかなとあって、太刀に手をかけ（巻四第一八章）
㋓公家たち拍子をかへて、あなくろぐろ黒き頭かな、いかなる人の漆ぬりけんと言うてはやされてあった（巻一第一章）

これらに感嘆符を付加しなかった理由としては、まず「かな」の位置が考えられる。㋐〜㋒では、いずれも「かな」の後に引用の格助詞「と」が置かれ、『平家物語』の地の文（喜一検校による語りの部分）へと移行している。つまりこれらの「かな」は、どれも台詞の最末尾（地の文との境）に位置しているのである。このような例が、一七例のうち一六例を占めている。また本書の感嘆符の中で、台詞の最末尾に付いているものは一例もない。ここから本書では、感嘆符は台詞の最末尾には付加しないと決めていたものといえる。

ただし㋓の「かな」の位置は、台詞の最末尾ではない。この例については、「あなくろぐろ黒き頭かな」という台詞が、舞を舞う権の帥に対する公家たちの囃しであることが注目される。舞に合わせて発する掛け声と普通の台詞とでは、性質が異なる。その違いが、感嘆符を付加するかどうかの判断に影響を及ぼしたのではないかと思われる。

以上、天草版『平家物語』の感嘆符から、その付加の規則を見てきた。その結果、本書には二つの規則があるものといえる。一つは、感嘆符の付加は『平家物語』の登場人物の台詞に限るというもの、もう一つは、感嘆符は台詞の最末尾には付加しないというものである。これに加え、詠嘆の終助詞「かな」の後に感嘆符を付加するという、本書以前のキリシタン版からの傾向も受け継いでいる。これら三つの点に基づいて、本書の感嘆符は存在しているのである。

そうすると気になるのが、「かな」以外の語の後に続く感嘆符、(2)〜(6)の型及び(7)その他の例である。これらは以前のキリシタン版から受け継いだ傾向とはいえず、本書が依拠本の表現をもとに、規則の範囲内で自発的、意図的に付加したものと考えられる。よってこれらの例にこそ、本書の『平家物語』解釈が表われているものと考えられるのである。そこで次にこれらの例を取り上げ、付加した箇所はどのような意味を持っているのか、付加によってどのような物語を描こうとしたのか等、その内容に踏み込んで考察していく。

四、天草版『平家物語』の感嘆符に見る物語解釈

感嘆符から本書の物語解釈を考えるにあたり、まずは各巻ごとに考察していく。

巻一の感嘆符

巻一は、平家の繁栄と鹿谷事件の顛末を全一二章で描いている。ここに付加した感嘆符は九例で、そのうち六例

は(1)「かな」型に分類される。では残る三例を見てみよう。

①第三章――この一門を傾けうとするやつがなった様は［！］しゃつここへ引き寄せよ（(7)その他ⓐ）

②第九章――さても無慚や［！］いまだこの者どもは命の生きてあるにこそ（(2)「や」型）

③第一二章――この子がわれもいかうと慕うたを、やがて帰らうぞと、すかいておいたが、今のやうに覚ゆる：それを限りと思うたならば、いましばしも見うものを［！］（(4)「ものを」型）

①は、平家に対して謀叛を企てた西光の尋問を行なう際の、平清盛の台詞である。ここには謀叛人への怒りが表われている。彼の怒りは、この台詞の後に西光の顔を「もの履きながら」「むずむずと踏」むほど激しいものであった。感嘆符はその激しさをさらに強めているものといえる。

ただし同じく尋問中の謀叛人に向けた怒りの台詞であっても、感嘆符を付加しない場合もある。その台詞は、謀叛への関与を否定する藤原成親に対する清盛の「あらにくや、このうへは何と陳ぜうぞ」（第三章）である。ここには「あらにくや」という(2)「や」型の形式を持つ文が存在している。またこの台詞の後、清盛は二人の侍に命じて成親を庭へ引き落とさせ、叫び声をあげさせるという、西光に劣らぬ激しい怒りを見せている。感嘆符を付加する下地は十分である。では西光と成親とでは何が違うのか。

注目したいのは、二人に対する清盛の態度である。清盛は西光を「下﨟の果て」と呼び、謀叛の件についても「その様体を申せ」と言っている。つまり彼は、西光を自分より下位の者として扱っているのである。一方、成親に対しては「もってのほか怒った気色」で睨みつつも、「当家の運がつきぬによって、迎へ奉った：日ごろの御結構の次第ぢきに承らうずる」と敬意表現を用い、彼を自分より上位の者として対応している。このような態度の違いが、同じ謀叛人に対する怒りであっても、感嘆符によって激しさを露わにするか否かの差を生んだのではないかと思われる。

②は、謀叛人の一人である平康頼が鬼界が島から流した卒塔婆と、そこに彫られた歌を見た時の後白河法皇の台詞である。ここには流人たちへの同情が表われている。③は、鬼界が島の流人の中で唯一帰洛を許されなかった俊寛が、都に残してきた妻と息子の死を知った時の台詞である。ここには息子との再会が叶わなくなったことへの悲嘆が表われている。これらの感嘆符は、鬼界が島の流人への哀れみや、流人の嘆きを強調しているものといえ、この巻が流人たちの悲劇に目を向けていることが分かる。彼等の悲劇に目を向けるということは、それをもたらした清盛（平家）を間接的に批判することにもなる。そしてそれは最終章の末文「このやうに人の思ひ歎きの積る平家の末はなんとあらうか？　おそろしいことぢゃ」へと繋がっていくものと考えられる。

以上、巻一の感嘆符を見てきたが、ここでは謀叛人に対する清盛の怒り、鬼界が島の流人に対する後白河法皇の同情、流罪の間に子を失った俊寛の悲嘆に付加している。ここからこの巻では、敵（特に下位の者）に対して激情的に振舞う清盛と、彼によって鬼界が島に流された者たちの悲劇を描こうとしているものと考えられる。そしてそれは悲劇の原因である清盛（平家）を批判し、巻末の一文と合わせて今後の平家滅亡を意識させることになるものと考えられる。

巻二の感嘆符

巻二は、清盛によって翻弄される白拍子たちの出家譚から始まり、高倉宮以仁王・源頼政による謀叛の顛末、源頼朝の登場と富士川合戦での平家敗北までを全一〇章で描いている。ここに付加した感嘆符は巻一よりも多い一四例で、そのうち(1)「かな」型に分類されるものは一例だけである。では残る一三例の中から、代表的なものを挙げて見てみよう。

④第一章――さても果報な妓王やな！　同じ遊び女とならば、たれもみなあのやうでこそありたけれ　(6)「や

⑤第二章――(a)あら[!]　はしたなの女房の溝の越えやうや（(3)感動詞型）
(b)ものも知らぬ奴ばらが言ひやうやな[!]（中略）長兵衛の尉といふ者ぢゃぞ、近う寄って過すな」型）
(6)「やな」型）
(c)さても剛の者の手本や[!]　あたら者の切られうことのふびんさよ（(2)「や」型）
⑥第三章――(a)あら憎や[!]　これをば主が惜しうだ馬ぢゃものを（(2)「や」型）
(b)さても競を召し具せられうことであったものを[!]　捨ておかせられて何たる目にかあひまらせうずらう（(4)「ものを」型）
⑦第一〇章――(a)ああらおそろしの源氏の陣の篝火や[!]　げに野も、山も、海も、川もみな敵ぢゃよ[!]（(2)「や」型、(5)「よ」型）
(b)あらいまいましや[!]　討手の大将となってくだったほどの人が、矢一つをさへも射いで逃げのぼられたことのうたてさよ[!]（(2)「や」型、(5)「よ」型）

④は、清盛の寵愛を受けて繁栄する妓王を羨み、賞賛するほかの白拍子たちの台詞である。このように相手への賞賛に感嘆符を付加する例としては、⑤の(c)もある。これは高倉宮のために一人で平家の侍と戦い、捕まった後も毅然とした態度を崩さない長谷部信連への、平家の人々の賞賛である。

また信連関係の例としては、⑤の(b)がある。これは高倉宮を捕らえにきた源太夫判官に対する、信連の挑発の台詞である。この挑発に乗って平家の侍は信連に斬りかかり、戦いに発展していくことになる。感嘆符は信連の挑発に力強さを加え、後の賞賛に繋がる勇敢さを表現すると共に、戦闘開始の宣言としての印象を強めているものと考えられる。

⑤の(a)は、ほかの例のように一文の末に感嘆符を付加しているのではなく、感動詞の後に付加しているという点で特徴的である。この「あら！」は、女房（その正体は高倉宮）が溝を跳び越えるのを見た時の人々の驚きを表わしている。同様の例として、第三章には頼政の侍である渡辺競に騙されたと知った時の平宗盛の台詞「すは！　きゃつにたばかられたよ」が、第四章には平家夜討ちの計画を僉議する頼政の台詞「京、六波羅のはやり者ども、あはや！　事ができたはと言うて馳せ向はうぞ」が、第一〇章には水鳥の羽音を源氏の進攻と勘違いした平家勢の台詞「すは！　源氏の大将実盛が申したにたがはず、さだめて搦手にやまはらうずらう」がある。

尚、このような感動詞は巻一にもある。第三章の「すはわが命を失はうずる」と、第六章の「あははや成親卿が首をはねられたな」がそれであるが、どちらにも感嘆符は見られない。これらと巻二の感動詞との違いは、それが表わす感情にある。

巻一第三章の例は、謀叛の罪で閉じこめられた西八条邸の一室にて、部屋へ向かってくる足音を聞いた時の成親の心内語である。彼は謀叛発覚を悟った時点で己の処遇について予想していたものと思われる。つまりこの「すは」は、自らの予想が現実味をおびたことを受けて発したものと考えられる。また同巻第六章の例は、西八条からの使者に対する重盛の台詞である。この台詞は、使者の言葉を「聞きもあへず」に発せられており、彼が成親の斬首を予想していたことが分かる。つまり巻一の感動詞が表わしているのは、予想していた事態が起こったと思った時の「やはり」という感情なのである。

一方、巻二の感動詞は、本来なら女房がしそうにないことをした、信じていた侍に騙された、予想外の夜討ちが起こった、夜半に突然攻め込まれたと思った等、いずれも意外な出来事に対する驚きを表わすものといえる。ここから本書では、感動詞に感嘆符を付加する場合、それが驚きを表わしていることが条件であったと考えられる。このような驚きへの感嘆符の付加は、登場人物の感情をより生き生きと描写することに一役買っているものといえる。

⑥の(a)は、名馬「木の下」を渡すことを惜しんだ源仲綱に対する、宗盛の憎しみの台詞である。敵に対する感情の強調は、巻一の①の清盛の例と共通する。またその後宗盛は、馬に仲綱の名前を焼印して客の前で乗り回しており、感嘆符は彼の憎しみをこの暴挙に相応しい激しいものにしているといえる。巻一における敵に対して激情的な平家のイメージは、巻二においても引き継がれているようである。

⑥の(b)は、三井寺に落ちる際に競を都に残していったことを後悔し、心配する頼政方の侍たちの台詞である。これに対して頼政は、「その者は無体に捕られ搦められう者ではない：今見よ参らうず」と落ち着いた態度で返している。ここからこの感嘆符は、侍たちの不安な心情を強調すると共に、冷静な頼政との対比も強調しているものといえる。またこの直後、頼政の言葉通りに競が参上するため、頼政は一層肯定的に受け止められるようになる。⑤の(b)(c)の信連の例も合わせると、この巻は今回の謀叛を、謀叛人の側に立って描いているものと考えられる。

⑦の(a)は、富士川にて農民の焚く火を源氏の篝火と勘違いした平家勢の怯えの台詞である。続く(b)は、水鳥の羽音に驚いて一戦も交えず退却した平家勢に対する、海道宿々の人々の批判である。これらの感嘆符は、平家をより臆病で情けない否定的なものにしているといえる。また④や⑤の(c)の、賞賛の台詞に感嘆符を付加する例を踏まえると、この巻は全体的に物事の評価を明確にしようとしているのではないかと思われる。

以上、巻二の感嘆符を見てきたが、ここでは驚きを表わす感動詞への付加により、登場人物の台詞がより感情豊かなものになっている。また相手への賞賛や批判を述べた台詞への付加からは、物事の評価を明確にしようとする意図も窺える。

物語としては、特に信連の奮戦を描いた第二章、頼政の謀叛の理由を描いた第三章、富士川合戦での平家敗北を描いた第一〇章に多くの感嘆符が確認できる。中でも信連と頼政については、感嘆符によってその勇敢さや冷静さが肯定的に表現され、逆に平家については、巻一の清盛に次ぐ宗盛の激情、合戦での武将たちの臆病さや情けなさが否定的に表現されている。ここからこの巻では、親源氏、反平家の姿勢で物語を描こうとしているものと考えられる。巻一にて間接的に表現されていた平家への批判は、ここでより明確に示されることとなったのである。

巻三の感嘆符

巻三は、木曾義仲の挙兵から始まり、平家の都落ち、そして法住寺合戦までを全一三章で描いている。ここに付加した感嘆符は四例と、各巻中で最も少ない。そのうち一例は(1)「かな」型に分類される。残る三例は次の通りである。

⑧第三章――あは！　源氏の先陣が向うたぞ（(3)感動詞型）

⑨第七章――いかなる人にもまみえよかしなどとおほせらるることのうらめしさよ！　このごろはお志も深かったによって（(5)「よ」型）

⑩第一三章――六波羅殿と言うても（中略）衣裳をはぎとるまでのことはなかったものを！　平家のかはりになほ源氏は劣った（(4)「ものを」型）

⑧は、倶梨伽羅合戦に臨む平家勢が、黒坂に義仲勢の白旗を発見した時の台詞である。このような驚きを表わす感動詞への付加は、巻二にも見られる。尚、法住寺合戦を描いた第一三章にある、後白河法皇方の落人を発見した京辺土の者たちの台詞「あはや落人よ」には感嘆符を付加していない。この時、京辺土の者たちは「落人があらば、みな射殺せ」との院宣を受けて、落人を待ち構えていた。つまりこの「あはや」に込められた感情は驚きではなく、予想通りに落人がやってきたことに対する「やはり」という感情であるため、感嘆符を付加しなかったものと考えられる。

⑨は、平維盛の北の方が、都落ちを前に夫から都に残り、場合によっては再婚せよと言われた際の台詞である。

ここには捨てられ、置いていかれる彼女の恨みや悲しみが表われている。感嘆符はその感情に激しさを加えることで、離別の悲哀を強調しているものといえる。そしてそれは、都落ちする維盛自身の悲しみをも深めることになるものと考えられる。これまで人々の悲劇を招き、批判の対象とされていた平家が、反対に悲劇に見舞われた哀れむべき対象となったのである。

⑩は、都で狼藉を働く義仲勢に対する人々の批判の台詞である。相手への評価に対する感嘆符の付加は巻二にも見られるが、重要なのはこれが単なる批判ではなく、義仲への評価の転機となっている点である。

巻三第一章で登場した義仲は、第九章にて都入りした際、多くの者に「この二十余年あまり見なんだ源氏の白旗がけふはじめて都へ入ることのめでたさよ」と言われ、平家と対照的な善の立場にいた。第一一章では「立居振舞ひの無骨さ、もの言ふことばつきのかたくなしいことは、かぎりもござなかった」とされ、また猫間中納言との対面等を問題視されるも、それらはまだ「笑はうずること」、つまり嘲笑するようなこととして受け止められていた。それがいよいよ看過できなくなり、彼の勢力を平家に代わる悪だと決定付けたのが⑩の台詞なのである。その後の義仲は法住寺合戦にて後白河法皇を幽閉し、世間から「木曾が悪行は平家のおごった時のしわざにはるかました」と評され、次巻にて追討されることになる。ここからこの感嘆符は、物語中で義仲が善から悪へと切り替わったことを示し、強調しているものと考えられる。

以上、巻三の感嘆符を見てきたが、用例は少ないものの、ここでも巻二に続いて驚きを表わす感動詞への付加が行なわれている。

物語としては、維盛との離別に対する恨みや悲しみを述べた北の方の台詞に付加することで、都落ちの悲哀が強調されている。また義仲勢に対する人々の批判に付加することで、これまで善の立場にあった義仲が、平家に代わる悪へと変化したことがより明確になっている。ここからこの巻では、巻二の親源氏、反平家の姿勢から、反義仲

（源氏）、そして平家への同情の姿勢で物語を描こうという変化が起こっているものと考えられる。

巻四の感嘆符

巻四は、義仲の滅亡から始まり、源義経率いる源氏勢と平家との戦い、平家滅亡、義経の失脚、そして平家断絶までを全二九章[10]で描いている。この巻は章段数が最も多く、付加した感嘆符も二一例ある。そのうち一〇例は⑴「かな」型に分類できる。残りの一一例は次の通りである。

⑪第六章――平家はさやうに、三千余騎でござる[!]　味方は一万余騎（⑺その他ⓑ）

⑫第八章――ⓐあら無慚や[!]　これは私の党のとのばらが不覚でこそこの兄弟をば討たせたれ（⑵「や」型）

ⓑ憎い君が申し様や[!]　われ（中略）なましひに平家の一門なれば、今さら源氏をたのまうとは思はぬものを（⑵「や」型）

⑬第九章――ⓐいとほしや[!]　助けまらせうずる（⑵「や」型）

ⓑいとほしや[!]　けさ城の内に管絃させられたはこの君でこそござるらう（⑵「や」型）

⑭第一〇章――あらあさましや[!]　女房の海へ入らせられたぞや（⑵「や」型）

⑮第一三章――もの思ふ心がほかにしるうや見えつらう[!]　大臣殿も、二位殿も（中略）二心があるげなとあって（⑺その他ⓒ）

⑯第一四章――あらこともかたじけなや[!]　これこそ（中略）重盛の御嫡子三位の中将殿よ（⑵「や」型）

⑰第二六章――ⓐあらあさましや[!]人もこそ見まらせうずれ（⑵「や」型）

ⓑおのれはゐるか[!]人はいづくへぞ（⑺その他ⓓ）

⑱第二七章――あらめでたや[!]　これほどゆゆしい所に苦しみはござるまじい（⑵「や」型）

さてこれらを見ると、以前の巻と少々異なる点があることに気付く。それは型の種類である。以前の巻では、用例中に(1)「かな」型以外の型が必ず二種類以上存在していた。しかし巻四では(1)「かな」型を除くと、(2)「や」型が大半、後は型が指摘できない(7)その他が数例となっている。勿論本文にほかの型の形式がないわけではない。どうやら巻四では、感嘆符の付加を基本的に(1)「かな」型と(2)「や」型の箇所に絞ろうとしているようなのである。

なぜ巻四でこのような動きが起こったのかは定かではないが、一つの推測として、本書と合綴で刊行された『エソポのハブラス』(伊曽保物語)との関係を挙げたい。『エソポのハブラス』の感嘆符は全一二例で、本書と同様に登場人物の台詞(ただし最末尾以外)に付いている。そしてその型は、(1)「かな」型(一〇例)と(2)「や」型(二例)の二種類だけであり[11]、天草版『平家物語』巻四の感嘆符と類似している。これは偶然に過ぎないのか、それとも両者は編集作業の場にて何らかの繋がりがあり、それが感嘆符の付加の仕方に反映されたのか。今後、両者の関係性を含め、更なる考察が必要と考える。

ではこの点を踏まえつつ、改めて巻四の感嘆符について各例ごとに見ていこう。

⑪は、三草合戦を前に義経が「こよひ寄せうか、あすの合戦か」と尋ねた際の、田代信綱の台詞である。彼は平家が少数であることを理由に夜討ちを勧めており、感嘆符はその主張を強く揺るぎないものにしている。またこの後は、土肥次郎が彼の主張に対し「いしうも申させられた田代殿かな!」と感嘆符付きで賛同し、義経勢は直ちに夜討ちを決行、平家を攻め落とすという展開になる。ここからは田代の台詞が、土肥の台詞と合わせて三草合戦の引き金となっていることが窺える。

同様の例として、⑫の(a)がある。これは生田の森の合戦を前に、河原兄弟が先駆けして討死したと聞いた時の梶原景時の台詞である。ここには河原兄弟への同情が表われているが、同時に景時は彼等の死をきっかけとして平家の城内に攻め込み、合戦を始めている。ここからこの感嘆符には、合戦の開始を明確にする役割もあるものと考えられる。これらは巻二の⑤の(b)、平家の侍を挑発し、戦闘開始を宣言する信連の台詞に付加した感嘆符に通じるものがある。

⑫の(b)は、源氏方の猪俣則綱から「もし源氏の世になったらば、御辺の一家親しい人々何十人もあれ、それがしが勲功の賞に申しかへて奉らう」と命乞いをされた時の、越中前司盛俊の台詞である。猪俣への憎しみは、一の谷の合戦に敗北しながらも平家一門としての矜持を失わない盛俊の表われであり、感嘆符はそんな彼の姿を強調しているものといえる。この憎しみは、巻一の①の清盛や、巻二の⑥の(a)の宗盛の場合と違って、物語中で批判的に描かれてはいない。

⑬の(a)(b)は、共に平敦盛に対する熊谷直実の台詞である。前者はまだ若い敦盛に対する同情であり、後者は敦盛の首を取った後、彼が戦場に笛を持参するほどの風流人であったと知って沸き起こった同情である。この二例の感嘆符からは、敦盛に強い同情を寄せ、その最期を感慨深く描こうという意図が窺える。またこの例のある第九章と、⑫の(b)のある第八章は、平家の一の谷敗北と、その中での平家武将の最後の戦いを描いているという点で共通している。ここからこの巻は一の谷の合戦に関心を持ち、クローズアップしようとしているのものと考えられる[12]。

⑭は、小宰相の入水の瞬間を目撃した楫取の台詞である。ここには突然の出来事に対する驚きが表われている。⑰の(a)の、子犬を追って飛び出した維盛の嫡男六代を慌てて連れ戻す時の女房の台詞も同様である。このように驚きの感情への感嘆符の付加は、巻二から続いている。ただしこれまでは「あは」や「すは」等の感動詞の後に付加していたが、巻四ではあくまでも(2)「や」型の箇所に限定している[13]。

⑮は、滝口入道に出家の意志を語る維盛の台詞である。ここでは都に残した子供のことが忘れられず、思い煩う様子が宗盛と二位殿の不信を招いたとの思いが述べられている。感嘆符は、恩愛に追い詰められた維盛の感情をより悲愴なものにしている。

⑯は、出家して熊野に向かう維盛一行と出会った湯浅宗光が、郎等たちに一行の正体を明かす際の台詞である。ここには平家譜代の家人である宗光の、維盛に対する畏怖が表われている。また彼は維盛について、「この人こそは日本国のおん主ぢゃ」と評し、その変わり果てた姿に涙している。感嘆符は宗光の畏怖を強調することで、維盛の昔と今の差も強調し、彼への同情を深めているものといえる。先の⑮と合わせると、この巻では維盛の境遇をより悲しく、同情を込めて描こうとしているものと考えられ、巻三と同じく平家に対する同情の姿勢が窺える。ちなみに第一六章には、同じ言葉を用いて義経について述べる伊勢三郎の台詞「こともかたじけなや、清和天皇のお末判官殿ぞ」があるが、ここには感嘆符を付加していない。

⑰の(b)は、源氏に斬首される寸前であった六代が赦免されて都へ戻り、以前家族と隠れ住んでいた大覚寺にて飼い犬と再会した時の台詞である。この時大覚寺に家族の姿はなく、入水を疑った六代は、「さらばありし松原でとにもかくにもならうずるものを」と泣いていた。唯一残っていた犬に向けて発せられた彼の台詞は、語り手の「せめてのことであった」という評によって、精一杯さや痛切さを以て受け止めるよう求められている。感嘆符は犬を介した六代の家族への思いを強調し、その胸に迫る慕情を表現しているものといえる。

⑱も同様に、家族への思いを強調した例である。これは女院徳子が壇浦合戦後に見た夢の中で発した台詞で、その夢とは、平家一門が金銀七宝等で飾られた宮（竜宮）にて提婆品を読誦しているというものである。ここで彼女は、自らが地獄に喩えた壇浦での平家滅亡と、夢の中での一門の様子とを比較し、凄惨な最期を遂げた人々が美しい竜宮で暮らしていることに喜びや安堵を感じている。感嘆符は、そのような彼女の一門への思いを深めているものといえる。これらの例からは、この巻が平家の人々の恩愛の情を高めて描こうとしていることが窺える。

以上、巻四の感嘆符を見てきたが、ここでは付加する箇所を基本的に(1)「かな」型と(2)「や」型に絞ろうという、これまでにない動きが見られる。ただし付加する箇所の内容は、驚きであったり平家への同情であったりと、以前の巻にも例があるものである。ゆえに巻四の動きは特殊ではあるが、ほかの巻との断絶を意味するものではないといえる。

物語としては、合戦の引き金となる台詞に付加することで、その開始が明確になっている。また盛俊や熊谷の台詞への付加からは、一の谷の合戦とそこで最期を遂げる平家武将に強い関心を持っているものと考えられる。また家族を案じる六代や、一門の竜宮での暮らしを喜ぶ徳子の台詞に付加することで、平家の人々の恩愛の情が高められている。恩愛ゆえに出家した維盛の思いや、彼への同情も深化している。ここからこの巻では、源平の合戦を描きつつ、巻三と同様に平家への同情の姿勢で以て、彼等の恩愛に情感を込めながら物語を描こうとしているものと考えられる。

さて、ここまで天草版『平家物語』各巻の感嘆符から、各巻が描こうとした物語を考察してきた。ではその結果を踏まえ、本書全体としてはどのような物語解釈が浮かび上がってくるのか。注目したいのは平家に対する姿勢の変化である。

巻一と巻二の感嘆符は、敵に対して激情的な清盛と宗盛、清盛によって処罰された鬼界が島の流人の悲劇、謀叛人たちへの肯定的評価、臆病で情けない平家への批判を強調しており、反平家の姿勢を持っていた。しかし巻三と巻四の感嘆符は、平家の人々の悲哀や恩愛の物語を盛り上げ、一の谷の合戦での平家武将の矜持や最期を彩っている。平家に対する姿勢は同情へと変化したのである。この変化のきっかけは、巻三の⑨の、都落ちを前にした維盛と北の方の離別場面にある。再会を確約できない中での家族との別れは、巻四の⑮にて語られる維盛の出家の理由と結び付き、物語後半部を通して注目されている。さらに巻三の⑩にて強調される悪としての義仲の台頭も、反平家の姿勢を和らげる要因の一つとなったものと思われる。

ここから本書は、巻三の平家の都落ち、特に維盛の都落ちを物語の転換点と解釈し、悪行者で臆病で批判すべき平家から、恩愛による悲しみを抱えた同情すべき平家へという移り変わりを描いているものと考えられる。本書の感嘆符は、このような平家の運命の変化を捉え、読者へと指し示しているのである。

尚、巻三に物語の転換点が見られることは、本書の物語構成を考える上でも興味深い。この巻は第一章冒頭にて行なわれる喜一検校と右馬之允の問答の形式や、そこに使われる「ゆふべの物語があまり本意ないほどに」という日にちの経過を示す編集句から、それ以前の巻との間に区切りがあると指摘されてきた(14)。感嘆符は、そのような区切りが問答からだけでなく、物語内からも指摘できることを示すものであると考える。

五、おわりに

天草版『平家物語』はその本文に、依拠本には存在しなかった感嘆符を付加している。その付加は、『平家物語』の登場人物の台詞中（ただし最末尾以外）に限るという規則のもと、様々な箇所に行なわれている。そのうち詠嘆の終助詞「かな」の後に付加する例は、本書以前のキリシタン版から受け継いだ傾向といえるが、それ以外の例は本書の『平家物語』解釈によるものと考えられる。

巻一の感嘆符は、敵に対して激情的な清盛と、鬼界が島の流人の悲劇を描き出し、清盛（平家）への間接的な批判と、後の平家滅亡を意識させている。

巻二の感嘆符は、賞賛や批判といった評価を明確にし、謀叛人である信連や頼政を肯定的に、平家を否定的に描き出している。ここからは親源氏、反平家の姿勢が窺える。また驚きを表わす感動詞への付加により、登場人物の台詞が感情豊かなものになっている。

巻三の感嘆符は、都落ちに際しての維盛一家の離別の悲哀を強調し、同情の対象としての平家を描き出している。これは同巻で、平家に代わる悪としての義仲の変化を明確にしていることと対照的である。

巻四の感嘆符は、付加する箇所を詠嘆の終助詞「かな」と「や」の後に絞ろうとする動きの中で、源平の合戦の開始を明確にすると共に、一の谷の合戦での平家武将の矜持を描き出している。またその合戦で最期を遂げる敦盛への同情や、出家する維盛の悲哀、六代や徳子の恩愛を、情感を込めて描き出している。

これらを通して見ると、本書は巻三で描かれる維盛（平家）の都落ちを機に平家の運命が転換したものと解釈し、批判すべき平家から同情すべき平家へという移り変わりを描こうとしているものと考えられる。このような解釈は、巻二と巻三の間を区切りとする本書の物語構成とも関連するものといえる。

また巻四で起こった、感嘆符を付加する箇所を限定しようとする動きについては、『エソポのハブラス』の感嘆符と類似する点があることから、今後両書の関係性と共に検討すべき問題であると考える。

[注]

（1）Jeffries, Stuart. "Stuart Jeffries on the revival of the exclamation mark." *The Guardian*. April 28, 2009.（平成二九年九月五日閲覧）https://www.theguardian.com/books/2009/apr/29/exclamation-mark-punctuation. Judson, Gillian. *A new approach to ecological education: engaging students imaginations in their world*.（New York: Peter Lang, 2010）, 138.

（2）"Origin of interrogation and exclamation points." *American printer and lithographer. Volume VI*.（Bristol, Conn. [etc.]: Moore Publishing Co. [etc.], 1888）, 107.

（3）『日本国語大辞典』第二版第二刷（平成一三年、小学館）の「感嘆符」の項より。

（4）本書ではほかにも疑問符（?）、コンマ（,）、コロン、セミコロン（:;）を使っている。マイケル・ワトソン氏は、本書が「極めて西洋の書物の形態そのままを維持」しているとされ、これは domestication（ドメスティケーション）という「読む側の環境に適応させる」「文化と文化のギャップを埋める」一つの翻訳であるとされる（「『平家物語』外国語訳の限界と可能性」『軍記と語り物』四五、平成二一年、四～五頁）。

（5）『『天草版平家物語』を読む　不干ハビアンの文学手腕と能』第三章（平成二七年、東海大学出版部）八二頁。
（6）『サントスの御作業　翻字研究篇』（昭和五四年、勉誠社）による。
（7）『ヒイデスの導師』（平成七年、教文館）による。
（8）『ハビヤン抄キリシタン版平家物語』（昭和五五年、吉川弘文館）による。尚、引用に際して本文中の「,」は「、」とした。
（9）例えば地の文に見られる「あはれ」や「うたてい」等の評価は、喜一検校の台詞として解釈できる。右馬之允も章の冒頭で、「さてこれはまことにあはれなことであったなう?」（巻一第一一章）や「さても重衡はいとほしいことであったなう」（巻四第一三章）等と発言している。
（10）ただし最終章は「第二八」である。これは第一〇章が重複していることによる。
（11）『新版キリシタン版エソポのハブラス私注』（平成二九年、清文堂出版）による。例えば「さても無果報なエソポかな!」（エソポが生涯の物語略）、「あらいとほしの者や!」（狼と、子を持った女の事）等がある。
（12）巻四には、⑬と同じく「いとほしや」を用いながらも、感嘆符を付加しない箇所がある。それは、病のために維盛が一の谷の合戦に参加しなかったと聞いた時の北の方の台詞「いとほしやそれもただ思ひ歎きの積って、病とこそなっつらう」（第一〇章）である。一の谷の合戦不参加の維盛に対する同情は強調しない点が注目される。
（13）巻四にも驚きを表わす感動詞はある。火事かと思っていた騒ぎが源氏の進攻だと気付いた時の平家勢の「さてはない、あは敵が寄せたぞ」（第一六章）、源氏が白旗を差し上げたのを見た時の平家勢の「あはや源氏よ」（第一八章）がそれである。しかしいずれも感嘆符を付加していない。
　また同巻には、⑭及び⑰の(a)と同じく「あさましや」を用いながら、感嘆符を付加しない箇所がある。それは、壇浦で源氏に引き上げられた女院徳子に対する女房の台詞「あさましやあれは女院でござる」（第一八章）である。これについては、「あさましい」を驚きというよりも、「みじめな、または、哀れな（もの）」（『邦訳日葡辞書』昭和五五年、岩波書店）という意味で解釈したためではないかと思われる。
（14）安達隆一氏「「天草版平家物語」の構成と言語（二）―問答形式の特性について―」（『中部大学人文学部研究論集』一七、平成一四年）、辻野正人氏「天草本平家物語の構想―イエズス会文書としての側面―」（『広島大学国文学攷』一

八五、平成一七年）、拙論「天草版『平家物語』の物語構成―三部構成説と二部構成説の再検討を通して―」（『国文学論叢』六二、平成二九年）。

［付記］　引用本文の傍線・傍点等は、全て私によるものである。

『エソポのハブラス』本文考
――「狐と野牛の事」の yuguetano vchini をめぐって――

水谷俊信

一、はじめに

キリシタン版『エソポのハブラス』（一五九三年天草刊。以下、「『エソポ』」と略称する）に関しては、従来、さまざまな研究が積み重ねられており、そうした研究によってもたらされた成果には極めて大きなものがある。しかし、『エソポ』の本文についてはなお検討すべき問題が多々残されていると思われる。本稿ではそういった問題の一端を取りあげて、検証してみたい。

『エソポ』の「エソポが作り物語の下巻」（以下、「「寓話部下巻」」と略称する）の第三〇話に「狐と野牛の事」と題する次のような話がある（傍線・下線部は筆者。以下同）。なお、『エソポ』から引用する際は、問題の箇所は原文のローマ字で掲げるが、それ以外は翻字して掲げる。翻字は大塚光信・来田隆『エソポのハブラス　本文と総索引』（清文堂出版、一九九九年）による。傍訓は省略する。『エソポ』の引用末尾の数字は頁数-行数である。

狐と野牛大きに渇して、ある井川の中へ連れ立って入って、思ふままに飲うで後、上らう様がなかったところで、種々に思案をしてみたれども、別にせう様もなうて、狐野牛に力を添へて言ふは、「いかに野牛どの、お気遣ひあるな。二人ともに恙なう上る道を巧み出だいた。まづ御辺伸び上って、前足を井の側に投げ掛け、頭をも前へ傾けてござれ。某それを踏まへて先へ上って、また御辺をも引き上げうずる」と言ふ。野牛「この儀げにも」と領掌して、その言ふままにしたれば、狐飛んで yuguetano vchini（井桁の中に）飛び上って、跳ねびちたいて喜び、あまりの嬉しさに、野牛のことをば、はたとうち忘れた。野牛はいつ引き上ぐるぞと待てども待てども、狐は知らぬ顔してゐるによって、野牛ののしって言ふは、「やあ貴所は約束は忘れたか」と問うたれば、狐、「そのことぢゃ。御辺の頤にある髭の数ほど頭に智恵があるならば、遠慮もなう井川の中へは這入るまいぞ」と言うて、嘲った。

下心。

賢い人の俗には、まづ事を始めぬ前に、その終りを見るものぢゃ。（490–14）

念のために大意を繰り返しておこう（問題の箇所は原文で示す）。

喉が渇いた狐と野牛とが一緒に井戸の中に入って水を飲んだのち（ちなみに「井川」とは「井戸」のことである）、上がる術をいろいろ考えてみたけれども、いい案が思いつかずにいたところで狐が次のような方法を考え出した。それは、野牛に背伸びをし、前足を井戸側にかけ、頭を下げさせて、それを足掛かりとして狐が先に上がり、それから野牛を引き上げるといったものであった。これに納得した野牛が狐の言うとおりにすると、「狐飛んで yuguetano vchini（井桁の中に）飛び上って、跳ねびちたいて喜び」、嬉しさのあまり野牛のことを忘れてしまった。待てど暮らせど気づく様子もなく約束を守らずにいる狐のことを野牛が非難すると、狐は思慮もなく井戸の中に入った野牛のことを嘲った。

寓意。

利口な人の習慣として、まず事を始める前に、その結果を見通すものである。

ところで、下線部の yuguetano vchini について、このままでは前後の文脈になじまないことから、誤訳による表現であるとする指摘が遠藤潤一氏に、また、誤植に基づく表現であろうかとする指摘が大塚光信氏にある。本稿は、これまで十分に検証がなされていない両氏の説に検討を加えつつ、vchini という表現が何故に生まれたか、また、どのような意味に解すべきかについて考察するものである。

本稿では、「寓話部下巻」の原典を遠藤氏に従ってギリシア語ラテン語対訳系のラテン語イソップ寓話集集成と想定して論ずる。[1] したがって、yuguetano vchini に関する諸説のうちで同系統の本を原典と想定していないもの[2]については、今回の考察の対象から外すこととする。原典として使用するのは、*Aesopi Phrygis, et aliorum fabulae* (1542, apud Sebastianum Gryphium, Lugduni. 以下、「一五四二年本」と略称する[3]）である。

二、遠藤潤一氏の誤訳説について

まず、遠藤氏の誤訳説から考察することにする。

氏によると、一五四二年本には『エソポ』の「狐と野牛の事」に該当する話が第一寓話集第一話の De Vulpe et Capro（狐と雄山羊）と第七寓話集第五話の De Vulpe et Trago（狐と雄山羊）との二話あるが、前者に対応すると解するのが適当であるという。[4] そこで、原典本文のうちで本稿の考察に必要と思われる箇所とそれに対する氏による大意と『エソポ』の対応箇所とを以上の順で掲げると次のようになる（【原】は原典、【意】は大意、【エ】は『エソポ』である。以下同）。

【原】 Cuius consilio fidem habente capro, atque, ut illa dicebat, obtemperanti, ipsa è puteo resilijt: ac deinde prae gaudio in margine putei gestiebat exultabatq́; nihil de hirco curae habens. Caeterum cum ab hirco ut foedifraga incusaretur, respondit:[5]（50–9）

【意】雄山羊（caper）は狐の助言に従うと、狐は井戸から飛び出て、喜んで井戸の縁ではしゃぎまわって、雄山羊（hirco）に関心を示さなかった。雄山羊が狐をなじると、狐が答えるには、——。[6]

【エ】野牛「この儀げにも」と領掌して、その言ふままにしたれば、狐飛んでyuguetano vchini飛び上って、跳ねびちたいて喜び、あまりの嬉しさに、野牛のことをば、はたとうち忘れた。野牛はいつ引き上ぐるぞと待てども待てども、狐は知らぬ顔してゐるによって、野牛ののしって言ふは、「やあ貴所は約束は忘れたか」と問うたれば、（490-23）

『エソポ』の下線部のyuguetaは、

○brocal de pozo.（井筒）igũeta.（井桁）（コリャード自筆『西日辞書』[7]）
○Bocal do poço.（井筒）Igueta.（井桁）Izutçu.（井筒）（『葡日辞書』[8]）

とあることからすると、井戸の地上部に設けられた円形または方形の囲み、すなわち、「井筒」[9]の意である可能性もなくはないけれども、普通に考えれば、『日葡辞書』（一六〇三—四年長崎刊）の補遺に見える、

○Igueta. イゲタ（井桁）井戸の口の上部にさし渡して組んだ四本の木であって、その井戸の口の最上端をなすもの。（『邦訳日葡辞書』[10]）

のことであると考えられる。ちなみに、大塚氏も『ことばと資料私注』で「……yuguetaはこの（『日葡辞書』のIguetaの条を指す—筆者注）「井桁」であろう。」としている。[11]

だが、yuguetaを「井桁」「井筒」いずれの意に解そうとも、[12] yuguetano vchiniはこのままでは文脈と調和せず理解しがたい。この場合、vchiniという箇所が特に問題となるわけであるが、この点に関して、遠藤氏は『邦訳二種伊曽保物語の原典的研究　総説』で「「井桁（ゆげた）の中（うち）に」の「中（うち）に」は、「in margine putei」（井戸の縁で）の「in」の誤訳と考えられるのである。」と断じている。[13]

『エソポ』が翻訳物であるからには、誤訳の可能性を完全に否定することは難しい。しかし、次のように考えると、vchini が in の誤訳である蓋然性は低いと思われる。

『エソポ』の「跳ねびちたいて喜び」は、いわゆる「和らげ[14]」に、

○Fanebichitaite yorocobu. Vodotçu, fanetçusuru coto.（踊っつ、跳ねつすること）

とあり、また、原典の exultabat は、『羅葡日対訳辞書』（一五九五年天草刊[15]）に、

○Exulto, as. Lus. Saltar de prazer.（小躍りする）Iap. Quãgui yuyacu suru, tobitatçu fodo yorocobu.（歓喜踊躍する、飛び立つほど喜ぶ）

とあるから、両者は対応関係にあると考えられるのであるが（この点に関しては後でも述べる）、ここで注目したいのは、「跳ねびちたく」と同義語的な関係にある「跳ねびちたたく[16]」という語に対する『日葡辞書』（補遺）の次の語釈である。

○Fanebichitataqi, u, aita. ハネビチタタキ、ク、イタ（跳ねびちたたき、く、いた）魚が水の涸れた所に居る時に、体で跳ね飛び、または、尾で叩く。

この語釈の内容から推察すると、『エソポ』の訳者（編者）は、井戸から外に出て大喜びする狐のさまを水のない場所で飛び跳ねる魚の姿に擬して「跳ねびちたく」という言葉を選んだと解せられよう[17]。とすれば、そうした表現の選択は当該箇所の内容を正確に理解していて初めて可能になろうから、ipsa è puteo resilijt: ac deinde prae gaudio in margine putei gestiebat exultabatq; という文全体の意味を正しく理解していながら in のみを訳者（編者）は誤解したことになる遠藤氏の説には無理があると言わざるをえない。なお、「寓話部下巻」には確実に誤訳と言いうる例は存していないと思われるから[18]、「寓話部下巻」の訳文全体の水準という点からも、vchini を in の誤訳と見ることは難しい。

こうして見てみると、このvchiniという表現については誤訳とはまた異なる解釈をすべきであろう。

三、大塚光信氏の誤植説について

次に、大塚氏の説について見てみよう。氏の説はその著書『ことばと資料私注』に載っているが、本文においてなされている指摘と後注においてなされている指摘とに大別しうるから、前者を大塚氏A説、後者を大塚氏B説として、以下、それぞれについて検討を加えることにする。

三―一　大塚氏B説について

まず、叙述の都合上、大塚氏B説から取りあげることにする。大塚氏は後述の大塚氏A説の注として yuguetano vchini について次のごとき指摘をしている[19]。

> 一五四二年本の第1寓話集は前掲のような本文（「…ipsa e(ママ) puteo resilijt: ac deinde prae gaudio in margine putei gestiebat exultabat atque.(ママ)」を指す―筆者注）をもつが、そこにおける in margine putei を狐の飛び出した個所とすれば、ここを「井桁の fuchini」とすることも可能か。同本第7寓話集における circa os puteio(ママ)[20]を同様に考えるならば、これは「井桁の cuchini」ともできる。原文の vchini を vyeni、fuchini、cuchini のいずれとしてもに(ママ)日本文としては一往それなりに通じるのではないかと思うが、やはり未詳として、後考にまつが無難か。

ちなみに、右では第七寓話集第五話の De Vulpe et Trago（狐と雄山羊）を原典対応話と想定した場合の議論も加えられているが[21]、『エソポ』の「狐と野牛の事」は第一寓話集第一話の De Vulpe et Capro（狐と雄山羊）に対応すると考えられるから、ここではその問題には立ち入らないことにする。以上を踏まえて氏の説を要約すれば、『エソポ』の vchi は in margine putei を狐が井戸から飛び出した場所とすると、fuchi の f の誤脱とも解せられるかと指摘していることになろう（vyeni に関する指摘については後述）。

『エソポ』に、tagaini（互に）を tagini（432-11）、todomarunimo（とどまるにも）を todmarunimo（456-16）とした誤脱の例[22]があることを考えあわせると、大塚氏の説くようなこともあながちないとも言えないかもしれない。けれども、氏の説に従うと、

【エ】狐(一)飛んで yuguetano vchini (二)飛び上って、(一)跳ねびちたいて喜び、あまりの嬉しさに、野牛のことをば、はたとうち忘れた。(二)野牛はいつ引き上ぐるぞと待てども待てども、狐は知らぬ顔してゐるによって、野牛ののしって言ふは、「やあ貴所は約束は忘れたか」と問うたれば、（491-1）

傍線部(一)の「飛んで」でまず大雑把に井戸から跳ね上がったことを言っておいて、傍線部(二)の「飛び上って」で再び詳しくどこに飛び出たかということを言っているとしか解せなくなるから、[23]「飛んで」と「飛び上って」とが意味的に重複した、日本語としてこなれていない表現となる。もちろん同趣の例が他にもあれば問題とはならないであろうが、『エソポ』には明らかに不熟の感のあるような重複表現は見出せない以上、また、後述の『エソポ』と原典との対応関係から見ても、氏の説を支持することには躊躇せざるをえない。

ところで、遠藤氏は、右の二重傍線部(一)(二)が、

【原】ipsa è puteo resilijt: (1)ac deinde prae gaudio in margine putei gestiebat exultabatq; nihil de hirco curae habens. (2)Caeterum cum ab hirco ut foedifraga incusaretur, respondit: (50-11)

【意】雄山羊（caper）は狐の助言に従うと、狐は井戸から飛び出て、(1)喜んで井戸の縁ではしゃぎまわって、雄山羊（hirco）に関心を示さなかった。(2)雄山羊が狐をなじると、狐が答えるには、――。

の二重傍線部(1)(2)にそれぞれ対応すると考えられるとした上で、原典の gestiebat と exultabat とが『羅葡日対訳辞書』に、

○ Gestio, is, iui, l, ij. Lus. Cõ gestos do corpo mostrar alegria, ou outro algum affeito.（喜びまたは何か他の感情を身振りによって表わす）Iap. Xingiũno yorocobi nadouo moyǒuo motte focani arauasu.（心中の喜びなどを模様をもって外に表わす）

○ Exulto, as. Lus. Saltar de prazer.（小躍りする）Iap. Quãgui yuyacu suru, tobitaçu fodo yorocobu.（歓喜踊躍する、飛び立つほど喜ぶ）（二節に既掲）

とあり、また、『エソポ』の「跳ねびちたいて喜び」が「和らげ」に、

○ Fanebichitaite yorocobu. Vodottçu, fanetçusuru coto.（踊っつ、跳ねつすること）（二節に既掲）

とあることから、「跳ねびちたいて喜び」は「原話の上述の語（gestiebat および exultabat を指す―筆者注）の辺りと対応するものと考えることができるのである。」と指摘している。[24] しかし、この指摘に従った場合でも大塚氏の説の場合と同様、傍線部(1)の「飛んで」と傍線部(2)の「飛び上って」とが意味的に重複するというふうに読まざるをえなくなるから従うことは難しい。[25]

それでは、どのように考えればよいかと言うと、

【エ】　狐(一)飛んで yuguetano vchini (二)飛び上って、(三)跳ねびちたいて喜び、あまりの嬉しさに、（491-1）

【原】　ipsa è puteo (1)resilijt: ac deinde prae gaudio in margine putei (2)gestiebat (3)exultabatq;（狐は井戸から(1)飛び出て、喜びのあまり井戸の縁で(2)飛び跳ね(3)狂喜して）（50-11）

『エソポ』と原典とは右のような対応関係にあると解せば、『エソポ』の傍線部(一)の「飛んで」と傍線部(二)の「飛び上って」とはそれぞれ原典の下線部(1)の resilijt（飛び出て）と下線部(2) gestiebat（飛び跳ね）とに対応することになるから、「飛んで」と「飛び上って」とが意味的に重複することなくうまくいく。[26] なお、この解釈では、傍線部(一)と傍線部(二)とが重複しないかわりに、傍線部(三)の「跳ねびちたいて喜び」とが重複

することになるようにも見えるけれども、これは、前掲の『羅葡日対訳辞書』の語釈からも知られるように、そもそも原典の gestiebat と exultabat とが類義語的関係に[27]あることによるものであるから、「飛んで」と「飛び上って」とが重複する場合とは性格が異なるものである。

「狐飛んで」という箇所については、原典対応箇所に ipsa è puteo resilijt（狐は井戸から飛び出て）とあることからも、表現がいささか簡潔過ぎる印象を受けなくもないけれども、「飛んで」が井戸から飛び出る意であることは前後の文脈から容易に理解しうるから、特に問題にはならないであろう。

『エソポ』に、

○ある童、手習ひに遣る所から友だちの手本を盗んで来れども、その母はこれを折檻もせいでおくによって、（475-13）

という例があるが、この場合、「遣る」の主語が明示されている方が文意がはっきりするけれども、そのままでも文脈によって「その母」が「遣る」の主語であることは明らかであるから示されない。このように文脈から明らかなところでは、簡潔にすぎる表現も選ばれている例は、『エソポ』に散見するところである。

右に述べたようなことを考えて、vchi を fuchi の誤植かとする大塚氏B説とは異なる立場をとりたい。

三―二　大塚氏Ａ説について

つづいて、大塚氏Ａ説に検討を加える。氏は yuguetano vchini について次のように説いている。[28]

コリャードの Confession にみえる caqi maqe（26―29）は cachi maqe（勝負）の誤植であるが、これは単なる誤植ではなく、筆記体における q と ch との相似から生じた誤りである。この q と ch との相似を媒介とし、さらなる誤認を vchini と vyeni との間に想定すればどうなるであろうか。「狐飛んで、井桁の上に飛び上がって…」となり、多少ぎこちなさはいなめないが、これはこれで一往の文になると思うが、どうであろうか。

『荘子』に、

○吾出跳乎井幹之上…（吾出で〔ママ〕は井幹[29]の上に跳び…僕は外に出たときは井桁の上で跳びはね…岩波文庫本㈡273―275ページ）

という文がみえる。本文の問題が存するようであるが、多少参考になろうか。

すなわち、筆記体における両者の字形の相似に基づくch＞qの誤植の例[30]を引き合いに出して、vchiniはvyeniの誤植で、その意味は「上で」である可能性があるという考えを示しているわけであるが、結論から言うと、筆者は、vchiniという表現が生まれた要因と意味とに対する解釈として、この説が最も妥当であると考える。ただし、その根拠に関しては、いくらか補足しうる点もあろうし、また、もう一歩踏み込んだ解釈も可能であろうから、以下、必ずしも大塚氏の意図と同じではないかも知れないが、筆者なりの考えを述べたいと思う。なお、ここで特に問題になるのは、端的に言うと、(1) vyeがvchiに誤植されることは起こりうるのか、(2) vchiniが「上で」の意であるならば助詞がdeではなくniとなっているのはなぜなのかの二点であろうから、(1)と(2)とに分けて論ずることにする。

まず、(1)について述べるのであるが、(1)はさらに(イ)yがchに誤植される可能性の有無と、(ロ)eがiに誤植される可能性の有無とに分けて考えられるから、以下、それぞれについて考察することにする。

(イ)については次のようになる。vchiをvyeの誤植とするのであれば、当然、yとchとの間の誤植あるいは誤写の例があって欲しいところであるが、今のところ筆者はそうした例を『エソポ』はもちろん他のキリシタン資料にも見出せていない。大塚氏がch＞qの誤植の例を引き合いに出しているのも同じ事情によるものと考えられる。

しかし、コリャード自筆『西日辞書』に見える図1～6のような例を見るならば、yがchに誤植[31]されることは十分にありうると言ってよいと思われる[32]。【図1】はvye（19表9）、【図2】はvyeqi（82裏47）、【図3】はvyesama

【図1】

【図2】

【図3】

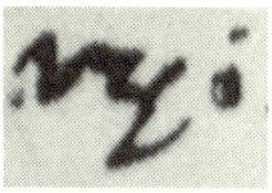
【図4】

【図5】

【図6】

コリャード自筆『西日辞書』（大塚光信・小島幸枝共編『コリャード自筆　西日辞書―複製・翻刻・索引および解説―』臨川書店、1985年より）

（52裏1）、【図4】は vchi（45裏16）、【図5】は vchi buro（46表15）、【図6】は vchi corobi（74表8）である。[33] 当時の h の筆記体では、現在の筆記体と同じ字形にも書くが、図4～6のような字形に書くことも稀ではないから、ch の綴りの場合には筆記体の y に近い字形になることもあるのである。

ところで、この点に関連して、先に述べたとおり『エソポ』には y～ch の誤植の例はないけれども（q～ch の誤植の例もない）、q を g に誤植したと思しい例ならある。すなわち、goqizzugai（424-10）[34] がそれであって、これは言うまでもなく goqizzucai（御気遣ひ）の誤りであるが、c が g に誤植されることは両者の字形から少々考えにくい。そこで、goqizzugai は goqizzuqai の q を g に誤植したものとしたらどうであろうか。[35] バレト写本などには ca の代わりに qa を用いた例が数多く存すること、[36] また、筆記体における g と q とは互いに近似した字形になる場合があることを勘案すると、その可能性は大いにあると言ってよいと思われる。この例は y・ch いずれにも関わるものではないけれども、vchi を vye の誤植と解する上でいくらか参考になるのではなかろうか。

(ロ)については以下のように考えられる。すなわち、ch を含む音節には短音節 chi の他に拗音短音節 cha, cho や拗音長音節 chŭ, chû, chŏ, chô などがあるけれども、vch- で始まる語を『日葡辞書』で検したところ、vch- の次に i が来る語は約一七〇例あるのに対して、i 以外の母音字（ŭ のみ）が来る語はわずかに四例しかなかった。ということは、vye の y が ch に誤認されたと同時に e も i に取り違えられた蓋然性が高かろうから、vye の y が ch に誤認されるとeをiに誤植することは十分に考えられよう(37)。

このように見てみると、y＞chの誤認がありうるならば、vye＞vchiの誤植は十分に考えられるであろう(38)。

(2)については次のように考えたい。vchiはvyeniの誤植で、「上で」の意であるとすると、いかなる理由で文語のniがここで用いられているのかという疑問が生ずる。しかし、『エソポ』には、当然、その数は多くないけれども、次のような例があるから、文語のniが用いられていることについては大きな問題とはならないと思われる。

○山野を家にし、田畠に汗を流し、氷を耕し、雨を植ゆることは、(472-10)

以上の考察から、vchiniはvyeniを誤植したものであり、その意味は「上で」であろうかとする大塚氏の説には十分な説得力があると言ってよいであろう。

四、おわりに

以上のように、本稿では、yuguetano vchiniのvchiniについて、遠藤・大塚両氏の所説に検討を加えながら、そうした表現が生まれた要因と意味とについて考察した。ここまで述べてきたところをまとめると次のようになる。

(一)　vchiniをin margine putei（井戸の縁で）のinの誤訳と見ることは難しい。

(二)　vchiniをfuchiniの誤植とするには無理がある。

(三)　vchiniはvyeniを誤植をしたものであって、その意味は「上で」である蓋然性が高い。

遠藤氏の誤訳説および大塚氏B説は成り立ちにくく、大塚氏A説に最も妥当性がある。本稿ではこのことを『エソポ』の本文の読解に立ち返って改めて検証してみたものである。

最初に述べたとおり、『エソポ』の本文に関してはなお考えるべき問題が数多く残されているけれども、それらについては今後検討を重ねていくこととして、本論文はそれに向けての第一歩としたい。

［注］

（1）遠藤潤一『邦訳二種伊曽保物語の原典的研究　正編』（風間書房、一九八三年）一一三～一二五頁、同『邦訳二種伊曽保物語の原典的研究　続編』（風間書房、一九八四年）四九〇～四九七頁、遠藤潤一『邦訳二種伊曽保物語の原典的研究　総説』（風間書房、一九八七年）三三九～四七七頁他。なお、『エソポ』の原典そのものはいまだ特定には至っていない。したがって、本稿の記述には将来翻訳底本が確定された際に修正が必要になる可能性があることを断っておく。

（2）井上章「天草版伊曾保物語本文の一研究「井桁の中に跳び上って」の考察」（『国語学研究』第十三集、一九七四年一月）、新村出・柊源一校註『吉利支丹文学集　2』（平凡社、一九九三年）三三二頁の頭注。なお、大塚氏は筆者と同じく一五四二年本を原典と想定していると考えられるが、その他にシュタインヘーヴェル本やその系統の英訳本・スペイン語訳本なども参照している（大塚光信「『エソポのハブラス』」『ことばと資料私注』（清文堂出版、二〇〇八年）一五四～一五五頁。初出「『エソポのハブラス』小考」『國語國文』第七十巻第三号、二〇〇一年三月）。

（3）『邦訳二種伊曽保物語の原典的研究　続編』所収の影印による。

（4）『邦訳二種伊曽保物語の原典的研究　総説』三七一、三八六～三八九頁。

（5）合字は開き、ſはsとした。以下、欧文の引用は原則としてこれに従う。

（6）『邦訳二種伊曽保物語の原典的研究　総説』三八八頁。最後の句点は筆者が補ったもの。以下、この形式で原典に対して掲げる大意はすべて遠藤氏によるものとする。

（7）『ことばと資料私注』一七二頁参照。大塚光信・小島幸枝共編『コリャード自筆　西日辞書―複製・翻刻・索引および解説―』（臨川書店、一九八五年。以下、単に辞書（影印）を指す場合は「コリャード自筆『西日辞書』」または単に「『西日辞書』」とし、翻刻を指す場合は「大塚・小島『西日辞書』」と呼称する）所収の影印による。コリャードの著作から引用する時は、いわゆるアクセントの符号は省略する。欧文直後の（　）は、遠藤氏による大意を除き、筆者による日本語訳または翻字を表わす（以下同）。ちなみに、『西日辞書』を（直接のではないけれども）典拠とする『羅西日辞書』（本編・補遺）の語釈（Putei fulcimentum の条）も当然のごとく『西日辞書』と全同である（大塚光信解題・索引『コリャード羅西日辞典』（臨川書店、一九六六年。以下、「『羅西日辞典』（マドリー本）」と呼ぶ）・

大塚光信解題『羅西日辞書』（勉誠社、一九七九年）の複製による。

（8）京都大学文学部国語学国文学研究室編ヴァチカン図書館蔵『葡日辞書』（臨川書店、一九九九年）の影印による。

（9）ちなみに、「井筒」は『日葡辞書』に、「Izzutçu. イヅツ（井筒）井戸の口。」とある。

（10）yugueta は『日葡辞書』に未搭載。なお、『日葡辞書』からの引用はすべて土井忠生・森田武・長南実編訳『邦訳日葡辞書』（岩波書店、一九八〇年）からとする。

（11）『ことばと資料私注』一五八頁。注（5）参照。

（12）『エソポ』の「狐と野牛の事」と対応関係にある、古活字本『伊曽保物語』下巻・第一四話の「野牛と狐の事」に見える「ゐけた」（一六ウ一〇・一七オ一）は前後の文脈から「井戸」の意であると思われる（中川芳雄『古活字版伊曾保物語』（勉誠社、一九八六年）の影印による。前田金五郎・森田武校注『假名草子集』（日本古典文學大系90、岩波書店、一九六五年）四四八頁参照）。となると、yugueta も「井戸」そのものを指しているのではなかろうかと疑われるけれども、筆者の知るかぎり、「井戸」の意の「井桁」の例は他に存していないから、あえて yugueta を「井戸」の意に解することは躊躇される。なお、『伊曽保物語』の「ゐけた」が「井戸」の意と思われることについては、改めてその理由を考えたい。

（13）『邦訳二種伊曽保物語の原典的研究　総説』三八九頁。なお、遠藤氏は vchini を in の誤訳とする根拠は何も示していないので、その点については推測するよりほかはないが、もし in（奪格支配の場合）に「中に」と「上に」との意があることを誤訳の要因として想定しているとしたら、単にそのようなことのみで誤訳が生ずるとは考えにくい。

（14）福島邦道解説『天草版イソポ物語』（勉誠出版、一九九八年）の影印による。

（15）岸本恵実解説・三橋健書誌解題『フランス学士院本　羅葡日対訳辞書』（清文堂出版、二〇一七年）の影印による。

（16）「跳ねびちたく」と「跳ねびちたたく」との関係については、『邦訳日葡辞書』の「ハネビチタタク」の条の訳注および大塚光信『新版キリシタン版エソポのハブラス私注』（清文堂出版、二〇一七年）四二二～四二三頁参照。

（17）もちろん、翻訳の最初の段階では「跳ねびちたく」とは異なる表現であったであろうが、とにかく「跳ねびちたく」という表現を選ぶ前提として、このような解釈がなされたと考えることは可能であろう。

（18）『邦訳二種伊曽保物語の原典的研究　総説』三九三～三九四頁で、遠藤氏は、「寓話部下巻」の第二九話「鷲と烏の事」という話のなかに見える「曝いておいた羊の皮の上に飛んで来たによって」（490-6）という一節について、その原典対応箇所である in arietis uellus se demittit（125-11）に対して「雄羊（arietis）の毛の中に飛び込んで」という大意を示した上で、uellus には「羊の毛」の他に「羊の毛皮」「獣皮」という意もあるから、『エソポ』の「羊の皮の上に」は in arietis uellus（羊の毛の中に）の誤訳に基づく表現ではなかろうかと考えうると指摘している。この指摘のとおりであれば、「羊の皮の上に」の「上に」も in の誤訳ということになろうから、この例は yuguetano vchini の vchini を in の誤訳とする遠藤氏の説を支える傍証となりうるのではないかと考えたくなる。しかし、拙稿「翻訳文としての『エソポのハブラス』本文の理解のために（二）」（『日本言語文化研究』第二十二号、二〇一八年一月）で指摘したとおり、in arietis uellus は「雄羊の毛の中に」ではなく「雄羊の毛の上に」という意であると考えられるから、「上に」を in の誤訳と解することはできない。また、氏は、「寓話部下巻」の第二話「二人の知音の事」、第五話「炭焼と洗濯人の事」に見える表現についても改変の可能性とあわせて誤訳の可能性も指摘しているけれども（『邦訳二種伊曽保物語の原典的研究　総説』四〇五、四二九頁）、いずれも誤訳より訳者（編者）による意図的な改変と解する方が穏当であろうと思われる（この問題に関しては別稿を用意している）。

(19)　『ことばと資料私注』一七三頁。

(20)　circa os putei は Vulpes suo exultans egressu, circa os putei capro illudebat（狐は井戸から飛び出て、井戸の口の近くで雄山羊を嘲った）（150-21）という文中に見える表現である。

(21)　おそらく、「狐と野牛の事」の原典対応話が第一寓話集第一話ではなく第七寓話集第五話であった時のことを考えての指摘であろうと思われる。なお、「井桁の cuchini」という表現については、井桁のどの部分に当たるのか明らかにしがたく、やや疑問が残る。

(22)　『エソポのハブラス　本文と総索引』本文篇二〇一頁の翻字注参照。なお、vchi がもと fuchi であったとすると、語頭の文字が誤って抜け落ちたことになるけれども、『エソポ』にある誤脱の例はすべて語中尾のものであって、語頭のものはない。ちなみに、天草版『平家物語』には、tobi sagatte（飛びさがって）の s の誤脱（分かち書きの複合語の後部要素は一語と見なした）と考えられる tobi agatte（69-10）という例が（清瀬良一『天草版平家物語の基礎的研究』（溪水社、一九八二年）二二七頁参照。福島邦道解説『天草版平家物語』（勉誠社、一九九四年）の影印による）、また、天草版『金句集』には、xin nari（臣なり）の二字目のnの誤脱と考えられるxin ari（553-10）といった例があるが（吉田澄夫『天草版金句集の研究』（東洋文庫、一九三八年）七七頁参照。同書所収の影印による）、両書においても語頭の誤脱の例は極めて少ないようである。誤脱の一般的な傾向としては、語中尾に多く語頭に少ないと言えよう。

（23）たとえば、「狐飛んで yuguetano vchini 飛び上って」を「狐はいったん井戸の外に飛び出てから井桁の縁に飛び乗った」や「狐は一度野牛の上に飛び上がってから井桁の縁に飛び乗った」などと解せば、「飛んで」と「飛び上って」とは意味的に重複しないことになるけれども、原典対応箇所が ipsa è puteo resilijt: ac deinde prae gaudio in margine putei gestiebat exultabatq;（狐は井戸から飛び出て、喜びのあまり井戸の縁で飛び跳ね狂喜して）（50-11）とあることを考えると、当該文にそうした意味があると解することには無理があると思われる。

（24）『邦訳二種伊曾保物語の原典的研究　総説』三八八〜三八九頁。

（25）遠藤氏の指摘に従うと、傍線部㈡の「飛び上って」は原典の gestiebat とも exultabat とも対応しないことになるから、移動の意と考えざるをえない。とすると、大塚氏の説の場合と同様、まず傍線部㈠の「飛んで」で井戸から跳ね上がったことを言って、次の傍線部㈡の「飛び上って」でどこに着地したかということを言っているとしか解せなくなるから、「飛んで」と「飛び上って」とが意味上重複した表現になっているというふうに読まないわけにはいかない。

（26）また、この解釈をとれば、è puteo（井戸から）などの省略を除くと、『エソポ』は原典をほぼ忠実に訳していることにもなるのである。

（27）gestiebat と exultabat とが類義関係にあることは、Pereyra, Bento *Prosodia in vocabularium trilingue Latinum, Lusitanicum, et Castellanicum digesta*（1669, ex prelo, & sumptibus Antonij Craesbeeck à Mello, regij typographi, Vlyssipone. Biblioteca Nazionale Centrale di Firenze のデジタル画像（Google Books）による。*http://www.bncf.firenze.sbn.it/*）に、

○Saltar com prazer（小躍りする）. Gestio, is.

とあり、また、Cardoso, Jerónimo *Dictionarium latino lusitanicum et vice versa lusitanico latinum*（1592, excussit

Alexander de Syqueira : expensis Simonis Lopezij, bybliopolae, Olyssipone. Biblioteca Nacional de Portugal のデジタル画像による。*http://purl.pt/14309* に、

〇 Exulto, as. Saltar com prazer.（小躍りする）

とあることからも明らかである。なお、右の用例の検索には次のデータベースを用いた。

Latin Glossaries with Vernacular Sources. Toyoshima, Masayuki. *http://joao-roiz.jp/LGR/*

(28)『ことばと資料私注』一五八頁。なお、『新版キリシタン版エソポのハブラス私注』三〇八頁では、「vchini は vyeni の誤りか。」とするのみである。

(29) 原文には「井幹（榦）」とある（金谷治訳注『荘子』第二冊（岩波文庫、一九九九年。傍訓は省略する）二七三頁）。なお、「井幹」は「ゐげた。井戸の上に設けた欄干。井桁。井欄。」の意（諸橋轍次『大漢和辭典』（縮寫版、大修館書店、一九六六―一九六八年））。

(30) なお、大塚氏は、筆記体の字形の類似に起因する q と ch との間の誤植の例として、『懺悔録』（大塚光信翻字・コリャード『懺悔録』（風間書房、一九五七年）の複製による）のものを引いているのみであるが、『羅西日辞典』（マドリー本）の解題三五、三八、三九頁では、それに加えて、続編正誤表の cuqigomori, l. cuchigomori (354-7)（氏は「cuchi gomori」としているが、原文は「cuchigomori」である）、続編における medachi の誤植である medaqi (237, c. 2, l. 3)、xichi の誤植である xiqi (294, c. 2, l. 32)（氏は「p. 294, c. 2, l. 31」としているが、「31」は「32」の誤りである）、ichijiqi の誤植である ichijichi (244, c. 1, l. 16)、コリャードの『日本文典』に見える tachi machi の誤植である tachi maqi (52-34)（氏は tachimaqi としているが、厳密には「tachi maqi」である。大塚高信訳『コリャード日本文典』（風間書房、一九五七年）の影印による）といった同種の例も指摘している（なお、例の所在を示す頁数の直後の c. 1は「左欄」、c. 2は「右欄」、l は「行」で l. 3なら「三行目」の意である。以下同）。

(31) 印刷原稿の段階ですでに vchini となっていたとも考えられようから、誤植に加えて誤写の可能性も考慮しなければならないけれども、本稿では話を単純にするためにも誤植と見なしておく。

(32) ただし、『西日辞書』のものほど両字間に近似性が認められる筆記体の y と ch との例を他のキリシタン資料に見出せていないので、この点に関しては更なる調査が必要であると考えている。

（33）翻刻は大塚・小島『西日辞書』による。

（34）『エソポのハブラス　本文と総索引』本文篇二〇一頁の翻字注参照。

（35）この場合も、印刷原稿に goqizzugai とあったとも考えうるから、誤写の可能性も否定できないけれども、既述の理由により誤植と見ておく。なお、松本和也「一五六九年六月一日付ルイス・フロイス書翰の日本語表記について」（『ヒストリア』第一八九号、二〇〇四年四月）一二二頁の表によると、フロイスの書翰に「気遣ひ」を quinziquay と記した例がある。

（36）土井忠生『吉利支丹文献考』（三省堂、一九六三年）二三〇頁、森田武『日葡辞書提要』（清文堂出版、一九九三年）一三四～一三五頁参照。

（37）森田武『天草版平家物語難語句解の研究』（清文堂出版、一九七六年）の邦訳・索引篇八四頁に、yzassa（64. c. 1. 30）の条に見える taqi に対する注として、「原注 *taqi* は、*taqe* の誤り、あるいは、母音交替による形。」という指摘がある。また、『羅西日辞典』（マドリー本）の解題三八頁の表に、yome の誤りとして yomi（237. c. 2. l. 15）という例が挙げられている。当時 e～i の交替が o～u のそれと並んで盛んに行われたことを考えると、森田氏が指摘するようにそうした例である可能性も否定しえないけれども、そうでないとすれば、両例とも筆記体における e と i との字形の類似に起因する誤写／誤植と解してよかろう（e は筆記体でない限り i と誤認されることは考えにくい）。このように考えると、条件付きではあるけれども、両者の字形の上からも、e ＞ i の誤植は生じうることになろうと思われる（ただし、e・i 間の誤植（誤写）の例は基本的に少ない）。

（38）もちろん、vye ＞ vchi の誤植には、両者の字数がほぼ同じであることも密接に関わっていると考えられる。

中世王朝物語における音楽

――改作本『夜寝覚物語』における箏の琴と琵琶をめぐって――

藤井華子

一、はじめに

本稿では、「中世王朝物語における音楽」というテーマをめぐって、特に音楽と奇瑞の問題に焦点をあてて考察したい。

物語における音楽は奇瑞を招くことがある。例えば、『うつほ物語』において琴の琴によって起きた天変地異、『狭衣物語』において狭衣大将が吹いた笛による天稚御子降下事件などをあげることができる。中世王朝物語における音楽は先行する物語の話型を引用し、〝引用による話型の変換の妙に主眼がある〟ことが指摘されている(1)。そのため、中世王朝物語における音楽による奇瑞は先行する物語との関わり、そして変換のされ方を捉える必要がある。本稿では音楽による奇瑞が表出する物語として、『夜寝覚物語』を取り上げる。

『夜寝覚物語』は後期物語『夜の寝覚』の改作本である（以下、改作本である『夜寝覚物語』を「改作本『寝覚』」、現存する後期物語『夜の寝覚』を「現存本『寝覚』」とする(2)）。現存本『寝覚』の寝覚の上は父源太政大臣から箏の琴を習い、箏の琴の演奏を契機として夢に現れた天人から琵琶の秘曲伝授を受ける。この琵琶伝授を発端として音楽伝承譚との関わりが論じられてきた。[3] しかし、現存本『寝覚』は物語の進行に伴ってその話型は達成されず、「ひび割れて風化した感が否めない」[4] と評価されてきた。そのような話型を首尾一貫させようという姿勢が改作本『寝覚』にはある。改作本『寝覚』は「寝覚の御仲らひ」から「実夢」へと、序の変容から主題の改変がなされている。[5] その改変では夢信仰の力が色濃く反映され、[6]「実夢」の例証としての現存本『寝覚』のような物語が引用されていく。

従来、音楽伝承譚という話型とのかかわりから、琵琶が取り上げられてきた。その一方で、女君が演奏するもう一つの楽器である箏の琴を弾くことについては注目されてこなかったといえる。神田龍身は、[7] 現存本『寝覚』が「内面＝心中思惟」という方法によって語られていることを指摘している。しかし、改作本『寝覚』では心内文が短縮・単純化される傾向にあり、寝覚の上の心の内が物語中に表出されることが少なくなっている。そのような改作の在り方の中で、改作本『寝覚』における寝覚の上がものを思いながら楽器を演奏するという行為は、寝覚の上の内面を探る上でも、改作本『寝覚』が内面を語る方法を探る上でも注目すべき点といえる。

そこで本稿では、改作本『寝覚』において寝覚の上の演奏行為を分析することを通して、寝覚の上の演奏行為が天人に予言された「人のものを思ひ乱れ給ふべき宿世」を体現していることを示す。

二、改作本『寝覚』における寝覚の上の演奏行為

改作本『寝覚』の研究は十分なされてきたとはいえず、未だ現存本『寝覚』研究に依らざるを得ない部分も多い。本稿で取り上げる寝覚の上の演奏行為についても同様の状況である。しかしながら、改作本『寝覚』は現存本『寝覚』とは異なる論理の下に語られている。まず、改作本『寝覚』と現存本『寝覚』の関係から、改作本『寝覚』の性格について述べていきたい。

現存本『寝覚』は次の序から語り起こされる。

人の世のさまざまなるを見聞きつもるに、なほ寝覚めの御仲らひばかり、浅からぬ契りながら、よに心づくしなる例はありがたくもありけるかな。

（現存本『寝覚』巻一　一五頁）[8]

物語は「寝覚の御仲らひ」を語っていくものとして語り起こされ、源太政大臣家を紹介する語りへと物語内容に移っていく。一方、改作本『寝覚』の序は座談の場という語りの〈場〉が設定される。その中で「大人しき人」が夢について語る部分が次の通りである。

中に大人しき人、「よろづ知り顔にして、はかなき夢とはいかにものし給ふか。『夢、来し路に通ず』と申すこと、本文に見えたり。されば、雨の夜の寝覚がちにて閨のうち静かならぬには、そぞろなる夢も見る、これを『寤寐』[9]と申すなり。空晴れ月明らかなる折、あざやかなることを見るを『実夢』と申して、これは疾く遅きことこそあれ、必ず空しからずとぞ承り置きたる。古き人の語り侍りしは……

（改作本『寝覚』巻一　八―九頁）[10]

このように、改作本『寝覚』では「空晴れ月明らかなる折、あざやかなることを見る」夢を『実夢』として、実夢の例証として「古き人」の語った話を語り出していく。この「古き人」が語ったという話が現存本『寝覚』のような物語であり、おそらく原作を下敷きにしつつ改作がなされた『寝覚』の世界であると考えられる。そして、改作本『寝覚』はこの序を受けるように、寝覚の上と男君の幸福な姿を語り「かくて、殿、上、栄え楽しみ給ふさま、昔も例少なくぞありける。」（巻五　三七七頁）とし、さらに「かやうに、夢はむなしからぬことと、ありがたくぞ侍りし、とぞ」（同三七八頁）と物語を閉じる。

改作本『寝覚』は幸福な結末を迎えるために不幸の要素を取り除いていく傾向がある。特に、巻三以降は物語に大きな改変が見られ[11]、改作本『寝覚』の改作の姿勢が強く現れている[12]。渡辺純子[13]は、このような改作の姿勢の背景に改作本『寝覚』の「実夢」への信仰を指摘している。渡辺は、「実夢」を中心とした物語の変換には、天人降下事件を幸福をもたらす「実夢」への読み換えがあるとし、暗に原作の夢が「むなし」いものであったことを示し、改作本『寝覚』では夢が「ありがた」いものであるという姿勢の下で語られていることを述べている。

　このように、改作本『寝覚』はストーリーが改められただけではなく、「夢」という独自の論理の元で物語が語られている。本稿は、現存本『寝覚』の研究を手がかりとしつつも、改作本『寝覚』が「夢」への信仰のもと独自の論理を有しているという立場から、改作本『寝覚』における寝覚の上の演奏行為について検証していく。

【表】寝覚の上が演奏する場面（十一件）

	場面	（楽器）	全集頁
巻一	①源太政大臣家の紹介	（箏の琴）	九―一〇
	②八月十五夜の遊び	（箏の琴）	一〇―一一
	③夢に天人降下（一年目）	（琵琶）	一一―一二
	④夢に天人降下（二年目）	（箏の琴・琵琶）	一二―一三
	⑤三年目は天人降下せず	（琵琶）	一三
	⑥九条での合奏	（箏の琴）	一七―一九
	⑦正月	（箏の琴）	四四―四六
巻二	⑧広沢の秋	（箏の琴）	一〇二―一〇三
	⑨広沢の八月十五夜	（琵琶）	一〇八
巻三	⑩大将にうながされ演奏	（箏の琴）	二一七―二一八
	※若君の笛の稽古	（箏の琴）	二五五―二五七

巻四		
巻五	⑪石山の姫君の裳着の宴　（琵琶）	三六九—三七〇

改作本『寝覚』における寝覚の上の演奏行為は物語内で十一件ある（【表】参照。以下、用例番号①—⑪は本表による）。なお、巻三の若君の笛の稽古は実際に演奏をする場面はなく会話文の中でのみ示されている例であるため、用例には含まず、表において指摘するに留めている(14)。

①—⑤は物語冒頭部の一連の場面である。物語ではまず、序に続く語りによって、源太政大臣家そして後の寝覚の上である妹姫君のことが取り上げられる。

①　朱雀院の御はらからにておはしける人、姓を賜はりて、ただ人になり給ひて、朝廷の御後見し給ひける、源氏の大臣とて太政大臣なる人おはしけるが、上二人持ち給ひたる中に、二位の大納言と申す人の御むすめの腹に、男君一人、女君一人おはしけり。帥の宮と申すが姫君の御腹に、男君一人、女君一人おはしけるに、その二人の上みな失せ給ひて後、源氏の大臣、世の憂きことに思し懲りて、いと広くおもしろき所にひとり住みわたり給ふままに、琴、琵琶、笛どもすぐれ給へれば、それを慰みにて、腹々なれども四人の君だちを迎へ寄せて、男には吹き物教へ給ふ。姉姫君には琵琶教へ、妹は宮腹の御むすめ、それには箏の琴教へ給ひつつ、いづれをも分けずはぐくみ給ふ。男君、兄をば中納言にて左衛門の佐をかけさせ、弟は宮腹なるべし、それをば宰相の中将になし給ふ。

妹姫君は十二にて、いまだいとけなき程なる御かたち、この世の類にはあらぬにやと見え給ふ。教へ奉り給ふ箏の琴をも、ただ一わたりに類なう弾き取り給へば、大臣も一方ならぬ御心ざしにて、あはれにかなしく思したるに、（後略）

（改作本『寝覚』巻一　九—一〇頁）

父源太政大臣は姉姫君に琵琶を、寝覚の上に箏の琴を教えていた。十二歳の八月十五夜、寝覚の上は姉とともに合奏をする（表②）。この時の合奏での楽器の担当は、姉が琵琶、寝覚の上が箏の琴である。

②（前略）八月十五夜の月、昔より言ひならはしたることなれども、ことわりにも過ぎて隈なければ、姫君たち端近くながめ給ひて、大君は琵琶、妹姫君は箏の琴を弾き給ふに、とりどりにめでたき中にも、見目ことがらの言ひ知らずうつくしうおはするゆゑにや、御年は足り給はねども、箏の琴の音は聞こえぬ隈もあらじとまで、大臣おどろき給ひて、「教へしよりもけにいまめかしき爪音。あはれ、母宮おはせば、いかばかり思ひ給はん」と涙落とし給ふ。

（改作本『寝覚』巻一　一〇―一一頁）

その夜、寝覚の上の夢に天人が現れ、寝覚の上は琵琶を伝授される。

③　夜いたく更けぬれば、わざとはなく、琵琶に押しかかりて二人ながらうちまどろみ給ひたるに、妹姫君の御夢に、うるはしきさましたる人の、髪上げてにほひことなる、琵琶をさげて、「この世に伝はらぬ、今五つ残したるを、明年の今宵下りまうで来て、教へ奉らん」とて、失せ給ひぬと見て、うちおどろき給ひたるに、暁になりにけり。

琵琶は大臣の教へ給はねば、弾くこともなきに、習ひつる手どものいとよくおぼゆるを、あやしさに、琵琶を引き寄せて弾き給ふに、大臣聞きつけ給ひて、「こは、いかに弾きすぐれ給へるにか。琵琶をばいまだ教へきこえざりつるを、誰が教へ奉りて、これ程めづらしき手をば弾き給ふにか」とのたまふ。ありのままに申さんもまことしからねば、紛らはしてのたまはず。習ひ奉りし箏の琴よりも、夢の伝への琵琶は、いささかとどこほるところなくて続けらるるを、人にこそ並べて聞かせねども、忍びつつ弾き給ける。

（改作本『寝覚』巻一　一一―一二頁）

このように、寝覚の上は天人から琵琶の伝授を受けたことで箏の琴・琵琶という二種類の楽器を演奏することができるようになるのである。これは現存本『寝覚』においても同様の運びであり、寝覚の上は父から箏の琴を、天人から琵琶を習うのである。

現存本『寝覚』における寝覚の上の演奏について、永井和子[15]は寝覚の上の演奏には「人の心をひきつける不思議な力」を持っているとし、聞く人は行動を起こさずにはいられないとする。さらに永井は、寝覚の上が弾く箏の琴と琵琶には使い分けがあるのではないかと指摘している。その指摘を受け、山中恵理子[16]は箏の琴は父太政大臣による皇統接近を志すものであり、琵琶は中の君自身に名誉をもたらしながらも一族の皇統を強固なものにしていくものであると意味づけている。また、寝覚の上にとっての箏の琴は中川正美[17]が「姉と同じ心で過ごした幸せな昔の象徴」と述べており、山中も中川論を受けて箏の琴を位置づけている。

たしかに、改作本『寝覚』における箏の琴にも、姉との思い出といった一面がある[18]。しかし、改作本『寝覚』には、寝覚の上の生き別れた娘である石山の姫君を思って弾く例[19]がある。

⑩月さし出でて、虫の声乱れ、風の音身に沁む程なるに、「この姫君に箏の琴習はし侍るに、はかばかしき師のなくて、思ふさまに習ふまじかめる。まなびうつしもやし侍る」とて、「弾かせ給へ」とて、琴奉り給ふに、「入道殿の習はせ給ひしに、はかばかしうもえ習はずなりにしを」とて、手も触れ給はぬを、せちに恨みつつ、御手を取りて琴の上に置き給ふに、行方知らぬこと、まづ思し出で、「かほどにある折とも、見ず知らずこそあらめ」と思ふに、とどめがたくあはれなる心にもよほされて、掻きたて給へる、月影に光添へる御かたち、例なき爪音、いかなるもの耳聞き入れ奉らんとおぼえ給へば、さのみもえすすめ給はず。その後は、姫君たちを渡し給ひて慰め給ふに、なかなか心のままにもの思ひしよりもわびしくて、過ぎにし方恋しう思さる。

（改作本『寝覚』巻三　二一七—二一八頁）

大将に箏の琴を弾くよう所望され、寝覚の上はやむを得ず琴を弾く。ここでは「行方知らぬこと」と、生き別れになっている石山の姫君のことを思い返している。すなわち、改作本『寝覚』では、姉との思い出だけには留まらない箏の琴の一面があると考えられる。

また、箏の琴と琵琶の使い分けについては、寝覚の上の意志であるよりもむしろ外的な要因が強い。同一場面で箏の琴と琵琶を使い分けている例は二年目の天人降下の場面のみである。

④つとめてより雨降りて、名残りの雲晴れやらねば、月いかならんと思ふに、夕方より晴れて、月隈なくさし出でたれば、夢の契りを待ち給ひて、宵の程は箏の琴を弾き給ひけるが、人静まりぬれば、つつむ音もなく琵琶を弾き給ひて、更けゆくままに、さながらうち臥し給ひたる夢に、同じ人おはして、

（改作本『寝覚』巻一　一二頁）

この例では、人々が寝静まってからは琵琶を演奏している。一年目の天人降下の際に「人にこそ並べて聞かせねども、忍びつつ弾き給ける。」（巻一　一二頁）とあったように、人の目がある時には琵琶を演奏しないのである。また、箏の琴を演奏する際にも、「聞く人もあらじと思して心とどめて弾き給ふ」（⑧　巻二　一〇二頁）と、寝覚の上が聞き手の有無を意識して演奏していることがわかる。[20]さらに、⑩は大将に箏の琴を所望されて、⑪は中宮に琵琶を所望されて、と他者に楽器を決められる場合がある。これらのことから、改作本『寝覚』において寝覚の上自身の意志で楽器を使い分けているとは判断しがたい。

永井の指摘する「人の心をひきつける不思議な力」は改作本『寝覚』の聞き手にも働いている。次節では、寝覚の上の演奏を聞き手がどのようにとらえているかを検証したい。

三、寝覚の上の演奏と聞き手

はじめに、寝覚の君が楽器を演奏するとき、聞き手が演奏の音や演奏する姿をどのように捉えているかを検証す

る。

寝覚の上は、物語冒頭においてすでにその姿が類い稀であることが語られている。

①妹姫君は十二にて、いまだいとけなき程なる御かたち、この世の類にはあらぬにやと見え給ふ。教え奉り給ふ箏の琴をも、ただ一わたりに類なく弾き取り給へば、大臣をも一方ならぬ御心ざしにて、あはれにかなしく思したるに、（後略）

（改作本『寝覚』巻一　一〇頁）

寝覚の上は姿が「この世の類にはあらぬにやと見え」るのみならず、楽才すらも父に「あはれにかなしく思」われている。そして、優れた箏の琴の演奏は天人を呼び寄せ、琵琶を伝授されることとなる。天人から伝授された琵琶を聞いた父は次のように反応する。

③琵琶は大臣の教え給はねば、弾くこともなきに、習ひつる手どものいとよくおぼゆるを、あやしさに、琵琶を引き寄せて弾き給ふに、大臣聞きつけ給ひて、「こは、いかに弾きすぐれ給へるにか。琵琶をばいまだ教へきこえざりつるを、誰が教へ奉りて、これ程めづらしき手をば弾き給ふにか」とのたまふ。

（改作本『寝覚』巻一　一一―一二頁）

⑤吹く風も雲の上まで行くべくは告げ来せ顔に弾き澄まし給へる琵琶の音、言ふ限りなくおもしろきに、大臣もおどろき給ひて、めづらかに、いみじうかなしと思して、「わが子にあらじ。天つ乙女などの仮りに宿り給へるにや」と、なよ竹のかぐや姫のことも思し出でられ給ひて、うつくしき御かたちありさまにも、「目見入れきこゆるものやあらん。いとこれ程なくても、などなかりけん」とまでぞ思し嘆きける。

（改作本『寝覚』巻一　一三頁）

一年目の天人降下の後は、「めづらしき手」である天上の楽であることへの反応である。三年目の八月十五夜の演奏を聞きつけた際には、「天つ乙女の仮りに宿り給へるにや」と、『竹取物語』のかぐや姫を想起している。

また、父以外の人々が琵琶を聞いた際にも同様の反応がうかがえる。一年目に琵琶を教えた天人自身が次のように反応する。

④「教へ奉りしよりもすぐれてあはれなりつる琵琶の音かな。この御手ども聞き知る人、えしも無からんものを」とて、（中略）今教へ給ひぬるもつゆのたどりなければ、心ながらもあやしくおぼえて、

（改作本『寝覚』巻一　一二頁）

寝覚の上の琵琶は教えたよりもすぐれて心を動かす音であるという。寝覚の上は長らく琵琶を弾いていなかったが、広沢で迎えた八月十五夜の月に天人の予言を思って琵琶を弾く。この際、兄である宰相中将は偶然やってきて琵琶を聞いている。

⑨宰相中将参り合ひて、聞き給ふに、雲居にも目見入れきこゆるものやあらんと、そら恐ろしきまでありがたく、これをただ今后の位になし奉りても、この御ありさまには足らずおぼゆべきに、いふかひなきさまにて沈め奉ること、口惜しくかなしくおぼえ給ふ。

（改作本『寝覚』巻二　一〇八頁）

「そら恐ろしきまでありがたく」と恐ろしさをも含んだ楽のすばらしさを評価している。この日の琵琶の演奏は偶然近くを通りかかった琵琶の名手である宮の中将も「類なく」と聞いている。宮の中将の立ち聞きは後に寝覚の上を盗みだそうとする事件に発展し（実際には取り違えて関白の中の君が盗まれる）、宮の中将の心を動かすこととなる。

さらに、石山の姫君の裳着の宴で演奏をした際にも、聞く人々を驚かせている。

⑪掻きたて給る琵琶の音、なのめならんや。「これを内にも聞こし召させてしがな」と思し召す。和琴も弾き止させ給ひて聞き給へば、その余のものの音もみな止みて、聞き給ふ。殿はまして、めづらかにありがたく聞きおどろかれ給ふ。上達部、殿上人よりはじめて、あらぬ世に生まれたらんやうに思す。

（改作本『寝覚』巻五　三六九―三七〇頁）

このように、寝覚の上の琵琶は人々の心を驚かしている。琵琶の演奏では繰り返し「めづらしき手」、「あらぬ世」のように異郷の音であることが聞き手の視点から語られていく。また、父が「天つ乙女の仮りに宿り給へるにや」としたり、兄宰相中将が「雲居にも目見入れきこゆるものやあらん」とするように、聞く人に天人とのつながりや天人そのものであるかのように感じさせている。

ところが、寝覚の上が箏の琴を演奏する際にも異郷性が示されている（③・⑥・⑧）。⑥の九条の邸での合奏は男君の垣間見・一夜の逢瀬の発端として機能する場面である。

⑥琵琶の音も悪からねど、時々掻きあはせらるる箏の琴は、すぐれてありがたく聞こふるに、

（改作本『寝覚』巻一　一八頁）

何よりも垣間見の発端となったのはすぐれた寝覚の上の箏の琴であった。この箏の琴をきっかけに、男君は箏の琴を弾いている人物（実際には寝覚の上）を見たいと、「ゆかし」く思う。すなわち、箏の琴の演奏においても人をひきつける力が働いているのである。

⑧入道殿は、仏の御前におはしけるが、聞き給ひて、堪へかねて、行ひも怠りて渡り給へれば、弾き止み給ひぬるを、「なほ、あそばせ。西の迎への近き心地してまうで来る」とて、

（改作本『寝覚』巻二　一〇二―一〇三頁）

⑩月影に光添へる御かたち、例なき爪音、いかなるもの耳聞き入れ奉らんとおぼえ給へば、さのみもすすめ給はず。

（改作本『寝覚』巻三　二一八頁）

⑧の例では、父が演奏を「西の迎へ近き心地して」と評価している。会話上のレトリックともとれるが、「西の迎へ」という比喩からは寝覚の上の異郷性が示唆される。また、⑩で箏の琴の演奏を目の当たりにした大将は「いかなるもの耳聞き入れ奉らん」と恐れ、むやみに演奏を勧めなくなる。

このように、寝覚の上は琵琶のみならず箏の琴を演奏した際にも人の心を引きつける。さらには人でないものまでもひきつけてしまうかのような可能性が伏流している。また、天人から学んだ琵琶ではなく、父から習った箏の琴すらもこの世のものではないかのように語られていく。そして、聞き手に「この世」ではない世界とのつながりすら感じさせている。実際に、寝覚の上の箏の琴は物語冒頭において天人降下を招いている。物語では寝覚の上の演奏によって異郷のものが呼び寄せられる可能性が常に伏流しているのである。

さらに、これらの聞き手の大半は寝覚の上の意図したわけではない人々である。一年目の天人や垣間見をした男君以外にも、寝覚の上が演奏すれば「聞きつけ」てやってくる父の存在も寝覚の上が想定する聞き手ではない。寝覚の上の演奏は、想定外の聞き手の心をも動かし、その聞き手の視点から寝覚の上の演奏が「この世」に属さないものとのつながりがあるものとして物語に位置づけられていくのである。

四、演奏行為における寝覚の上の内面

前節では、寝覚の上の演奏が聞き手にこの世のものでないかのようにとらえられていることを確認した。また、天人から伝授された琵琶のみならず、箏の琴においても異郷性が伏流している。本節では、そのように聞き手に聞かれる演奏を、寝覚の上自身がどのような思いで弾いているかを考察したい。

物語冒頭では寝覚の上自身の意志は希薄である。わずかに、二年目の八月十五夜⑷、三年目の八月十五夜⑸に見える程度である。

④「教へ奉りしよりもすぐれてあはれなりつる琵琶の音かな。この御手ども聞き知る人、えしも無からんものを」とて、（中略）今教へ給ひぬるもつゆのたどりなければ、心ながらもあやしくおぼえて、姉君に、「琵琶教へたる人こそありつれ」とはのたまひけれども、こまかにはえ語り給はず。

⑤またの年の八月十五夜の月おもしろければ、琵琶を弾きつつ、格子も上げながら、更くる程に寝入り給ひたれども、ありし人、夢にも見え給はず。うちおどろき給へば、月も入り方になりぬ。口惜しくて、

天の原雲の通ひ路とぢてけり月の都の人も訪ひ来ず

吹く風も雲の上まで行くべくは告げ来せ顔に弾き澄まし給へる琵琶の音、言ふ限りなくおもしろきに、大臣もおどろき給ひて、めづらかに、いみじうかなしと思して、「わが子にあらじ。天つ乙女などの仮りに宿り給へるにや」と、なよ竹のかぐや姫のことも思し出でられ給ひて、うつくしき御かたちありさまにも、「目見入れきこゆるものやあらん。いとこれ程なくても、などなかりけん」とまでぞ思し嘆きける。

（改作本『寝覚』巻一　一三頁）

二年目の八月十五夜では、夢で天人に習った琵琶を実際に弾けることを「あやしく」思っている。三年目の八月十五夜では、約束をした天人が夢に現れず、来てくれなかった悔しさから琵琶を弾いている。このように、冒頭部においては寝覚の上の意志の及ばないところで天人から琵琶伝授を受ける。寝覚の上自身は二年目、三年目の十五夜に天人がやってくることを待ち望んでいる。

九条の邸での合奏⑥の後男君と一夜の逢瀬を交わし、以降寝覚の上は臥せる日々が続く。この臥せり思い悩む日々は大将に心を開く巻三末尾まで続く。この間、寝覚の上は起き上がることもままならない日々が続き、時には意識不明になるまで至る。このような日々の中で寝覚の上は何を思って楽器を演奏していたのか。

寝覚の上が我が身を思う例が⑦・⑧・⑨である。そのうち、⑦・⑧の例は状況・表現が類似している。

⑦（前略）例ならず起き居給ふにと、めづらしく思ひて御前に人々参りたれば、本意なかるべければ、脇息に押しかかりて見わたし給ふに、いつしか薄霞みたる空のけしき、池の氷の解けはじめたるさま、心なき類もかく

こそ春知り顔なるに、など月日の行方も知らぬ身ならんと、めづらしく御琴引き寄せてまさぐり給ひつつ、[21]「いつなりけん、思ふことなくて、中納言殿の上に時の間も立ち離れきこえず遊びしに、今は見え奉ることは苦しく、常に馴れし人々にもかかげはづかしくて、人の見ざらん巌の中にもがな」と思ひなりゆくも、ありし身ともおぼえず、人々の変はらぬさまにて並み居たるも、あはれに見わたし給ひて、涙を浮けて、つくづくとながめ出だし給へるけしきの心苦しく見ゆるに、情けなき夷なりとも見奉らば涙落としつべし。まして、この御方に思ひつき奉りたる人々の、なのめに思ひきこえんや。「いかが尽きせぬ御けしきならん。心細く思さるるにこそは」と見奉るにこそ、いかにもせられず、みな涙ぐまれぬ。（改作本『寝覚』巻一　四五―四六頁）

⑧広沢には、神無月の頃なれば、うち時雨るる空のけしき、思ふことなき人だにそぞろにものがなしきに、嵐の山の麓なれば、風にしたがふ紅葉のいろいろ、あはれにながめ暮らし給ふに、時雨晴れゆき、小倉の山の月隈なきに、ありし夢の心地、夜は空の光も知らず涙にのみ沈みておはせしに、起き上がりて見給へば、庭のけしき、千草の霜枯れゆくに、あるかなきかに残る虫の音までも、目にさいぎり、耳にとどまる、あはれ尽きず。

　ありしにもあらずなりゆく世なれども月ばかりこそ昔なりけれ

この程は手も触れ給はざりし箏の琴引き寄せて、掻き鳴らし給ふに、所がらにや、あはれまさりつつ、松の嵐も通ひたれば、御心澄みまさりて、聞く人もあらじと思して心とどめて弾き給ふを、（後略）

（改作本『寝覚』巻二　一〇二―一〇三頁）

⑦・⑧のいずれも、寝覚の上が珍しく「起き」ていることが取り上げられる。[22]⑦では冬から春へと移ろう新春の風景を見、四季の巡りの中で取り残される孤独な身を思いやり、箏の琴を引き寄せる。姉と過ごした昔を顧み、そうすることが叶わない今へと思い至る。⑧では、時雨が晴れ行き現れた月にかつて天人が訪れた夢を思う。そして、秋から冬へと移ろう風景を見、月だけが昔のままであると箏の琴を弾く。⑧は現存本では具体的な風景が取り上げ

られない(23)。すなわち、改作本『寝覚』では四季の巡りに取り残される寝覚の上がより強調され、さらに寝覚の上が天人降下の夢を想起しているのである。

⑧と同様に月に思いを馳せるのは⑨である。

⑨入道殿は、その後は、いかにしてか慰めきこえておとろへ給へるを直し奉らんと思すに、常は晴るる世なくかきくらさるるに、八月になりて、十五夜の月いと隈なきに、昔思ひ出で給ひて、「『いみじく心乱るべきものぞ』と月の都の人ののたまひしは、げに」と思ひ合はせられて、やすき慣らひには涙のみ流れて、琵琶を引き寄せ、夢の伝への音を御心のすむままに惜しむことなく弾き給ふに、宰相中将参り合ひて、聞き給ふに、雲居にも目見入れきこゆるものもやあらんと、そら恐ろしきまでありがたく、これをただ今后の位になし奉りても、この御ありさまには足らずおぼゆべきに、いふかひなきさまにて沈め奉ること、口惜しくかなしくおぼえ給ふ。

（改作本『寝覚』巻二　一〇八頁）

寝覚の上は広沢で八月十五夜に月を見、天人の予言を思い返す。その予言は、二年目の天人降下の夢で天人が「あはれ、あたら、人のものを思ひ乱れ給ふべき宿世のおはするかな」（巻一　一二頁）と呟いたものである。寝覚の上は「げに」と、予言の通りになってしまった「今」を思う。

次に、寝覚の上が思う対象が明確な例は、石山の姫君を思う例である。

⑩月さし出でて、虫の声乱れ、風の音身に沁む程なるに、「この姫君に箏の琴習はし侍るに、はかばかしき師のなくて、思ふさまに習ふまじかめる。まなびうつしもやし侍る」とて、「弾かせ給へ」とて、琴奉り給ふに、「入道殿の習はせ給ひしに、はかばかしうもえ習はずなりにしを」とて、手も触れ給はぬを、せちに恨みつつ、御手を取りて琴の上に置き給ふに、行方知らぬこと、まづ思し出で、「かほどにある折とも、見ず知らずこそあらめ」と思ふに、とめがたくあはれなる心にもよほされて、掻きたて給へる、月影に光添へる御かたち、例

なき爪音、いかなるもの耳聞き入れ奉らんとおぼえ給へば、さのみもえすすめ給はず。
（改作本『寝覚』巻三　二一七―二一八頁）

大将の連れ子の姫君を前に箏の琴を所望され、寝覚の上は生き別れとなっている石山の姫君のことを思い巡らす。この時点では寝覚の上の臥せる日々は解消され、今度は大将との結婚・子らの処遇について思い悩んでいくのである。石山の姫君には琴を習わすどころか対面することすら叶わないことを思う。それは、石山の姫君への思いでもあり、そうあらざるを得ない我が身への思いでもある。

このように、寝覚の上が演奏する例を見ていくと、さまざまな対象に心を向けつつも、むしろ寝覚の上の我が身への思いが発露されている。自分の力ではどうすることもできない現状に対して、ただ思い悩むことしかできない寝覚の上の心の内が体現されているのが寝覚の上の演奏の場面である。「など」、「げに」などとことばにすらできない思いが、寝覚の上を演奏行為に向かわせている。そして、それが楽器の演奏という不特定多数の他者に伝わってしまうものであるからこそ、聞き手の心を動かしてしまう寝覚の上自身の力が発動してしまうのである。

さらに、石山の姫君の裳着の宴での演奏でもそうであるように、寝覚の上の演奏では思い悩む心、あるいは思い続ける心こそ音に反映されている。

⑪（前略）姫君に箏の琴、上の琵琶、中宮の御前に和琴参りて、四位の少将、今は三位中将にて、横笛を吹き給ふ。大夫、笙の笛、殿、拍子打ち給ひて、中宮、和琴をいとおもしろく掻き鳴らし給ふに添へて、掻き合はせ給へる姫君の箏の琴の音、昔天人の聞きめでて天下り給ひけん母君の箏の琴の音に劣る音なく、いみじきに、三位中将吹きたて給へる笛の音、雲居も響くばかりなるに、人々もあはれに聞きおどろく。上は、昔今のこと思し続けて、涙もとどめがたく思す心もよほされて、掻きたて給る琵琶の音、なのめならんや。
（改作本『寝覚』巻五　三六九―三七〇頁）

寝覚の上は琵琶のみならず箏の琴においても聞き手の心を動かす力を有している。言葉にならない思いや悩みが積み重なることで、寝覚の上の力は増幅し、より聞く人の心を動かしていく。寝覚の上は夢で予言された我が身を思い悩み、その悩みが体現されているのが楽器を弾くという演奏行為だったのである。

五、おわりに

改作本『寝覚』は「実夢の例証を語る物語」として、現存本『寝覚』にあった天人降下という奇瑞や寝覚の上の超人的な楽才を取り込んでいく。天人に予言された「人のものを思ひ乱れ給ふべき宿世」は、寝覚の上の演奏行為が聞き手の心を動かすことによって達成されていく。寝覚の上は自身の力では解決しえない状況を思い悩み、その思いが演奏に反映されることがさらに聞き手の心を動かす力を増幅させる。さらに、音楽という不特定多数に届くものによって思いが発露されることによって、不特定多数の聞き手、時には人ならざるものの心すらも動かしうる可能性が伏流する。寝覚の上の演奏行為はこのような危険を常に孕みながら、「人のものを思ひ乱れ給ふべき宿世」を体現するものだったのである。

本論で述べたことは現存本『寝覚』には必ずしもあてはまるものではなく、改作本『寝覚』独自のものである。特に、現存本『寝覚』は中間・末尾に欠巻があることから、物語の全体像を捉えがたい状態である。しかし、欠巻部の存在を加味しても、改作本『寝覚』は「実夢」との関わりがより強調された語り方となっており、「実夢の例証」を語る改作本『寝覚』ならではの現象であることが推測される。

中古の物語に比して、中世王朝物語において音楽にかかわる奇瑞が起こることは実は稀である。しかし、神仏に関わる不思議な現象は先行する物語よりもむしろ多く見られるのである。神仏にかかわる奇瑞が多くなっている一方、音楽による奇瑞の顕現は減少し、時には絶対性が揺るがされていくという現象は看過しがたい(24)。その背景には、物語または社会における音楽の意味の変容があるのではないか。

［注］

（1）上原作和「音楽・芸能」（神田龍身・西沢正史編『中世王朝物語・御伽草子事典』勉誠出版、二〇〇二年）。

（2）従来、後期物語『夜の寝覚』は、「原作」・「原作本『寝覚』」などと称されてきた。しかし、現存する『寝覚』が必ずしも改作本『寝覚』と同一系統の「原作」「原作―改作」関係にあるとは限らない。そこで本稿では、現存する後期物語『夜の寝覚』は「現存本『寝覚』」とする。このような考え方は、中川照将「現存本『寝覚』と、失われた原作本『寝覚』」（『源氏物語』という幻想』勉誠出版、二〇一四年←初出「同名異体の原作本『夜の寝覚』の存在―二つの『寝覚』が意味するもう一つの可能性について―」平安文学論究会編『講座　平安文学論究』一八、風間書房、二〇〇四年）に依るところが大きい。

（3）永井和子「寝覚物語の冒頭―中の君と音楽―」（『寝覚物語の研究』笠間書院、再版一九九〇年〈初版一九八六年〉←初出、関根慶子教授退官記念会編『関根慶子教授退官記念　寝覚物語対校・平安文学論集』風間書房、一九七五年）は「女性を中心に据えた一種の不思議な音楽譚」とし、坂本信道「音楽伝承譚の系譜―『源氏物語』明石一族から『夜の寝覚』へ―」（上原作和・陣野英則編『歴史・文化との交差／語り手・書き手・作者』〈テーマで読む源氏物語3〉勉誠出版、二〇〇八年←初出『文学』五六―四、岩波書店、一九八八年四月）は永井のいう音楽譚を『うつほ物語』以来の系譜とみている。坂本は、物語史の中に〝『うつほ物語』俊蔭一族―『源氏物語』明石一族―『夜の寝覚』女君〟という系譜を見出しており、この系譜が文学的階梯においての「秘曲伝授と皇統接近の話型を内包する作品」群の中核的存在であるとしている。

（4）河添房江「『夜の寝覚』と話型―貴種流離の行方―」（『源氏物語時空論』東京大学出版会、二〇〇五年←初出『日本文学』三五―五、一九八六年五月）。

（5）永井和子「寝覚物語と改作本寝覚物語―序の変容とその意味―」（『続寝覚物語の研究』笠間書院、一九六八年←初出『学習院女子短期大学　国語国文論集』一六、一九八七年二月）、河添房江「『中村本寝覚物語』の構造」（『源氏物

語時空論』東京大学出版会、二〇〇五年↑初出「中村本寝覚物語」『体系物語文学史三』一九八三年、有精堂）らによる指摘がある。

（6）渡辺純子「改作本『夜寝覚物語』―「実夢」の物語への改変―」（『大妻女子大学大学院　文学研究科論集』一〇、二〇〇〇年三月）。

（7）神田龍身「方法としての内面―後冷泉朝長篇物語覚書―」（『物語文学、その解体―『源氏物語』「宇治十帖」以降―』有精堂、一九九二年↓収録「平安朝後期物語の方法」として『時代別日本文学史事典　中古篇』有精堂、一九九五年）。神田は同論において、現存本『寝覚』のみならず後期物語に「内面」という方法がとられていることを述べている。

（8）現存本『寝覚』は新編日本古典文学全集（小学館）による。

（9）中世王朝物語全集（笠間書院）では当該箇所が「恋」となっていたが、文意が通らず、また「実夢」との対比関係にある文脈から「寤寐」に改めた。

（10）改作本『寝覚』は中世王朝物語全集（笠間書院）による。

（11）永井前掲注（5）論文は、改作本『寝覚』巻三以降の物語が現存本『寝覚』から大きく乖離していくとして、「原本寝覚の物語の存在を前提とし、そこから別の意図をもって寝覚物語を把握し直そうとする改作本の積極的な意志を感じとることができるように思われる」と指摘している。渡辺純子「『寝覚』の女一の宮―原作・改作における役割―」（『大妻女子大学大学院　文学研究科論集』九、一九九九年三月）は、巻三の中でも現存本『寝覚』において男君に降嫁される女一の宮が斎院に卜定される点が、原作との大きな乖離のはじまりと推定している。

（12）河添前掲注（5）論文は「月明の夜の夢に殉じそこに収斂する、即ち夢により構造的に変換を遂げた作品」とし、乾澄子「『夜の寝覚』―「模倣」と「改作」の間―」（『日本文学』四七（一）、一九九八年一月）は「改作『寝覚』は原作『寝覚』の発想を模倣しながらも改作するという姿勢」を持ち、その改作の姿勢は「換骨奪胎のおもしろさをねらった知的なもの」であるとする。

（13）渡辺前掲注（6）論文。

（14）寝覚の上が若君の笛の稽古をする際に箏の琴を弾いていたらしいことは、童殿上をした若君と帝との会話文から伺える。（　）にて主語を補ったものが次の通りである。

御前近く召し寄寄せて、（帝）「母の琵琶は習ふや」と問ひ給へば、（若君）「小さく候とて、いまだ教えず」と申し給へば、（帝）「笛は吹くや」とて、横笛を賜はせたれば、（若君）「母の箏の琴に合はせてこそ吹き候へ」と、いと幼げなる声して申し給へば、（後略）　（改作本『寝覚』巻三　二五六頁）

（15）永井前掲注（3）論文。

（16）山中恵理子「中の君への楽器伝授―『夜の寝覚』の音楽―」（『大妻女子大学大学院　文学研究科論集』六、一九九六年三月）。

（17）中川正美「物語の音楽、源氏物語以後」（『源氏物語と音楽』和泉書院、一九九一年）。

（18）寝覚の君の姉が琵琶を弾きながら昔を思い返す際、「いにしへ、関白殿の北の方とかやうなる夕べ遊びし折々の、箏の琴恋しう、ただ今の心地して」（巻三　二四一頁）と、寝覚の君は「箏の琴」として思い出されている。

（19）当該場面は、現存本『寝覚』では中間欠巻部にあたる時期の例である。そのため、原作『寝覚』にも本場面があったととるべきか、改作本『寝覚』の「改作」によって改変された場面ととるべきかは定めがたい。

（20）現存本『寝覚』における二年目の八月十五夜（⑤）の場面では、「またかへる年の十五夜に、月をながめて、琴、琵琶を弾きつつ、格子も上げながら寝入りたまへど、夢にも見えず」（巻一　二〇頁）と、「琴、琵琶」を弾いている。同場面は、改作本『寝覚』では「またの年の八月十五夜の月おもしろければ、琵琶を弾きつつ、格子も上げながら、更くる程に寝入り給ひたれども、ありし人、夢にも見え給はず」（巻一　一三頁）と、「琵琶」のみを弾いている。そのため、寝覚の上自身に箏の琴と琵琶との使い分けの意識がどの程度あるかは不明瞭な部分がある。しかし、二年目の八月十五夜（④）の場面では現存本『寝覚』および改作本『寝覚』のいずれも聞き手の有無を意識しており、寝覚の上自身に使い分けの意識があるといえる。

（21）⑦は、現存本『寝覚』では箏の琴を演奏する場面ではなく、姉とともに箏の琴を演奏したことを思い出す場面である（現存本『寝覚』巻一　八二―八三頁）。

（22）巻一後半から巻二の寝覚の上はほぼ臥せった状態であり、「起き」ている場合は当該場面（⑦・⑧）のように特筆される。他にも「からうして御頭もたげ給ひたれば、散り残りたる花もなく梢みな青みわたりたるを見給ふに、かくてもながらへける日数、夢のやうにおぼえて」（巻二　一七八頁）などの例がある。

（23）現存本の当該場面は次の通りである。

さすがに、姨捨山の月は、夜更くるままに澄みまさるを、めづらしく、つくづく見出だしたまひて、ながめ入りたまふ。

ありしにもあらず憂き世にすむ月の影こそ見しにかはらざりけれ

そのままに手ふれたまはざりける箏の琴、引き寄せたまひて、掻き鳴らしたまふに、所がらあはれまさり、松風もいと吹き合わせたるに、そそのかされて、ものあはれにおぼさるるままに、聞く人あらじとおぼせば心やすくて、ゆくかぎり弾きたまひたるに、（後略）（現存本『寝覚』巻二　二〇五―二〇七頁）

（24）中世王朝物語は先行する物語の例を先例としてあげることがある。その中には、「実際には奇瑞が起こらない物語」が「音楽によって起こった奇瑞」を引用するものがある。例えば、次のようなものを例として掲げることができる。

更け行くままに笛の音は澄み上りて、狭衣の大将の、「光にゆかん天の原」と吹き澄まし給ひけん笛の音も、これには及ばじや、まことに月の都の人待たるる心地する。めでたかんなる笛の音を、「いとかひある夜の遊び」と上も思したる。明け方になりぬれば、誰も誰もなごり多く思しながら、まかで給ひぬ。

（『苔の衣』夏　九七―九八頁）

ふけゆくままに、澄みまさりておもしろきに、天稚御子のめで給ひけん琴の音も、かぎりあれば、これにはまさらじと、天の羽衣、今やとおぼしやらるるに、忍びがたうて、御笛を吹き給ひて、さし出で給へるに、人々驚きあへり。群雲の内より月の光さし出でけるやうなる御気色は、山がつまでも心まどはしぬべき御匂ひにて、よその衣までも匂ひぬべし。（『小夜衣』上　六五頁）

これらの例では、いずれも先行する物語の奇瑞を示しながら「これには及ばじや」・「これにはまさらじ」と、物語のいま、ここで行なわれている演奏のほうが優れていることが聞き手の視点から示されている。なお、『苔の衣』・『小夜衣』は中世王朝物語全集（笠間書院）によった。

［付記］本稿は、二〇一七年度龍谷大学国文学会（二〇一七年六月二十四日、龍谷大学大宮学舎）において、「中世王朝

物語における音楽表現」と題して口頭発表した内容の一部を基にしている。ただし、成稿にあたっては大幅に加筆修正を施した。発表の席上、貴重なご教示を賜りました先生方には、深く感謝申し上げます。

中世人（びと）の「夢の浮橋」
――『山路の露』と紫式部堕地獄説話――

亀井　久美子

はじめに

『山路の露』は『源氏物語』の続編である。浮舟が薫・母親と再会するも、薫と浮舟の関係に大きな進展はない。このために「主題的発展性のない物語[1]」、あるいは、一巻としての独立性を有していない「中途半端な小品[2]」、などと評されてきた。成立時期は未詳であるものの、歌語や引歌には新古今時代の嗜好が採り入れられている。したがって、成立を鎌倉時代初期まで遡って考えることも可能である[3]。湯川直美は『山路の露』の歌語について、院政期に多用されたり新古今集時代に愛好されたりした語が多いと指摘する[4]。山内洋一郎は語彙について、「『源氏物語』的文体」ではあるものの、用語には「中世語的匂い」があるとする[5]。原岡文子は、新古今集時代の和歌を引歌に、「孤独と無常との中世的雰囲気に染め上げられ」ていると評する[6]。このように先行研究では、語彙や歌語が中世的であることが指摘されてきた。

しかし、このような中世的雰囲気は、語彙や歌語のみに因るものではない。浮舟の最終登場場面を二類本は次のように語る。

A尼君も（浮舟を）明けくれ見たてまつりあつかうをこそ、この世のなぐみ、山里の光と思しつるを、いみじき御とぶらひどもに、御国の山にあまるばかりなるに、こちたきまで、仏はかの世この世助け給ふ、とも思し知る。
（二類本二九〇頁＊傍線筆者、以下同じ）(7)

これは母中将君から小野に新春を迎えるための品々が届いた場面で、仏の加護に感謝するのは妹尼である。この感謝は物質的利得だけではない。「山里の光」である浮舟を絶えず大切に扱い申し上げることが「この世のなぐさみ」となっているという、精神的利得があってこそという文脈にある。第一類本・第二類本共通の本文としては、第一類本B「仏の導きたまへるなりけり」（九〇頁）、第二類本ではC「仏のかかる光を導き給へるなりける」（二九〇頁）が、Aの直前にある。仏が浮舟を小野に導いたというBCは、『源氏物語』手習巻で、意識不明の浮舟に語りかける妹尼の「仏の導きたまへると思ひきこゆる」（手習⑥二八八頁）と類似する。しかし、手習巻は亡くした娘の代わりとしてであるのに対し、BCは浮舟の存在そのものが人々に恩恵を与える点で異なる。『源氏物語』の「仏」の語を含む用例一五三例のうち、仏の加護に感謝する例は六例のみである。(8)この六例は、右近が玉鬘に出会った「仏神（ほとけかみ）の御導きははべらざりけりや」（玉鬘③一二四頁）、弁尼が八宮邸で薫に巡り会えた「仏は世におはしましけりとなん思うたまへ知りぬる」（橋姫⑤一六一頁）など、思いがけない出会いに対するものである。一方『山路の露』には、浮舟に再会した薫の衝撃の言「仏神もあはれみたまひけるにや」（六五頁）の他、妹尼が語る浮舟の容態回復に「仏神の御しるし」（七九頁）がある。つまり、『山路の露』では、思いがけない邂逅以外にも仏（仏神）の加護が感受されるのである。このような違いはどこから来るのか。また、仏の加護で評される浮舟物語の結末は、中世の仏教的源氏批評とどのようにかかわるのか。

本稿では、『源氏物語』に対する中世の仏教的批評の中から紫式部堕地獄説話を取り上げる。紫式部堕地獄説話は、狂言綺語観や比喩方便説、紫式部観音化身説を含むものである。紫式部堕地獄説話と表裏一体をなす現象が源氏供養である。源氏供養をする中世人(びと)という視座に立つと、『山路の露』の「主題的発展性のない」結末には別の意味が見い出せよう。

本稿は、紫式部堕地獄説話や源氏供養の展開を糸口にして、『山路の露』の結末の意味を明らかにする。

一、紫式部堕地獄説話――紫式部の罪――

紫式部堕地獄説話は、平安末期から中世にかけて浄土信仰の深化に伴って流布した(9)。紫式部堕地獄説話の最も早い言説として、一一七〇年成立の藤原為経（寂超）作が有力である『今鏡』、一一七八年頃成立の平康頼『宝物集』、『今鏡』と同じ頃成立の「源氏一品経」がある。一二三九～一二四〇頃成立とされる藤原信実『今物語』にも見られる。紫式部が堕地獄とされた罪とは何か。その罪に対しどのような見解があるのか。第一節では『今鏡』の記事を通して紫式部の罪を見ていく。

『今鏡』「打聞き　第十」の「作り物語の行方」と題された源氏物語評論は、対談形式で展開する。「打聞き」とは説話である。

D　又ありし人の、「まことにや、昔の人の作り給へる源氏の物語に、さのみかたもなき事の、なよび艶なるを、藻塩草かき集めるによりて、後の世の煙とのみ聞え給ふこそ、えんにえならぬつまなれども、味気なく、とぶらひ給えまほしく」など言えば、返り事には、「まことに、世の中には、かく（=紫式部堕地獄説）のみ申し侍れば、ことわり知りたる人の侍りしは、大和にも唐土(もろこし)にも、文作りて人の心をゆかし、暗き心をみちびくは常のことなり。妄語などいふべきにはあらず。わが身になき事を、あり顔に、げに〳〵と言ひて、人の悪きをよしと思はせなどするこそ、虚言(そら)などは言ひて、罪得ることにはあれ。これは、あらましなどや言ふべからむ。綺語とも雑穢語などは言ふとも、さまで深き罪にはあらずにやあらむ。

生きとし生ける物の命を奪ひ取りなどする深き罪あるも、奈落の底には沈むらめども、いかなる報いありなど聞ゆる事もなきに、これはかへりて、あやしくも思ゆべきことなるべし。（『今鏡』打聞き　第十　七〇三頁）[10]

紫式部が堕地獄となった罪は、「さのみかたもなき事」すなわち真実のない「虚言」で、好色をテーマにした「なよび艶なる」ことを書いたことである。「後の世の煙」とは、五戒の一つである「妄語」を犯した者は、焦熱地獄に堕ちるとされることを踏まえた表現と見られる。[11]「根拠のない色めかしいことをかき集めることによって、紫式部が地獄の責苦に苛まれているから供養したい」、という女人の言に媼は、紫式部に報いがあったという話は不審だと否定する。また、「虚言」ではあっても五戒の一つである「妄語」には当たらないと紫式部を擁護する。

E「人の心を着けむことは、功徳とこそなるべけれ。情けを掛け、艶ならむによりては、輪廻の業とはなるとも、奈落に沈む程にやは侍らむ。この世のことだに知り難く侍れど、唐土に伯楽天と申しける人は、七十の巻物作りて、ことばをいろへ、たとひを採りて、人の心の勧め給へりなど　聞え給ふも、文殊の化身とこそは申すめれ。仏も譬喩経など言ひて、無きことを　作り出し給ひて、説き置き給へるは、こと虚言ならず、とこそは侍れ。

女の御身にて、さばかりの事を作り給へるは、ただ人にはおはせぬやうもや侍らむ。妙音観音など申すやむごとなき聖たちの、女になり給ひて、法を説きてこそ、人をみちびき給ふなれ」など言へば……

（同　七〇五・七〇六頁）

媼はさらに、比喩方便説と、白楽天が文殊菩薩の化身と言われることを根拠に、観音化身説で紫式部を擁護する。作り物語というフィクションの「虚言」の罪を反転させ、譬喩によって人々を仏教に導くとするのが比喩方便説である。物語の比喩方便説は、既に『源氏物語』蛍巻の物語論に見られた。

F（源氏）「……仏のいとうるはしき心にて説きおきたまへる御法も、方便といふことありて、悟りなき者は、ここかしこ違ふ疑ひをおきつべくなん、方等経の中に多かれど、言ひもてゆけば、一つ旨にありて、菩提と煩悩との隔たりなむ、この、人のよきあしきばかりのことは変りける。よく言へば、すべて何ごとも空しからずなりぬや」
（蛍③二一三頁）

「一つ旨にありて、菩提と煩悩との隔たりなむ」の箇所には、古注釈が注を付けている。[12]『河海抄』は、「煩悩即菩提」こそ法華経の「一実円融之旨」と心得て、心が悟れば菩提となり惑えば煩悩となるテクストとして『源氏物語』を読む。[13]『花鳥余情』は、煩悩と菩提を氷と水に喩え、物語を読む際は「まよへば菩提の水こほりとなるさとれは煩悩のこほり水となる」と、煩悩と菩提が「一性」のものであることを述べて『河海抄』を補う。『細流抄』は「人の善悪は菩提と煩悩と也悉皆天台の法文をもちてかけり」と、天台的パラダイムの中で解釈する。[14]蛍巻の物語論を『今鏡』に引きつけると、妄念や煩悩を描く『源氏物語』は人間の真実を語るものである。煩悩と菩提とは同一の趣旨のものであるから、煩悩から仏教的無常観を感じせしめ仏道に導くことができる。よって、『源氏物語』を書いたことは功徳にこそなれ罪には当たらない、という論理になる。

『今鏡』は紫式部堕地獄説の罪を「虚言（そらごと）」と「なよび艶なる」ことと記すも、紫式部が報いを受けたといえる根拠がないと否定する。だが、この根拠を挙げるのが、第二節の『宝物集』と『今物語』である。

二、源氏供養

1　『宝物集』と『今物語』

堕地獄となったことの根拠には、地獄から現世に戻った者の証言が必要になる。例えば、『北野天神縁起』の延喜王堕地獄説話における日蔵の冥界巡りと蘇生、『日本霊異記』中巻第七縁の智光堕地獄説話における智光の冥界譚と蘇生がそれに当たる。[15]『宝物集』『今物語』の語る紫式部堕地獄説話では、人の夢に紫式部が現れ地獄の苦しみを語って供養を要請する。

『宝物集』は、歌人たちによる源氏供養を記し、その供養は夢に現れた紫式部自身の要請によるものであると記す。

G　ちかくは、紫式部が虚言をもつて源氏物語をつくりたる罪によりて、地獄におちて苦患しのびがたきよし、人の夢にみえたりけりとて、歌よみどもよりあひて、一日経かきて、供養しけるは、おぼえ給らんものを。

（『宝物集』巻第五　二二九頁）[16]

『今物語』では、夢に現れた紫式部が源氏供養の方法を具体的に述べる。

H　ある人の夢に、その正体もなきもの、影のやうなるが見えけるを、「あれは何人ぞ」と尋ねければ、「紫式部なり。そらことをのみ多くし集めて、人の心をまどはすゆゑに、地獄におちて、苦を受くる事、いとたへがたし。源氏の物語の名を具して、なもあみだ仏といふ歌を、巻ごとに人々に詠ませて、わが苦しみをとぶらひ給へ」と言ひければ、「いかやうに詠むべきにか」と尋ねけるに、

きりつぼに迷はん闇も晴るばかりなもあみだぶ仏と常にいはなん

とぞ言ひける。

（『今物語』三八　源氏供養　二五二頁）[17]

供養の方法とは、法会で人々が巻名と南無阿弥陀仏を織り込んだ歌を詠むというものである。

『宝物集』『今物語』の説話は、紫式部自身が夢に現れることで堕地獄説を根拠づけるとともに、現実社会に供養を要請する。『宝物集』が記す、歌人たちによる源氏供養を裏付ける歌が、『隆信集』と『新勅撰集』巻一に見える。[18]これらは『今物語』が挙げた作歌法とは異なる。供養の作歌法にはいくつかのバリエーションがあったものと推測される。藤原隆信は『今鏡』の藤原為経と美福門院加賀の間の子である。[19]また、藤原宗家は藤原俊成と美福門院加賀の間に生まれた八条院按擦の夫である。これらの事実から美福門院加賀の周辺で源氏供養が行われていたことが

分かる。このことは鎌倉時代に実際に源氏供養が行われていたことの一証である。

ところで、『今鏡』と、『宝物集』・『今物語』では、紫式部が地獄に堕ちた罪が少しずつ異なる。『今鏡』が「虚言」と「なよび艶なる」ことであったのに対し、『宝物集』・『今物語』は「虚言」のみである。さらにまた、『宝物集』では「虚言」で物語を作ったことが罪である。しかし、それならば『竹取物語』『うつほ物語』『狭衣物語』などの作り物語の作者すべてが罪に当たらなければならない。上代・中古文学において、物語作者の「名」が後世に残ることは極めて稀であったことを考慮すると、『宝物集』が挙げる罪は、紫式部作と「名」が残ったがゆえの、作り物語の代表的扱いのようにも見える。一方の『今物語』になると、「虚言」で人々の心を惑わしたことが罪である。言うならば、人の心を揺さぶり訴えかける優れた物語であるがゆえの罪ということになる。つまり、『今物語』は、罪と言いつつ作り物語の中での秀逸さを称賛している。このような称賛は「源氏一品経」にも見られる。

2　「源氏一品経」と「源氏物語表白」

「源氏一品経」と「源氏物語表白」は、源氏供養を目的とした法会の趣旨文である。源氏供養の場で導師により声明のように節を付けて唱えられた。「源氏一品経」作者は、藤原通憲（信西）の子である澄憲（一一二六〜一二〇三）である。「源氏物語表白」作者聖覚は澄憲の子であるので、この二つの趣旨文は極めて近い関係にある。

はじめに、澄憲の「源氏一品経」の本文を挙げる。

夫文學之興、典籍之趣、其旨旁分、其義區異也、如来經菩薩論、示戒定惠解之因、遥開菩提涅槃之門、周公書孔子語、専仁儀禮智之道、正君臣父子之儀、是以内典外典雖異、悉叶世出世間正理、若又左史記事、詳百王理亂四海安危、文士詠物、恣煙霞春興風月秋望、此外有本朝和歌之事、蓋日域風俗也、有本朝物語之事、是古今所製也。所謂落窪・岩屋・寝覺・忍泣・狭衣・扇流・住吉・水ノ濱松・末葉ノ露・天ノ葉衣・格夜姫・光源氏等也、如此物語者、非傳古人之美悪、非注先代之舊事、依事依人、皆以虚誕爲宗、立時立代、併課虚無爲事、其趣雖且千、皆唯語男女交會之道、其中光源氏之物語者、紫式部之所制也、爲巻軸六十巻、立篇目卅九篇、言渉内外之転籍、宗巧男女之芳談、古来物語之中以之爲秀逸、艶詞甚佳美心情多揚蕩、男女重色之家貴賤事艶之人、以之備口實以之蓄心機、故深窓未嫁之女、見之偸動懐春之思、冷席獨臥之男、披之徒勞思秋之心、故謂彼制作之亡靈、謂此披閲之諸人、定結輪廻之罪根、悉堕奈落之劔林、故紫式部亡靈、昔託人夢告罪根重、爰信心大施主禪定比丘尼、一爲救彼制作之幽魂、一爲濟其見聞之諸人、殊勧道俗貴賤、書寫法花廿八品之眞文、巻々端圖源氏一篇、蓋轉煩悩爲菩提也、經品々即宛物語篇目、飜愛語爲種智、昔白樂天發願、以狂言綺語之謬、爲讃佛乗之因、爲轉法輪之縁、今比丘尼濟物、飜数篇艶詞之過、歸一實相之理、爲三菩提之因、彼一時也此一時也、共離苦海同登覺岸。　（一二二・一二三頁）[20]

まず、仏典・儒書・史書・漢詩文・和歌・物語がそれぞれ「趣」「旨」「義」が異なることを述べ、次に『源氏物語』は物語の中でも「秀逸」で様々に人に影響を与えるがゆえに、読者も作者も「奈落の劔林」に堕ちると述べる。最後に、信心大施主禅定比丘尼が、作者と読者を救わんがために法華経二十八品を書写させ、その巻の端に「源氏の一篇」を書かせることで、煩悩を菩提に転じると結ぶ。同時期に成立した『今鏡』が、譬喩（ひゆ）をもって人々を仏の教えに導くとして、罪自体を否定する論理であるのに対し、「源氏一品経」は、秀逸であるがゆえの悪しき影響を並べた上で、供養によって煩悩を菩提に転ずるとする論理である。

次に、聖覚の「源氏物語表白」の一部を挙げる。

きりつぼのゆふべのけふりすみやかに、法性の空にいたり、はは木木のよるのことの葉は、つゐにかくしゆの花をひらかん。空蟬のむなしき世をいとひて、夕顔の露の命を観じ。わか紫の雲のむかへをえて、すゑ摘花のうてなに座せしめん。紅葉の賀の秋の夕には、落葉をのぞみて、有爲をかなしび、花のえんの春のあしたには、

> 飛花をくはんじて無常をさとらん。たま〳〵佛教にあふひなり。……かなしきかなや人間に生をうけながら、御法の道をしらずして、苦海にしつみ、まぼろしの世をいとはずして、世路をいろまん事しかじ。……つかさくらゐを、あづまやのうちに、逃れてたのしみさかへを浮舟にたとふべし。これもかげろふの身なり。あるかなきかのてならひにも、往生極樂の文をかくべし。夢の浮はしの世なり。朝なゆふなに來迎引接をねがひ、南無西方極樂彌陀善逝ねがはくば、狂言綺語のあやまちをひるがへして、紫式部が六趣苦患をすくひ給へ、南無當來導師彌勒慈尊かならず轉法輪の縁として、是をもてあそばん人を安養淨刹にむかへ給へとなり。
>
> （二三三・二三四頁）[21]

「南無西方極樂彌陀善逝」は阿弥陀仏に呼びかけた言葉で、「南無當來導師彌勒慈尊」は弥勒菩薩（慈氏菩薩）に呼びかけた言葉である。「源氏物語表白」は、和歌の修辞法を用いて巻名を織り込みつつ、『源氏物語』を仏教の教えに回収する。「源氏物語表白」の源氏供養は愛読者ゆえに行うもので、仏の前では懺悔せざるをえないとしても、作品が往生の妨げにならないことを信じる施主の心を代弁するものである[22]。源氏供養の背景には、「其の見聞の諸人を濟はんが爲」（「源氏一品経」）、「是をもてあそばん人を安養淨刹にむかへ給へ」（「源氏物語表白」）と、紫式部のみならず読者にまで拡大する紫式部堕地獄説話の展開がある。

「源氏物語表白」は長編物語の末尾を仏教的無常観で結ぶ。「浮舟にたとふ」、「かげろふの身」、「夢の浮はしの世」と作り、『今鏡』の比喩方便説を仏教的ストーリーで説明する。換言すると、「源氏物語表白」は人々を仏の教えに導く『源氏物語』という譬喩の功徳を具現化するものである。では、「源氏物語表白」が言う「夢の浮はしの世」とは、どのような世であるのか。最終巻名は他の巻名と比べ特殊な巻名である。「夢の浮橋」の語が巻中に見当たらない。先行作品における「夢の浮橋」の用例を調査した益田勝実は、「夢という浮橋の意味で、男女の夢の中の結びつきをいう場合に用いられることが多い」とし、「二人の交情の喪失の嘆きがまつわりついた観念と表裏していると述べる。[23]とすると、「源氏物語表白」の「夢の浮きはしの世」とは、浮舟を失った薫の喪失感を表すものとなる。『山路の露』が、薫と浮舟を再会させるも関係復活をさせない背景には、この世の無常に気づかせられ仏に導かれる物語として読もうとする、鎌倉時代の人々の源氏物語観があろう。

三、過去を「思ひ忘れ」られぬ浮舟——夢浮橋巻——

秋山虔は、『源氏物語』を女の救済へのたゆたいと読み、紫式部の浮舟への関心を「自律のきびしさ」と「自己をおしつめねばならなかった女性の現世的運命への愛惜」とする。[24]思い切れぬ浮舟のたゆたいを表す語の一つが「思ひ出づ／思ひ忘る（忘る）」である。

I「隔てきこゆる心もはべらねど、あやしくて生き返りけるほどに、よろづのこと夢のやうにたどられて、あらぬ世に生まれたらん人はかかる心地やすらんとおぼえはべれば、今は、知るべき人世にあらんとも**思ひ出でず**。（手習⑥三一〇頁）

J「過ぎにし方のことは、絶えて**忘れはべりにし**を、かやうなることを思しいそぐにつけてこそ、ほのかにあはれなれ」とおほどかにのたまふ。（手習⑥二六一頁）

K「……いかにもいかにも、過ぎにし方のことを、我ながらさらにえ**思ひ出でぬ**に、……」（夢浮橋⑥三八九頁）

L昔のこと**思ひ出づれど**、さらにおぼゆることもなく、あやしく、いかなりける夢にかとのみ心も得ずなん。……」（夢浮橋⑥三九三頁）

Iはまだ出家前のことである。別世界に生まれ変わった人の心地がして、自分を知っているはずの人がこの世にいようとも思い出せない、と妹尼に話す。もちろんこれは過去を隠す浮舟の嘘である。なぜなら、既に東国のことを思い出し（三〇一頁）、遊び事も習えなかった境遇を思い出し（三〇二頁）、母と乳母を思い出していた（三〇四頁）。**I**の後も、匂宮の一途な男心を思い出し（三二二頁）、淡々と穏やかに振舞っていた薫を思い出したこと（三三一頁）が語られる。**J**は、自身の一周忌法要のための衣に縫い直す小袿を渡され心地悪しく臥してしまったとき、妹尼に対して述べた言葉である。過ぎ去ったことはすっかり忘れておりましたが、このような仕立物を用意なさるにつけてほのかにしみじみとする、と。自分の素姓を隠しながらも、このような小袿を着る身分であったことをほのめかし、この後出家する。剃髪に当たってこれまでの身の上を思い出し（三三九頁）、紅梅を見ては「袖ふれし人」（三五六頁）を思い出す[25]。**KL**は、小君訪問時の妹尼への言い訳である。過去のことは忘れてしまったと言い張る。つまり、**IJKL**はすべて浮舟の会話文で、自分の外部に向かって発する「あらまほし」の自分である。それは過去と断絶し、自己「不在」の世界にある自分である[26]。

とは言え、過去の記憶は断ち切れない。なぜなら時間と記憶は過去から現在へと連続している。

M月日の過ぎゆくままに、昔のことのかく**思ひ忘れぬ**も、今は何にすべきことぞと心憂ければ、阿弥陀仏に思ひ紛らはして、いとどものも言はでゐたり。（夢浮橋⑥三八三頁）

Mでは横川から下山する薫一行の松明の灯を見、聞き覚えのある随身の声を聞いて宇治でのことを思い出す。このとき浮舟は阿弥陀仏に念仏して憂き過去を紛らわす。自分の内部にある心の疼きは、**M**のように自分でコントロールすることも可能だ。

しかし、外部からの侵略は「思ひ紛らはし」では処理できない。薫だけでなく事情を知った横川僧都までもが迫ってくる。妹尼も事情を聞かせよと責め立てる。「…その人にもあらぬさまを、思ひのほかに見つけられきこえたらむほどの、はしたなさなどを思ひ乱れて、いとどはればれしからぬ心は、言ひやるべき方もなし」（夢浮橋⑥三九二頁）と、迫ってくる過去に惑乱する。「忘れた」と言い張ることで、取り敢えずは小君を追い返すことに成功した[27]。しかし、「不在」の世界にある自分、という日常は崩壊した。「夢の浮橋」で薫の喪失感を表しながら、尼の破戒を懸念する横川僧都の危惧や、薫の「人の隠しすゑたるにやあらん」（夢浮橋⑥三九五頁）の疑念からは、薫の性的欲望が窺われる。だが、浮舟のゆくえを明言しないまま夢浮橋巻は幕切れた。

四、過去を「しるべ」とする浮舟――『山路の露』――

ところが、『源氏物語』からおよそ二〇〇年が過ぎ、浮舟は「年経たる尼君たちにもややたちまさり」（五二頁）、「御心みだれたまはざなる」（五三頁）と、仏道修行を深化させた姿で『山路の露』に登場する。初登場の浮舟は次のように象られる（大きな本文異同は網掛けで表す）。

N【一類本】小野には、なほたゆみなく行なひに心入れて、年経たる尼君たちにもややたちまさりて、深き方の心おくれをもさとり知りたまへれば、なほさるべき御ことにこそと、尼君もいとどあはれに見きこえて、僧都の下りたまへるに、「かく」などのたまへば、……（僧都）「いとありがたうものしたまふことにこそ。……女の御身には、悔いおぼす御心かならず出で来なんと、あいなう思ひたまへ嘆かれはべるに、御心みだれたまはざなる、いとめでたき御事なり。三世の諸仏もいかにあはれみたまふらん」（五二・五三頁）

O【二類本】小野には、なほたゆみなく行ひに心を入れて、年経たる尼君にもややたちまさり、深きかたの心おくれをも、いとあはれに見給へば、なほさるべき御ことに、と、尼君いとあはれに見きこえ、尊きことども説き聞かせたてまつり給へば、いとらうたげにうちうなづきて居給ふ。尼君、「いとありがたくものし給ふことにこそ。……なほ女房の御身に、と、悔いおぼす御心かならず出でなむ、とあいなう思ひ給へ歎かれ侍るに、御心乱れたまはざなる、いとめでたき御ことなり。三世の諸仏もいかにあはれみ給ふらむ」（二五二・二五三頁）

第一類本が、教義についての知識不足も自ら克服する利発さ・熱心さとするのに対し、第二類本では、浮舟の知識不足を見て取って「尊きことども」を説き聞かせたのは妹尼である。また、「いと…三世の諸仏もいかに…」の会話文を僧都のものとするか妹尼のものとするかに違いもある。「三世」とは過去・現在・未来のことで、それぞれに多くの仏がいると考えられている。いずれにしろ、浮舟は心乱れることなく修行に専念したことで、年功積んだ尼たちよりも少し勝り、「三世の諸仏もいかにあはれみたまふ」と褒められるまでに信仰が深化している。

夢浮橋巻は四月八日から始まる三日間の出来事であった。『山路の露』は同年秋から年末にかけての物語である。

P【一類本】今は、はじめつ方のやうにさのみもむすぼほれたまはず、過ぎにし夢の浮橋などの風に絶えはてて、衣の裏の玉あらはれんのみ、すずしうおぼえたまふにも、今はた里のしるべとも思ひ知られたまふ。（五三頁）

Q【二類本】今ははじめつ方のやうに、さのみも結ぼほれ給はず。過ぎにし夢の憂さは、皆科戸の風にたぐへ果てて、衣の裏の珠あらはれむのみ、涼しうおぼえて、里のしるべとも今ぞ思ひ知られ給ふべき。（二五三頁）

夢浮橋巻からの数か月で、浮舟は辛い過去の記憶を断ち切っているということになる。特に第二類本は、一切の罪や穢れを吹き払う「科戸の風」で、「過ぎにし夢の憂さは皆科戸の風に」と本文をとる。罪や穢れをきっぱりとの意を込めている。一方の第一類本は「過ぎにし夢の浮橋などの風に」と本文をとり、「夢の浮橋」を風に飛ばしてと、男女の交情を断ち切る意を込めている。

R衣の裏の玉あらはれんのみ、すずしうおぼえたまふにも、今はた里のしるべとも思ひ知られたまふ。（五三頁）

「衣の裏の玉」は、『法華経』「五百弟子授記品」に見える。身に備わる悟りの種に気づかず、釈迦の教えを聞いて初めて知ることで、衆生が自分の裡に潜む仏性を知らぬことの喩えである。浮舟は、身に備わる仏性が現れるであろうことだけをすがすがしい極楽浄土への道と思うことで、あの過去はこの山里へ自分を導く「しるべ」だったのだと気づく。忘れたい過去ではなく、その過去によって自分はこの現在に導かれたと考えることは、明日に向けて歩き出す力を生み出す自己肯定である。

そして、いよいよ外部からの侵略と対峙するときが来る。薫の使者として再び訪れた小君との対面である。

S姫君も、うち忘れつる昔のことども、今さらおぼし出でられて、まづ母君の行く方とはまほしけれど、うち出でたまふべき言の葉もおぼえず。（五七頁）

Sは地の文である。「今さら」は第二類本では「これも向かひてはさらに」である。忘れていた昔のことを対面を契機に思い出したとの説明を加える。第一類本からは、助動詞「つる（つ）」により自然に忘れたのではなく意図的に忘れようとしたという意が立ち現れる[28]。これは「忘れる」という行為の裏にある浮舟の意志をくみとる語りであるとともに、修行に専念してきた浮舟のこの数か月の濃密さを窺わせる。

このような浮舟の思いは、薫や母との再会があっても後悔や惑いに転じることはない。

T姫君は、なにとなくつつましき心地して、いとど経にのみまぎらはしてゐたまへるに、いつしか御文あり。（七〇頁）

U【一類本】かしこにはまた名残り悲しくて、ながめたまふまぎらはしに、君は例の後夜の行なひに心入れたまふべし。（八六頁）

V【二類本】姫君は名残もこひしくうちながめて、さまざまなりける身のありさま思しつづけて、なほ覚めやらぬ夢の心地ぞし給ふにも、よろづを削ぎ棄てて、行ひを心に入れ給ひ、いとどし給ふべし。（二八五頁）

Tは薫が帰った朝のことで、薫の残り香に大騒ぎする尼たちに遠慮されて浮舟は読経に気を「まぎらは」す。UVは母中将君が帰った朝のことで、U第一類本が母が帰った悲しさを「まぎらは」すと簡略に本文を作るのに対し、V第二類本は、「さまざまなりける身のありさま思しつづけて、なほ覚めやらぬ夢の心地ぞし給ふにも、よろづを削ぎ棄てて」と、言葉を重ねて浮舟の思いを説明する。様々であった「身のありさま」を回想するも「よろづを削ぎ棄て」る。「思ひ忘る」でも「まぎらはす」でもなく、削いで棄てるのである。第二類本は腹を据えて仏道修行に向かう浮舟の姿を、第一類本よりも一段と明確に象る。

以上のように、夢浮橋巻の物語時間が終わった四月上旬から、『山路の露』の物語時間が始まる秋までの間に、「夢の浮橋」の過去を捉え直し、惑いを断ち切って求道しているのが『山路の露』の浮舟像である。薫や母親との再会にも山奥で仏道修行する決意は揺るがない。過去の辛い体験が現在の「しるべ」になるという捉えは、譬喩（ひゆ）で気づかせ仏道に導くという比喩方便説の論理に近似する。また、このような浮舟の求道心は、『発心集』などの中世の仏教説話に見られる、聖なるものを一途に求める人々の群像に通じる。とすると、『山路の露』の浮舟は平安人（びと）ではない、中世人（びと）の強い求道心から生まれた人物像と言えよう。

五、浮舟と薫の終着点

訪れる人もなく寂しい雪の小野に薫の使いが訪れる。『源氏物語』の小野の冬景は、「雪深く降り積み、人目絶えたるころぞ、げに思ひやる方なかりける」（手習⑥三五四頁）の一文のみであった。『山路の露』の小野の冬景は、「小野の炭かま」という新古今時代の歌語を柱に場面が組み立てられ[29]、そこに薫と浮舟の贈答を配する。「さへ暮らす」は第二類本では「降くらす」で、こちらの方が意味が通りやすい。

W小野には、ただつきせぬながめにて、冬にもなりにけり、都だに雪霰がちなれば、ましていとどしくかきたれ、消ぬが上にまた降りそひつつ、いくへが下にうづもるる峯の通ひ路をながめ出でたる夕暮、富士の嶺ならねど、雪の上より煙いとかすかにたなびくを、これやさは、音に聞きこし山人の炭焼くならんと、心細さもいはんかたなし。

（浮舟）住む人の宿をばうづむ雪のうちに煙ぞたえぬ小野の炭がま

例の、かきくらし、つねよりも日数経るころは、いとど爪木こる山人の跡さへ絶えはてたるに、わりなく分け入る御使の沓の音もめづらしくて、人々端つ方に出でて見る。「都にだにさへ暮らす頃の気色に、いかにと思ひやりきこえてなん。

（薫）いかばかりながめわぶらんかきくらし雪降るころの小野の山人」

げにふりはへたまへるをりふしもあはれに思ひ知らるれば、少し心とどめて、

（浮舟）訪ふにこそ跡をば見つれ白雪の降り埋づみたる峯の通ひ路　（八八・八九頁）

『山路の露』中の二人の贈答は、「小野の炭がま」場面以前に四回ある。

①（浮舟）里分かぬ雲居の月の影のみや見し世の秋に変はらざるらん

（薫）ふるさとの月は涙にかきくれてその世ながらの影は見ざりき　（六四頁）

②（浮舟）ながらへてあるにもあらぬうつつをばただそのままの夢になしてよ

（薫）思ひ出でて思ふだにこそかなしけれまたや憂かりし夢になすべき　（六六頁）

③（薫）思ひやれ山路の露にそぼちきてまたわけかへるあかつきの袖

（浮舟）露ふかき山路をわけぬ人だにも秋はならひの袖ぞしほるる　（六九頁）

④（薫）たち返りなほこそまどへ長き夜の夢をうつつにさましかねつつ

（浮舟）そのままにまだ我が魂の身にそはで夢かうつつかわかれだにせず　（七〇・七一頁）

⑤（薫）いかばかりながめわぶらんかきくらし雪降るころの小野の山人

（浮舟）訪ふにこそ跡をば見つれ白雪の降り埋づみたる峯の通ひ路　（八八・八九頁）

①〜④の贈答の、浮舟の薫に対するメッセージは拒絶である。しかし、⑤では、「いかばかり」と案じる薫に、お使いをくださったのでその足跡で峯の通い路を見出すことが出来ました、と素直に返す。この贈答には拒絶もずら

しもなく、二人の心が穏和に通い合っている。「小野の炭がま」場面は、薫の内大臣昇進と北の方懐妊というめでたき場面と、薫や母中将君からの品々に大喜びする小野の場面に挟まれている。したがって、「小野の炭がま」場面は二人の終着点を表顕していると言えよう。それは生臭い関係抜きで互いを思いやる穏和で静謐な関係である。山奥の白く冷たい冬景の中で、夢浮橋巻の薫の性的欲望は消除されている。

『源氏物語』第三部の主題性は救済と言われる。では、『山路の露』が辿り着かせたこのような二人の関係は、浮舟の救済につながるのか。願文・表白の「提婆達多品」引用を調査した高木豊は、中世の女性信仰の拠り所が「提婆達多品」にあったとする[30]。しかし、小林正明「女人往生論と宇治十帖」は、『法華経』「提婆達多品」の「龍女成仏」を根拠とする女人往生の枠組みがあっても、法然や親鸞の女人往生は「変成男子」を引きずり、日蓮や道元は女人往生への理解は深いものの「悪女正機説」を提示しない。ゆえに浮舟も紫式部も往生は決定不能なのだとする[31]。小林によると、「提婆達多品」で龍女の成仏に反対する者たちの理由は、「女人垢穢」「女人五障」と「修行主義」である。とすると、龍女ならぬ人間の女は、女人の身を変えることは不可能でも修行深化は可能、ということになる。

『山路の露』の浮舟にも「女人」の壁がある。末尾近く、薫からの品々に「深き心ざしのしるし」（九〇頁）と言い合う尼たちの言葉を、「かたはらいたく聞きにくし」（九〇頁）と不愉快に思う浮舟がいる。悪女正機への障害はやはり女人の身にある。とすると、過去を現在への「しるべ」として仏道修行を専心深化させ、山奥での信仰生活に生きようと腹を据える『山路の露』の浮舟像とは、修行によって悪女正機にひたすらにじり寄る、中世の女性信仰の現出と言えよう。

おわりに

平安末期から鎌倉時代にかけて紫式部堕地獄説話が流布し、「虚言（そらごと）」で「なよび艶なる」ことが罪とされた。主題的発展性がない、薫の愛情が精算されない、信仰生活継続の不安定さが解決されないという指摘は、薫と浮舟の愛の物語として『山路の露』を読もうとする、「なよび艶なる」方向からの指摘と言えよう。『山路の露』が薫と浮舟を再会させるも関係復活をさせない背景には、紫式部堕地獄説話や源氏供養が示してきた、この世の無常に気づかせられ仏に導かれる物語として読もうとする、鎌倉時代の源氏物語観がある。物語世界で浮舟は仏に導かれる人物として生かされる。

夢浮橋巻の浮舟は出家を果たすも、「思ひ忘れ」られない過去が迫ることに怯えていた。それが『山路の露』になると、数か月の間に「過ぎにし夢の浮橋など」（一類本）を「科戸の風」（二類本）に断ち切り、仏道を深化させた姿で登場する。辛かった過去を自分をこの山里に導く「しるべ」と考える論理は、比喩方便説の論理に通じる。妹尼の「こちたきまで、仏はかの世この世助け給ふとも思ひ知る」（二類本）は、仏の導きが浮舟のみならず小野の人々にまで及ぶものであることを表す。過去・現在・未来を捉え直した浮舟の決意は、薫や母との再会にも揺るがない。このような浮舟像は、中世人（びと）の一途な求道心から生まれ、修行によって悪女正機ににじり寄る中世の女性信仰の現出である。『山路の露』は、『源氏物語』が往生の妨げにならないことを信じる中世人（びと）の「ポスト―夢の浮橋」なのである。

［注］

（1）足立繭子「山路の露」（林田孝和・原岡文子　他編『源氏物語事典』大和書房、二〇〇二年）。

（2）妹尾好信「解題」（宮田光・稲賀敬二『恋路ゆかしき大将　山路の露』中世王朝物語全集8、笠間書院、二〇〇四年）。続編とはいえ巻ではなく、独立した作品とも見なされない「中途半端」な作品でその評価は低いとする。
（3）注（2）前掲　妹尾論文。
（4）湯川直美「『山路の露』の文学史的位置について」（『語文研究』89　九州大学国語国文学会、二〇〇〇年六月）。
（5）山内洋一郎「『山路の露』の語彙―擬古文の語彙の特色を考える―」（『源氏物語外篇　山路の露本文と総索引』笠間書院、一九九六年）。
（6）原岡文子「山路の露物語」（三谷栄一編『体系物語文学史第五巻　物語文学の系譜Ⅲ　鎌倉物語2』有精堂出版、一九九一年）。
（7）『山路の露』本文には、版本とその写本が大半を占める第一類本と、写本のみで伝わる第二類本がある。本稿では、本文異同が小さい場合は第一類本の本文を挙げる。本文異同が大きい場合は、第一類本と第二類本両方の本文を並べて提示する。第一類本の本文は、承応三年（一六五四）版本を底本にした、千本英史編『須磨記・清少納言松島日記・源氏物語雲隠六帖』（日本古典偽書叢刊2、現代思潮新社、二〇〇四年）による。第二類本の本文は、池田亀鑑が九条稙通筆本を翻刻した『源氏物語　七』（日本古典全書、朝日新聞社、一九五五年）による。
（8）六例は以下の通り。①右近と玉鬘の邂逅「仏神の御導きはは べらざりけりや」（玉鬘③一二四頁）、②鬚黒の玉鬘獲得「石山の仏をも…並べて頂かまほしう」（真木柱③三四九頁）、③弁尼と薫の邂逅「仏にも…と念じる験にや」（橋姫⑤一六〇頁）、④弁尼と薫の邂逅「仏は世におはしましけりとなん思うたまへ知りぬる」（橋姫⑤一六一頁）、⑤薫の思いがけない女一宮垣間見「いかなる神仏のかかるをり見せたまへるならむ」（蜻蛉⑥二五〇頁）、⑥妹尼と浮舟の邂逅「仏の導きたまへると思ひきこゆ」（手習⑥二八八頁）。『源氏物語』のテキストは、「新編日本古典文学全集」（小学館）による。引用本文には、（巻名・冊・頁）を記す。また、必要に応じて（）で主語等を補う。
（9）紫式部堕地獄説話の展開は、伊井春樹『源氏物語の伝説』（昭和出版、一九七六年）に詳しい。
（10）『今鏡』のテキストは、河北騰『今鏡全注釈』（笠間書院、二〇一三年）による。引用本文に必要に応じて（）で主語等を補う。
（11）袴田光康「源氏一品経」（日向一雅編『源氏物語と仏教　仏典・故事・儀礼』青簡舎、二〇〇九年）。

(12) 古注釈のテキストは以下の通り。玉上琢彌編『紫明抄・河海抄』(角川書店、一九六八年)、伊井春樹編『花鳥餘情：松永本』(桜楓社、一九七八年)、伊井春樹編『細流抄：内閣文庫本』(桜楓社、一九八〇年)。
(13) 前田雅之「パラダイムとしての仏教―『源氏物語』と天台教学」(『源氏物語の鑑賞と基礎知識39　早蕨』至文堂、二〇〇五年)。初出は『国語と国文学』(一九八七年八月)。
(14) 注(13)前掲　前田論文。
(15) 袴田光康「桐壺帝堕地獄説と『日蔵夢記』―『源氏物語の史的回路―皇統回帰の物語と宇多天皇の時代』おうふう、二〇〇九年)参照。松本信道「智光堕地獄説話成立の背景―『日本霊異記』中巻第七縁を中心として―」(『駒沢史学』65、二〇〇五年七月)参照。
(16)『宝物集』のテキストは、『宝物集　閑居友　比良山古人霊託』(新日本古典文学大系40、岩波書店、一九九三年)による。
(17)『今物語』のテキストは、三木紀人(すみと)『今物語』(講談社、一九九八年)による。
(18)「ははの、紫がれうに一品経せられしに、だらに品をとりて　夢のうちもまもるちかひのしるしあらばながきねぶりをさませとぞ思ふ」(『隆信集』雑四・九五二・隆信)。「紫式部のためとて結縁経供養し侍りけるところに、薬草喩品をおく　法の雨に我もやぬれむむつましきわかむらさきの草のゆかりに」(『新勅撰集』巻十・六〇四・宗家)。和歌の本文は『新編国歌大観』『私家集大成』による。
(19) 美福門院加賀は「定家母」として知られる。生年未詳であるが建久四(一一九三)年に七〇歳位で没か。はじめ藤原為経(寂超)との間に隆信を生む。為経の出家後俊成に再婚し、定家ら二男八女を生む。隆信・女婿藤原宗家らに源氏供養一品経和歌を勧進する。
(20)「源氏一品経」の本文は、注(11)前掲の袴田氏の校訂本文による。
(21)「源氏物語表白」の本文は、『源氏物語湖月抄　増注(一)』(講談社、一九八二年)による。
(22) 湯浅幸代「源氏物語表白」(日向一雅編『源氏物語と仏教　仏典・故事・儀礼』青簡舎、二〇〇九年)。
(23) 益田勝実「「夢の浮橋」のイメージ」(『日本文学』27―2、一九七八年二月)は、「夢の浮橋」の「浮橋」は神話的想像の「天の浮橋」による聖なるものの異郷往来の伝説を踏まえているとする。夢の中、あるいは夢のような交情の喪失の嘆きがまつわりついた観念と説明する。
(24) 秋山虔「源氏物語―その主題性はいかに発展しているか―」(『「主題」論の過去と現在』テーマで読む源氏物語論第Ⅰ巻、勉誠出版、二〇〇八年)。初出は、久松潜一他『日本文学講座　第二巻』(河出書房、一九五一年)。
(25) 「袖ふれし」人が薫・匂宮のいづれなのか定説がない。例えば、鈴木裕子「浮舟の独泳歌―物語世界終焉へ向けて―」(東京女子大学『日本文学』95集、二〇〇一年三月)は薫であるとし、高橋汐子「袖ふれし人―浮舟物語の〈記憶〉を紡ぐ―」(『人物で読む源氏物語20』勉誠出版、二〇〇六年)は匂宮であるとする。
(26) 高橋汐子「浮舟物語「夢」という時空―異界への回路―」(『日本文学』66、二〇一七年二月)は、繰り返される浮舟の「夢のやうに」表現に、過去との断絶と、他者からの〈不在〉となる世界への到達を読む。
(27) 亀井久美子「『源氏物語』浮舟物語を閉じる三日―先着する二番目の手紙―」(龍谷大学国文学会『国文学論叢』第六二輯、二〇一七年二月)。小君の追い返しには、浮舟を後押しする時間の構造があると共に、浮舟自身の言説に説得の戦術が認められる。
(28) 山口明穂「再論・助動詞「つ」―『源氏物語』をどう読むか」(『本文史学の展開／言葉をめぐる精査』テーマで読む源氏物語論　第Ⅱ巻、勉誠出版、二〇〇八年)。初出は、山口明穂『日本語の論理　言葉に現れる思想』(大修館書店、二〇〇四年)。
(29) 注(4)前掲　湯川論文を参照。
(30) 高木豊「願文・表白にみる法華信仰」(渡辺宝陽編『法華仏教の仏陀論と衆生論』平楽寺書店、一九八五年)。
(31) 小林正明「女人往生論と宇治十帖」(『源氏物語の鑑賞と基礎知識39　早蕨』至文堂、二〇〇五年)。初出は、『国語と国文学』64―8(一九八七年八月)。

第三章　中世へのまなざし

カール・フローレンツ『日本文学史』の「中世」理解

藤田保幸

一、はじめに

1―1　カール・フローレンツ（Karl Florenz・一八六五～一九三九）というドイツ人日本学者の名は、おそらく今日では決して耳に近しいものではないだろう。フローレンツは、ライプチヒ大学に学んで、最初比較言語学やロマンス語学を修め、やがて開国間もない東洋の未知の国日本の文学・言語・文化の研究を志し、ちょうどドイツに留学していた井上哲次郎の知遇を得て、その指導も受けた。そして、明治二一年（一八八九）には来日し、知友の周旋によって帝国大学に職を得て、独文学講座の教授として多くの独語独文学者を育てるとともに、本来の志であった日本文学・日本文化の研究に力を注ぎ、多くの成果を残した。明治三九年（一九〇六）にライプチヒで刊行された独文の[1] *Geschichte der japanischen Litteratur*（『日本文学史』以下、フローレンツ『日本文学史』と呼ぶ）は、そうした成果の一つの集大成といえる。大正三年（一九一四）ドイツに帰国後は、ハンブルク大学の日本学講座の初代教授として、ドイツにおける日本学研究の基礎を築いた。

フローレンツの『日本文学史』は、独文で実に六四二頁の大冊であり、ドイツにおいては久しく日本文学研究の基本図書であったというが、部分訳のようなもの(2)を除いて翻訳もなく、日本ではまだその内容は十分知られてはいない。しかし、言語文化の伝統の全く異なる環境に育った外国人学究が、手引・参考となるものもあまりないような状況下で、日本文学の歴史的展開を全体としてともかくも咀嚼して記述していった苦心の跡として見ても、誠に興味深い書物だといえる。

フローレンツとその『日本文学史』については、既に佐藤マサ子氏にまとまった研究があるが、この書物の内容に関してはまだまだ掘り下げて考察する必要があろうと思われる。筆者は、十年程前からこの書物の翻訳に取り組み、二年余り前に一通り訳了した（なお推敲する必要はあるが、いずれ注をつけて刊行したい）。また、藤田（二〇一一）（二〇一三a）（二〇一三b）において、いくらかこの書物の内容に検討を加えてきた。そうした積み重ねを踏まえ、今回はこの書物の中で、我々が「中世」と呼ぶ時代の記述に焦点をあてて、フローレンツが日本文学における「中世」をどのように把握・理解したのかといったことを、筆者なりに考えてみたい。なお、1―2で見るとおり、フローレンツが中世とする時代と、我々がふつう考える「中世」とはずれがあるので、後者をいう場合は「　」を付してそれを明示することにする。

1―2　考察に先立って、フローレンツ『日本文学史』の「中世」にあたる部分の内容を見ておくことにする。

フローレンツ『日本文学史』では大きく、Ⅰ．大古の時代、Ⅱ．中世、Ⅲ．近世（一八六八年まで）、Ⅳ．最も新しい時代（一八六八年以降）の四つの時代が区分されている。こうしたとらえ方には、西洋人が西洋の歴史を「古代―中世―近代（そして、自分たちの現代）」と大きくとらえる一般的なとらえ方が一つの模範として意識されているように思える。そしてⅡは、「A．古典の時代」と「B．古典期以降の時代と宮廷文学の没落」という二つの部分に更に分かれているが、このBの部分が我々が通常「中世」と呼んでいる鎌倉・室町時代の文学についての記述である（ちなみに、Aは平安時代）。この稿では、このⅡのBの記述を考察する。

この部分の内容について、その章立ての見出し（題目）を次に記して概観しておきたい。章の番号は、この書物の全体を通して通し番号となっていて、ⅡのBでは、第18章から第26章の九つの章が章立てされている（それぞれの原書における頁数も併せ記す）。

18. 内乱の時代に於ける文学の運命（8頁）
19. 叙情詩と国家のアンソロジー編纂（12頁）
20. 和歌文学の大家たち（11頁）
21. 連歌もしくは〝鎖つなぎの歌〟というジャンル（4頁）
22. 浪漫的な軍記物（27頁）
23. 鎌倉時代の日記と旅日記（5頁）
24. 小品集と小文集（16頁）
25. 歴史書及び歓談と教訓のための物語、室町時代の民衆本（御伽草子）（32頁）
26. 演劇の始まり（46頁）

なお、18章の「内乱の時代に於ける文学の運命」の章は、総論というべき内容で、この時代の政治的・文化的状況と文学の一般的傾向が説かれている。また、24章の「小品集と小文集」とは、我々が一般に「随筆」と呼ぶもので、具体的には『徒然草』と『方丈記』が取り扱われている。これらは、西洋人の目にはいわゆる〝エッセー〟とは見えないようである。25章の「歓談と教訓のための物語」とは、いわゆる説話の類である。25章は、更にA～Dの四節に分かれ、「歴史書」「説話」「物語・絵巻物」「御伽草子」がそれぞれ取り扱われている。

各章の頁数には、かなりばらつきがあるが、これは、各章では「見本文例」（Probe）としてそれぞれのジャンルの文学作品の一部（や全篇）がドイツ語訳で示されるので、どうしても散文や演劇では紙数が費されるということになる結果という面がある。しかし、「見本文例」の数をしぼるかどうかは、著者の選択であることを考えれば、例えば23章の日記類（五作品をとり上げている）に対して24章の『方丈記』『徒然草』の記述が三倍以上の頁数にもなっていることは、それだけ多くの「見本文例」が掲げられている結果であり、フローレンツの関心の反映という面もなくはない。殊に26章の演劇に関する章については、西洋においてはドラマが文学の一方の中心というべき重要なジャンルだと意識されるものである以上、フローレンツの関心が向けられるのは当然であり、長くなるのもいとわず複数の能を翻訳し、狂言をも忘れず訳出している結果がこの数字になったものである。

1―3　以下の考察では、フローレンツ『日本文学史』の記述を少なからず引用するが、引用にあたっては、筆者の作成した訳稿の訳文を引いて示すことにする。既述のとおり、まだ推敲の必要な未定稿ではあるが、内容的には誤りのないものとなっていると判断している。文章のぎこちないところなどは、お許し願いたい。引用した訳文については、その原文の原書での所在がわかるよう（　）を付けて、原書の所載章と頁を示すことにする（例えば（26・四〇八）とあれば、原文が原書の26章四〇八頁所載ということである）。

二、引きあて・アナロジーを手掛りに

2―1　さて、具体的な考察に入りたいが、その方法に一工夫が必要かと思える。というのも、このフローレンツ『日本文学史』の「中世」に関する記述も、残された作品にあたり、それまでの研究成果を学んでまとめられたものであるから、それなりに穏当なものであり、今日の目で見て、確かに時代的な限界・制約はあるものの、特段奇矯な説がなされているわけでもない。(3)

例えば、18・19章などを中心にフローレンツの中世文学観を要約すれば、次のようなことになろう。

①　文学の（主たる）担い手が、宮廷の貴族・女官から隠者（遁世者）へと交代し、文学は厭世的な気分に満ち

たものになった。

② 前代以来の王朝的な文学も引き続き行われたが、新たなものはそこに（ほとんど）見出されない。

③ 新たに粗野だが力強い武士とその精神が文学の素材となっていった。

そして、フローレンツは①②のような面については否定的な筆致をとり、③についてはかなり好感を抱いているように見られる。

ともあれ、こうした見方は、今日でも例えば高等学校レベルで学ばれる日本中世文学像とさほど隔ったものでもなかろうし、その限りでは、常識的でふつうの見方だともいえる。フローレンツ『日本文学史』の「中世」に関する記述は、概してそのようなものと言えなくはないから、それを正面から通り一遍に読んでみても、フローレンツの苦心の跡、いわば〝肉声〟は伝わってこないように思える。一工夫が必要だというのは、そこのところである。

2—2　ここで一つ、フローレンツ『日本文学史』を理解するために忘れてはならないこととして、次の点を思い起こしておきたい。すなわち、この書物は（もちろん原書は独文であり）ドイツ人（西洋人）が読んで日本文学を理解することを意図して書かれたものであるという点である。

従って、フローレンツは、そのためにさまざまな工夫をしている。そこに、この書物の一つの独自性もあろうと思うが、そうした〝工夫〟のうち、ここでは次のようなことに注目してみたい。

フローレンツは、作品の内容や時代・状況等を説明するにあたって、西洋におけるそれと同趣と思えることをしばしば引き合いに出して言及する。例えば、次のとおりである。

(1) 彼［注・宗祇］は宮廷から特別の称号を得た。すなわち、花の下(もと)《［桜の］花の下の者》[4]で、それは我々ドイツ人の桂冠詩人にある程度対応する。　（21・二八八～二八九）

(2) ホメロスの英雄たちが泣いたり嘆いたりすることによって人間性に相応の心づかいがあることを示して見せ

たように、日本の武士もまた残酷な戦いの同業者仲間の真っ只中で涙を恥じることがない。（22・二九九）

(1)では、宗祇の「花の下」という称がドイツの桂冠詩人にあたるようなものと引きあてて説明し、(2)では、日本の武士が涙を見せることを、ホメロスの叙事詩の英雄たちのようなものだと類比（アナロジー）を示して説いている。こうした説明の仕方は、もちろんフローレンツに限ったことではなく、外国人日本学者の記述にまま見られるものであり、フローレンツに特に目立つことでもないかもしれないが、それでもフローレンツ『日本文学史』のⅡのBの部分を見ていくと、具体的な固有名詞や事物・事項をとり上げたものに限っても四十例と[5]、かなりの数の例を拾うことができる。

こうした書き方を「引きあて・アナロジー」と呼ぶことにするが、些細に見れば、こうした「引きあて・アナロジー」も、その使用の意図・意識によって、更にいくつかの場合に区別できるように思う。そして、そこにフローレンツの説明の姿勢や理解のあり様が現れてくるようにも思えるのである。以下、この第二節ではそのような見方でこの「引きあて・アナロジー」を仕分けし整理しつつ、その意図・意識を掘り下げてみることにする。

2—3　こうした「引きあて・アナロジー」の使用意図としては、まず単にわかりやすさを求めて近いもの・相当するものを挙げる場合があろう。同胞のドイツ人が知っているはずのものを挙げて、あれと同じようなものといった説明を行うわけである。この場合、説明者として有益な説明法を客観的に選んだという姿勢が表立っている。

(3)　この本［注・「地獄草紙」］は、ちょうど我々ヨーロッパの中世のファウスト本のように、聖職者と信徒の教訓と警告のために、十章にわたって地獄のことを扱っている。（25・二五四）

(4)　彼［注・義経］は、十三（とさ）の湊で「早風」《早い風》という名の船を買い、そして、まずそこの住人が半人半馬であるケンタウロスの島「馬人島」に着く。（25・三六四）

(5)　太郎冠者と次郎冠者は、たとえばフリッツとハンスのようなもので、お決まりの典型的な家来であり、イタリアの仮面喜劇におけるアレッキーノに似た狡猾な若者である。冠者は《若者》を意味し、「太郎」と「次郎」は、家庭の最年長の息子とその次の息子に対して好んでつけられる呼び名である。（26・四〇七）

これに対して、今少しレトリカルな、いわば納得させる説明手法といった使い方も見られる。例えば、次の(6)は、〝放屁〟などという品のないことが話題になる『福富草紙』がとり上げられる文脈における記述である。そのような品のないことはとても文学とはいえないのではという予期される疑念や忌避に対し、同趣のものはドイツにもあると予め指摘しておいて、納得させようとしたものと見られる。

(6) おしまいに、民衆のユーモアというものが、我ら（ドイツ人）のオイレンシュピーゲルの話のいくつかにおけるように、しばしば非常に思い切った仕方で表明され、せいぜい男だけの夕べの集まりで許されるようなことが、素朴な心地よさを以て語られるということに、更に注意を喚起しておこう。その一例が、「福富草紙」である。（25・三七〇）

更に、先の(2)も同様であろう。西洋の英雄叙事詩では、英雄たちはほとんど泣かない。英雄たる日本の「武士」が泣くことについて異和感を覚えるかもしれない同胞に対して、フローレンツは、ホメロスの例を引き合いに出して納得させようとするわけである。

こうした例でも、計算のうえで目的のため適切なものとしてこのような方法を選んでいる点では、やはり客観的な説明者としての姿勢は変わらないものといえる。

2―4　以上、著者フローレンツがあくまで客観的な説明者としての姿勢でこうした「引きあて・アナロジー」を用いた例を見た。これに対して、説明するというよりもむしろ実感させるためにこうした表現が用いられていると見られる場合もある。

(7)「…もしあなた様が天皇の命令によって急がされなかった場合でさえも、あなた様はぐずぐずしているべきではありません。というのも、もし命令があなた様自身によって遂行されなかったなら、同時にあなた様は、ご自身の一族に属する者に対する死刑判決が他人の手によって遂行されることを〔原注4)〕、その眼で見るに違いないでしょう。むしろご自身で為義様を殺して、その死後に記念式祭で以て名誉のうちに留めなさいませ。何故それが実行できないはずかありましょうか?」これに対して義朝は、「それならばその準備をいたせ！」という言葉とともに〔別の部屋へ〕出て行った〔原注5)〕。》

※原注4)　他者による判決の執行は、親族が親族にそれを執行した場合よりも恥となるものと見なされる。

※原注5)　ニーベルンゲンリートのリュデイガー・フォン・ベッヒラルンの場合とよく似たように、臣下としての忠誠と別の義務との間の軋轢において前者が勝利したことが分かる。しかし、ひょっとするとすぐ前の注でふれた理由がより決定的かもしれない。

(22・二九三)

(7)は、『保元物語』で義朝が父為義を斬らねばならないというくだりの訳及び注で、注5)でフローレンツは、天皇の命と親子の情の板ばさみになる義朝の心を、誓約と身内になった縁との板ばさみになったニーベルンゲンリートのリュディガー・フォン・ベッヒラルンの場合を引き合いに出して説明している。(6) この場合、単に類例を挙げて客観的に説明したというより、著名なニーベルンゲンリートの話を「まさにあれだよ」とばかり指し示し、同胞に「おお、なるほどそういうことか」と実感をもって納得させようとしたものだと考えられる。いわば、主観に訴えかけて説明しようとしたものであるが、ある意味で「なるほど」と思えるということが深い認識であるならば、これはそうした深い認識・実感を与えようとしたものであり、同じ言語文化の伝統の中にある同胞に向けての記述だからこそできることでもあった。そして、このような、いかにもそうかと感じられる「引きあて・アナロジー」を発見して示そうとしたところに、フローレンツ自身のこの作品の理解・把握の努力を見てとってもよかろうと思う。

2—5　このことは、案外大切なところかと思う。人間は、自分にとって不案内な世界を理解するにあたっては、しばしば自分が慣れ親しんだ世界に引きつけて考えようとする。引きあてやアナロジーは、そのような人間の物事の理解の一つの形である。そして、フローレンツも日本文学という未知の世界に分け入るにあたって、そうした引きあてやアナロジーをさまざまに活用しただろう。活用して、実感を持ってはじめて〝深い理解〟に至ることができたのだろう。だから、「引きあて・アナロジー」とは、説明の方途である以前に、まず理解・認識の方途ではなかったか。

(8) そのような、フローレンツ自身の理解の〝肉声〟がうかがわれるような例も、見出される。

「犬山伏」は、山伏がほらを吹くのを嘲笑している。主人公は、ファウストがメフィストフェレスの化けたむく犬にしたように、祈りと決まり文句をこれ以上ないほど並べ立てて、一匹の吠える犬を追い払おうとする。しかし、《聖なる炎、三倍輝く光》（という名の犬）は、彼の意のままにはならないので、彼は貧乏くじを引くことになって、犬に足を噛まれてしまう。（26・四〇八）

(9) 《一人でランプの灯りのもとで本を開いて、目に見えない世界の［重要な］人間を友達にすることよりも大きな楽しみはない》という文は、我々に思わず知らずファウストの

ああ、もし我が狭い独房で
ランプが快適に燃えていたら、――
その時は我が胸のうちは明るかろう、――

（という言葉）を思い出させるが、しかし、同時にワグネルの

――時代時代の精神になり代わって
我々より以前に賢明な人がどのように考えたのか感得するのは、大きな喜びだ。

（という言葉）も思い出させる。（24・三三七〜三三八）

(8)の場合、（確かに「ファウスト」を知る者ならわかるだろうが）必ずしも誰もが頻繁に口にするものでもなかろう〝メフィストフェレスの犬に対する〟呪文の話をわざわざ引き合いに出してきたのは、フローレンツ自身が「こりゃまさにあれだよな」と思ったからではないか。あるいは、(9)ではよく知られた『徒然草』の「ひとりともしびに向かひて…」の一文を引いて、いくつもの類例をあげる。これは、フローレンツ自身が、「これは、まさにあの雰囲気、いや、この気分でもあるな」と、あれこれ引きあてて納得している気息をうかがわせるように思える。

ちなみに、後述のようにフローレンツは『徒然草』という作品にはかなり好意的な評価を与える発言をなしているが、その入れ込みようがこうしたところにもうかがわれると言ってよいかもしれない。

更に、次のような記述も注目される。24章において『方丈記』の内容を要約しつつ紹介する中で、フローレンツは、養和の飢饉について、「一一八一〜八二年の飢饉が起こり、それに更に恐ろしいペストのような流行病が加わって」（24・三二四）と記している。これは、『方丈記』原文の「養和のころとかや、久しくなりておぼえず。二年が間、世中飢渇して」「あまりさへ疫癘うちそひて」といった部分をまとめたものであろうが、もちろん「ペストのような」（pestartige）という記述は原文にはない。しかし、フローレンツは、はっきりこのような書き方をしているわけで、これは彼がヨーロッパ中世のペスト大流行の惨状をこの災厄に引きあててとらえ、イメージしたことが、このような書き方としてそのまま出てきたものと思われる。また、治承の辻風についても、フローレンツは「人々は神の裁きを信じた」（24・三二四）と、いかにもキリスト教的な響きのする書き方でまとめている。原文で対応するのは、「ただ事にあらず、さるべきもののさとしかなどぞうたがひ侍りし」というあたりだが、これは、こうした災害は（何かを知らせる）神仏のお告げかと人々は疑ったといったことで、「神の裁き」（ein göttliches Strafgericht）などというのは正確ではない。おそらく、この世の終りの如きこうした災厄を、フローレンツはあたかも黙示録のようなイメージに引きつけてとらえ、それが、このような記述につながったのではないか。

以上、いくつかの例を挙げてみたが、こうした例からは、フローレンツ自身が日本文学の記述に、自らのよく知る西洋の言語文化において蓄積された表現や形象のあれこれを引きあてて理解しようと試みた生の声といったものが聴きとられるように思われる。

2—6　さて、「引きあて・アナロジー」が事柄の理解・認識の方途であることを見たが、その理解・認識も個別的・部分的なものにとどまらない場合がある。つまり、一つの「引きあて・アナロジー」が、一連の事柄をとらえる基本的な見方になることもあるわけで、フローレンツの場合、彼の演劇（能・狂言）についての理解には、その傾向が著しいと思える。

⑽　そして、大江匡房は、一〇九六年に著した「洛陽田楽記」という本の中で、とりわけそのことについて述べている。すなわち、「身分の高い者も卑しい者も、老いも若きも、僧も俗人も、町中のすべての人々が狂った者のようになって、町の中を踊り回った。町は、まるで煮え立つ鍋のようであった」――これを聞いて、ギリシアのディオニソスの祭を思わないものがあろうか？　そしてこの比較は、ディオニソスに敬意を表した酒神を讃える歌からギリシア悲劇が生まれたのと似て、田楽が日本の演劇の重要な出発点となることを見たなら、なお一層目を引きつけるものとなるだろう。（26・三七二）

能などの日本の演劇の源流の一つである田楽の盛行を綴った「洛陽田楽記」の記述に、フローレンツは、ギリシアのディオニソス祭に通ずるものを見出した。「まさにあれだな」と思ったのであろう。そこから、ディオニソス讃歌に端を発するギリシア悲劇を、日本の能に重ねて理解しようとする見方が出てくる。フローレンツの能に関する記述には、次のとおり、一貫してギリシア（悲）劇とのアナロジーが語られている。

⑾　［注・能の］登場人物の数は、古代ギリシア劇におけるように、非常に限られている。すなわち、厳格に考えれば、シテ《する者》、つまり主役、（古代ギリシア劇でいう）第一俳優と、ワキ《その傍の者》、つまり相手

役、（古代ギリシア劇でいう）第二俳優のたった二人だけである。その二人のそれぞれには、ツレと呼ばれる《同伴者》があることもある。テキストにおいてストーリーの担い手たちは、彼らの個別の名前ではなく、ただこのような役割の性格だけで言い表される。（26・三七六～三七七）

⑿　能の合唱は、専門用語では「地」というが、古代ギリシアの悲劇の合唱と比較しようという考えを簡単に呼び起こす。そして、手短に観察しても、両者の類似点の方が相違点よりもずっと大きいことが分かる。筆者は、以下の諸点に注意を促したく思う。

「地」は、たとえばオイリピデスの「アウリスのイフゲニエ」の中間のストーリーにおける、トロイ戦争のきっかけと次第にギリシアの軍隊が到着しつつあることとを知らせる合唱のように、しばしば知るに値する出来事を物語ることによって叙事詩の課題や情況をはっきりさせた［原注1］。（26・三八四～三八五）

こうしたアナロジーがどれほど当を得たものかは、簡単には判断できないが、このような叙述の仕方に、フローレンツの日本文学、中世文学の理解の一面が如実に現れている。

2―7　今一つ、次のようなことも指摘しておきたい。「引きあて・アナロジー」は一つのものの見方を与えるものだが、それが正しいとは限らない。しかし、時に人間は自らの「引きあて・アナロジー」に引きずられてしまうこともある。フローレンツの場合、軍記物についての見方にそのような面が見てとれる。

⒀　女性的で柔弱な繊細さと優雅さは姿を消し、より粗野だが、より力強い調子が出てくる。それが、その時以降ずっと大変に愛好されることになる新しい素材分野を受け入れさせた。すなわち、勇敢な日本の武士の行為と戦いと勝利と苦悩をである。ニーベルンゲンリートやグドルンリート等において、われわれドイツの中世の歌手が我々の先祖の勇気と男の誠実さを賞賛したように、鎌倉時代の叙事文学は、〝タイラ〟（平家）と〝ミナモト〟（源氏）との殲滅戦において際だった働きをし、それ以来常に高く評価され続ける侍の理想像を自らの

内に体現した男たちへの賞賛の歌を歌った。（18・二五七）

フローレンツは、中世の軍記物をドイツのニーベルンゲンリートに類するものととらえ、一種の英雄讃歌と理解した。しかし、実際の日本の軍記作品はそのように割り切れるようなものではなかろう。だが、フローレンツは、それをそのように割り切ってとらえ、いわば美化した。それが、次のような発言につながっていく。

(14)　勇気と力に関して、騎士的な献身と忠実に関して、名誉欲と支配欲に関して、日本人の魂の中で生きているものすべてが、この戦いに於いて抗い難い力で爆発し、そして、後のすべての時代にとって忘れられない、お手本となる戦いと男の理想像を形成した。叙事文学や後に成立する劇文学は、汲みつくせぬ泉から汲むように、この時代のさまざまの出来事から素材を得ており、それらについての記憶を立派な御殿においても掘っ立て小屋でも今日に至るまで鮮やかに生き生きと保ってきた。その時代の精神は、日本人の精神に、まさに大和魂になったのである。平和が何世紀も続いたことは、決してそれを消し去ってはいなかった。ただ覆いの下にまどろませ続けていただけだった。日本が北方の巨人と東アジアの覇権をめぐって血なまぐさい格闘を敢行した今日、それは思いがけず昔の強さで再び現れたのである。（22・二九二）

日露の戦争に同時代的に立ち合っての昂揚もあるにせよ、これは、フローレンツが自らの「引きあて・アナロジー」に引きずられてしまった、言わずもがなの発言であったと思える。

2—8　以上、フローレンツの『日本文学史』における「中世」の日本文学の把握・理解について、「引きあて・アナロジー」という説明方法を手掛りに考えてみた。今一度繰り返すなら、「引きあて・アナロジー」は、説明の手段であると同時に、（むしろそれ以上に）フローレンツのような異なる言語文化の中で育った〝異邦人〟にとって事柄の把握・理解の方途ではなかったかと思われる。

三、継承と創見――フローレンツが評価した文学者についての記述から――

3―1　第二節では、フローレンツの中世文学の把握・理解のあり様を、「引きあて・アナロジー」を手掛りに考えてみたが、この節では、視点を変えて別の面から――今度はごく素直な切り口で――論じてみたい。

文学の歴史的展開のような事柄に関しては、その中の何をどのように評価するかという点に、自ずと評者の把握・理解のあり様が現われてくるものであろうから、ここでは、日本の中世文学において、フローレンツが（よしと）評価した二人の文学者――兼好と西行、及び彼らの作品に関する記述を見てみることにする（ちなみに、既に述べたとおり、フローレンツは、日本の中世文学の中では軍記物についてもかなり肯定的な評価をしているが、フローレンツの軍記物についての見方は、先に**2―5**でふれた）。

さて、まず兼好及びその著『徒然草』についての記述から見てみることにする。兼好と『徒然草』に関しては、『方丈記』と『徒然草』を扱った24章に、鴨長明『方丈記』よりも多くの紙数を費して記述されている。最初に、『方丈記』の鴨長明に対し、『徒然草』の兼好がつぎのようにずっと肯定的にとらえられている点が注目される。

(15)　鎌倉時代の「方丈記」と室町時代の「徒然草」は、文学において有力な位置を得ている。後に名をあげたものは、それらの中で断然最も重要なものである。というのも、「方丈記」の著者が、既にその時代の一般的な精神と趣味の内に、つまり仏教的な観察の仕方になかに存在していて、他の書き手によって繰り返し述べられているようなことでないなんらかのものの見方や思想をほとんど明らかにしてはいないのに対して、後者の著者は自らが力強く個性的な考え方をする人物、独自の流儀の書き手であると証明しているからである。

（24・三二一）

「断然最も重要」というような高い評価が下されることは、フローレンツ『日本文学史』ⅡのBの記述の中でも、西行を別にすれば異例のことである。

⒃ そして、フローレンツはまた次のようにも述べて、八つもの段を「見本文例」として全訳して掲げる。

「徒然草」は、日本文学の中でも、思想が豊かでユーモラスな内容を気取りのないよどみない叙述の仕方で言い表していて、それによってより一般的に通用することを期してもよい本に属するので、若干の比較的大きな抜書きを、それも原典にあった順序で御覧に入れよう。（24・三三一）

念のため、フローレンツが訳出した段がどれか、書き出しも添えて示しておく。

（三）よろづにいみじくとも、色好まざらん男は、

（八）世の人の心まどはす事、色欲にはしかず。

（九）女は髪のめでたからんこそ、

（一一）神無月のころ、栗栖野といふ所を過ぎて、

（八九）奥山に猫またといふものありて、人を食ふなる、

（九三）牛を売る者あり、買う人、明日その値をやりて、

（一三七）花は盛りに、月は隈なきをのみ、

（一七五）世には心得ぬ事の多きなり。

また、第一三段（「ひとりともしびのもとに文をひろげて」）、第三八段（「名利につかはれて」）、第七二段（「賤しげなるもの」）にも、本文中で言及がある。少なからぬ引用であり、しかもかなり長い段も全訳して示していることを見れば、フローレンツの傾倒ぶりが感じられるようにも思える。実際、この24章の末尾は、次のようにしめくくられている。

⒄ 総じて「徒然草」は、時折陳腐さを免れていないことがあるにせよ、愉快で注目に値する書物である。

そして、フローレンツは、兼好の本質を次のように説く。

⒅　彼は折衷主義者で、相反するものを平均化する男であった。彼の性格の道徳的な質に関しては、大いに論争された。ある人々にとっては、彼は倫理的な人格であって、仏教の禁欲的な理想に導かれ、すべての現世的欲求に汚されず、不道徳なことの叙述をしてもただこの世界をよくするという目的に役立てようとしている男である。別の人々は、彼の素顔は欲情に駆られた面を見せているところで見られると思っており、彼が道徳を論じるのは偽善であると考え、彼を不道徳な坊主として弾劾する。私は、どちらの解釈も、度を越すことで極端なものになってしまっていると思う。兼好法師は、聖人でも悪魔でもなく、一人の哀れな罪びとであり、彼の中で、ある時は彼の官能的な、長い宮廷生活に中でみだらになった性格が、またある時は宗教的・哲学的な省察で精錬された良心が優勢になるのである。彼の小文集の道徳的に二重の性格は、彼のその時々の道徳的な状態を映す忠実な鏡に他ならない。少なくとも彼の遁世は、本気で考えられたものだっただろうが、おそらく本当の隠遁者になる素質を自分の中に持っていなかったのである。現世主義の人間が再三再四現れてきた。それで、彼は、「方丈記」の作者に見ることが出来たような心の平穏な安らぎや、バランスのとれた心の状態を決してかち得ることはなかった。（24・三三〇）

「宮廷生活でみだらになった性格」といい、「哀れな罪びと」というのは、どうにも西洋的なイメージの投影を感じさせていかがかと思うが、兼好を「折衷主義者」ととらえるのは、それなりに一つの（特段珍しくない）理解であろう。こうした記述を見ている限りでは、フローレンツは兼好と『徒然草』を自身の見識でそれなりに穏当に理解していたかに見える。

3—2　しかし、実はこうした兼好及び『徒然草』についての理解は、必ずしもフローレンツその人の見識ばかり

（24　三二八）

に帰せられるものとは言えないようである。

フローレンツが『日本文学史』を執筆した当時、参照し利用できた先行研究は現在のように数多くあったわけではない。しかし、近世の注釈等も含め、フローレンツはいろいろな参考文献にあたる努力を疎かにしてはいない。そうしたフローレンツが参照した参考文献の中でも、最も重要なものとして、ここで次の二つに注意しておきたい。

W. G. Aston (1899): *A History of JAPANESE LITERATURE*（以下、アストン『日本文学史』と呼ぶ）

芳賀矢一（一八九九）『国文学史十講』

日本語学の分野でも知られているイギリス人ウィリアム、ジョージ、アストンの著したアストン『日本文学史』[7]は、明治三三年に三上参次・高津鍬三郎によって書かれた『日本文学史』の構成を参考にしたといわれるが、フローレンツ『日本文学史』に先行する外国人の手に成る日本文学通史であり、後に日本語訳も出されて、それなりに知られた書物である。フローレンツも自らの『日本文学史』において、この書物の恩恵を受けたことを記している。

一方、芳賀矢一『国文学史十講』[8]は、芳賀が明治三一年帝国教育会の夏期講習会で行った講義の速記に修訂を加えて翌三二年に刊行されたもので、国文学史概説といった趣の、当時としては簡にして要を得たというべき優れた内容の書物であった。フローレンツは、この書物も大いに参照しており、フローレンツ『日本文学史』には、一部この書物の所説にそのまま依拠した記述も見られる。「中世」に関する記述では、19章で『新古今和歌集』の表現の特質を論じるところで、この『国文学史十講』の所説をそれと断ってほぼそのまま繰り返しているところがそれである。また、実はフローレンツ『日本文学史』において、今日の常識的な理解とは大きく異なる発言がなされているところもなくはないが、それがどうしてそのように言われたのか（何に拠ったのか）が、この『国文学史十講』を参看することではじめて納得されるようなこともある。[9]フローレンツ『日本文学史』の理解のために、『国文学史十講』は重要な文献だといえるが、その点の詳しい検討は別の機会に譲って、話をフローレンツの兼好と『徒然草』の理解の問題に戻そう。

　実は、**3—1**に見てきたフローレンツの兼好と『徒然草』の理解は、アストン『日本文学史』の記述をかなりの部分継承したものらしい。

[表　フローレンツ『日本文学史』及びアストン『日本文学史』における『徒然草』からの所引段]

フローレンツ『日本文学史』	**3**	8	**9**	**11**	**13***	**38***	**72***
	89	93	**137**	**175**			
アストン『日本文学史』	序	**3**	4	**9**	**11**	**13**	15
	17	19	29	35	**38**	39	41
	49	71	**72**	**137**	142	157	**175**

注）＊印は本文中で言及。


3—3　右のことは、フローレンツが「見本文例」として挙げた段が、アストン『日本文学史』で『徒然草』から翻訳されて引かれた段とほとんどと言ってよいほど重なる点でも明らかだろう。それぞれが『徒然草』から引いた段を表に対照しておこう。

　フローレンツが十一の段を引くのに対し、アストンではその倍近くの二十一もの段が引かれ、しかも、フローレンツの引いた十一のうち実に八つまでがアストンの引いたものと重なる。となると、フローレンツは、『徒然草』からの「見本文例」の選択において、先行するアストンの選択に大きく依拠するところがあると判断して然るべきであろう。そして、「見本文例」の選択が作品の内容理解のあり方の一つの現われといえるなら、フローレンツの『徒然草』の理解は、先行のアストンの影響を大きく受けたものだといえるだろう。

　更に今一つ、フローレンツが兼好を「折衷主義者」とした点についても、実はアストンも兼好について「兼好には二様の性質ありしが如し」（四〇〇頁）と断じている。フローレンツの「折衷主義者」は、アストンの、右の見方を更に踏み込んで述べたものと見ることができる。

　このように見てくると、フローレンツの兼好及び『徒然草』についての理解は、先行するアストンの記述に負うところが実は大きいようである。しかし、フローレンツの立場に立って述べておくなら、フローレンツの記述は、決してアストンの記述の単なる引き写しではない。「見本文例」にしても、三例だけながら決して短くないもの（八九・九三段）を独自に選んでいるし、作品の理解にあたっても彼なりに翫読していることは、第二節の「引きあて・アナロジー」のところ（2―5）でも見たとおりである。それに、『徒然草』を「愉快で注目に値する書物」（ein ergötzliches und beachtenwertes Buch）などとする評価は、他者の見解をただ引き写すようなことからはとても出てこない、彼自身の〝肉声〟のように感じられる。

いわば、フローレンツは、アストンの記述を手掛りに兼好及び『徒然草』の世界に分け入って、そしてそれに傾倒していったとでもいうべきなのであろう。

3―4　以上、フローレンツの兼好及び『徒然草』についての理解の実際について考え、それを通して、フローレンツの日本中世文学理解における〝継承〟の一面に光をあててみた。しかし、彼の「中世」理解が常に先人の継承という面の大きいものばかりであったわけではない。この点を、次の彼の西行についての理解を見てみることで考えておきたい。

中世歌人の中で、フローレンツが最も高く評価したのは西行であった（他に源実朝に対してもかなり肯定的な評価を下しているが、これは、**2―1**に見たように、「武士の精神」といったことへのフローレンツの肯定的な見方の一環といえるだろう）。西行とその歌について、フローレンツは次のように述べている。

> ⒆　最も好感の持てる人物の一人[10]が、西行法師、西行和尚様である。彼の世界観と生き方は、彼の多くの同時代人の典型であった。（中略）彼は、遠く最果ての地にまで東国にも西国にもさすらい歩き、好んで美しく詩趣に富んだ風景の中を漂泊した。というのも、彼は純粋にそして真の意味で自然への心酔者であったからだ。自然とともに、そして自然の内でする営みが彼の魂のすべてと彼の詞とを満たしていた。彼は、短歌の形でのみ

自分を吐露したが、そこでは、全般に一種の哀調が支配しているにせよ、考えうるあらゆる言葉を響かせている。彼の歌の多くは、新鮮で力強い特徴を示している。仏教的な厭世観も彼の精神を完全に隷属させてはいない。（中略）以下に少しばかり選び出した西行の歌は――それらの翻訳に際して、それらの詩的な内容をより多く表現にくみ出すために、今回は短歌形式は避けた[11]――読者に繊細で自然で何らの奇妙なものによっても色づけされていない歌人の感じ方を洞察させてくれるだろう。人為の抑圧のもとに普段はほとんど押しつぶされかけているようなところでは、そうした真の自然が人を元気付けてくれるのである。（20・二七五～二七七）

フローレンツは、例えば定家については、「芸術家というよりもむしろ名人芸の芸人であった」と酷評する。本歌取りを初めとする技巧を事とするような歌の詠みぶりを「人為の抑圧」として排し、その対極の歌人として西行をとらえたわけである。そして、「真の意味での自然の心酔者」とも言う。

〝花鳥風月を友とした旅の歌人〟といった今日の一般的な西行像からすれば、真の「自然の心酔者」といったとらえ方は別段特別の見方ではない。また、「生得の歌人」（『後鳥羽院口伝』）と評された平易で自然な西行の詠みぶりに、いかにも「人為」的なレトリックと対極のものを見ることも納得できないことではない。

ともあれ、右のように述べて、フローレンツは、一〇首もの例歌を独訳して示す。それによって、「繊細で自然で何らの奇妙なものによっても色づけされていない歌人の感じ方」を読者に読み取らせようというわけであるが、何よりフローレンツ自身が西行の歌をどのように読み、理解したかがその独訳からうかがわれるはずである。そこで、少し長くなるが、次にその独訳（もちろん、それを更に日本語訳したもの）を原歌も添えて引いておく（原歌の出典下の漢数字は『新編国歌大観』の歌番号）。

(20)　そもそも春は浪花にやってきていないのか？
　それを私は夢の中でだけ見たのか？

というのも、芦の枯葉の森を風が
ほんとに悲しげに吹いて通るのを聴くものだから。
［津の国の難波の春は夢なれや芦の枯葉に風わたるなり（新古今和歌集・六二五）］

何ゆえに私は相変わらずなお
花に心を寄せたままなのだろう？
だって、そうでなければとっくに
この世界から引きこもっているだろうに。
［花にそむ心のいかで残りけむ捨てはてきと思ふわが身に（山家集・七六）］

桜の花について私はたった一つ
欠点をあげることができる。
つまり、桜が咲いたら、人々は皆
花に見とれに走ってくるということだ。
［花見にと群れつつ人の来るのみぞあたら桜の科には有りける（山家・八七）］

露は何から出来ているのか？
君は想像できるか？
私の袖を湿らせるもの――すべては涙なのだ。

[おほかたの露には何のなるならむ袂におくは涙なりけり（山家・一二九四）]

私は自分がほとんど花と一体だと思えるほど
しばしば花を現に見てきた。
それ故、私の心は、花が枯れて消えうせるのを目にして、
辛い別れの嘆きにほとんど圧倒されんばかりになっている。
[ながむとて花にもいたく馴れぬれば散る別れこそかなしかりけれ（新古今・一二六）]

月はまさに山陰に隠れようとしている。
不安に満ちたわが心よ。ああ、あの月について行けたらいいのに。
[山の端に隠るる月をながむればわれと心の西に入るかな（山家・八七〇）]

月は、この世の苦悩には無関心に輝いている。
そして私は月の中に私の心の似姿を見出している。
[世の中のうきをも知らですむ月のかげはわが身のここちこそすれ（山家・四〇一）]

月についてどのように私は
人々にあれこれと述べられようか?
今私が感じていることを

だって、誰一人として理解できないだろうから。
［まこととも誰か思はむひとり見て後に今宵の月を語らば（山家・三五七）］

富士の煙は、天空で風に吹き散らされて
空に消え、
そして、考えもまた当てもなく不確かに道を通って
遠い世界へと私から歩み去っていった。
［風になびく富士のけぶりの空に消えて行方も知らぬわが思ひかな（新古今・一六一五）］

ものを感じる心を胸の内に持っていない者でさえも、
やはり否応なく憂鬱な気分に圧倒されてしまうに違いない、
秋の夜に沼地から
鴫が飛び立つのをみたなら。
［心なき身にもあはれは知られけり鴫立つ沢の秋の夕暮（山家・四七〇）］

フローレンツの右の独訳（もちろん、それを日本語訳したもので見ているのだが）を見てみると、確かに今日の一般的な理解からすればいろいろ異和感を覚える。例えば、最初の歌は本歌取りであって、能因の「心あらむ人に見せばや津の国の難波わたりの春のけしきを」（後拾遺和歌集・四三）をふまえたものなのだが、フローレンツは、詠み手の全くの実景描写・実体験の表明に終始するような訳出の仕方をしている。また、有名な最後の歌については、何より「あはれ」の訳が問題だし、「心なき身」も〝出家〟とはきちんととらえられていない。その結果、何やら

人間のおさえられない鬱情を詠んだ歌のように解釈した訳になっている。これに限らず、右の一〇首の訳は、花や月といった自然を契機としつつも、それにふれての――近代人に見るような――言い知れぬ憂愁や孤独感が詠まれた歌であるかの印象を与えるものになっている。あるいは、そのように西行の歌に近代的な個人の感情に近いものを見てとった（と感じた）ことが、フローレンツの西行への共感の根底にあったことなのかもしれない。

このように、フローレンツの西行歌についての具体的な理解は、今日的水準から見て必ずしも的確なものではなかったかもしれないが、しかし、それでも彼は彼なりに西行の歌を理解し、歌に即して西行を理解しようとした。「おほかたの」の歌の「露は何から出来ているのか？　君は想像できるか？　私の袖を湿らせるもの――すべては涙なのだ」という訳などは、筆者にはそれなりになかなかよい訳のように思える。また、先に見たとおり、西行という歌人についてのとらえ方も、大枠としては特段的はずれな方向ではなかった。そして、このように詠まれた和歌に正面から取り組み、そこから西行を評価することは、フローレンツ『日本文学史』が書かれた時代においては、それなりの意義があったことなのではないか。

例えば、アストンは和歌というものがあまり理解できなかったようで、鎌倉時代の和歌について「歌集は政府の保護により出でたり。されど、これぞといふ特色も少ければ、研究する必要無し」（三四三頁）と断じ、「百人一首」に言及したことと関連して藤原定家の略伝を記す程度である。これに対してフローレンツは、その『日本文学史』IIのBの「中世」の記述で、中世和歌に対して否定的な発言ももちろんあるが(12)、それでも和歌に関する章を19・20章と二章も立て、殊に20章では主要歌人をその和歌をとり上げつつ論評し、「最も好感の持てる」歌人西行らを発見している。

しかも、西行については、それまではむしろ遁世者としての（もっぱら仮託された）人生に注意が向けられたようである。例えば、フローレンツが大いに参考にした『国文学史十講』においても、歌人としての記述はごく簡略である。

(21)　茲に今一人同じような隠遁者で名高いのは西行法師であります。歌の方に於ては上手な人で、家集を山家集といひます。（中略）漫遊することが好きで、始めは後鳥羽院の北面の武士でしたが、二十三の年に出家をして、諸国を漫遊して自然の景色を楽しんで歌を作つて、七十三で死にました。二十三から七十三迄行脚して世の中を送つて居つたのです。其間随分苦しい旅行をして、哀れに世の中を送つて居つたのです。どうも此時代にはさういふ人が多かつたかと思ひます。（一二三頁）

西行を、仮託された伝説的なエピソードなどから解き放って、何よりその歌を通して考えるべきであるという西行理解のあるべき方向づけは、次の藤岡作太郎の発言によってなされたとされる。

(22)　余輩が西行を景慕するは、武人としてにあらず、僧侶としてにあらず、散文家としてにあらず、たゞその歌人たるが為なり。最もよく西行を知るには、歴史小説の如きはさもあらばあれ、直下にその作歌に接するに如くはなし。（藤岡作太郎『異本山家集』附録西行論・一～二頁）

フローレンツ『日本文学史』の西行に関する記述の中には、伝記的な部分で説話というべきものが混じることはあっても、西行を理解し評価することは、あくまでその歌に即して行うという姿勢がとられている。そして、右の藤岡の発言が明治三九年のものであり、同年にフローレンツ『日本文学史』がライプチヒで刊行された――従って、フローレンツの西行についての理解・記述は、それより遡るものであることを思えば、フローレンツの西行に対する理解・評価の姿勢と彼の西行についての理解に、一つの創見というべき面を認めることも不当ではないだろう。これは、言語文化の伝統の異なる世界に生まれ、日本の言語文化の伝統的なものの見方から自由な立場にあった者であるが故に可能であったと言ってもよいだろう。

四、結び

4　この稿では、K. フローレンツ『日本文学史』の記述のうち、特に「中世」に関するものに焦点をあて、フローレンツの日本文学、中世文学の把握・理解のあり様を考えてみた。

明治期における外国人の日本文学理解の試みは、異なる言語文化の理解の試みの一つとして興味深い問題を提起するものである。フローレンツ『日本文学史』は、その意味で、考察に大いに値する文献と考えられる。今回は、そのフローレンツの日本中世文学の理解のあり様に光をあて、フローレンツ『日本文学史』において「中世」の把握・理解がどのようになされているのかを、いくつかの切り口から浮かび上がらせようとしたものである。

〔注〕

（1）詳しく言えば、一九〇三年から分冊の形で逐次刊行され、一冊に合冊されて刊行されたのが一九〇六年である。

（2）この書物の翻訳としては、土方定一・篠田太郎共訳で昭和一一年（一九三六）に『日本文学史』と題して楽浪書院から刊行されたものがあるが、平安時代の部分までの翻訳にとどまり、完訳ではない。しかも、フローレンツが訳出した和歌や文章の部分は、それを訳出せず、原歌・原文をはめ込んでいるなど、フローレンツの訳業の実際を理解するためには問題がある。

（3）ただし、注（9）にふれる能などの日本演劇の起源に関する説は、今日の常識的理解から大きくかけ離れたものだが、このような発言がなされることには相応の理由があり、当時行われていた一つの考え方だったようである。注（9）参照。

（4）こうした箇所での《　》は、日本語の単語に対するドイツ語訳・意味説明である。すなわち、まず原文ではローマ字表記で日本語が示され、《　》にその独訳もしくはドイツ語による意味説明が示される（それを日本語訳すると、このような形になる）。

（5）出てきたものを一つ一つ数えるか、同じ事柄内容に関わるものはひとまとめにするかで若干数は違ってくるが、前者の立場でカウントすると四十例ある。参考までに、原書における所載章・頁を示しておく。
18・二五六　18・二五七　18・二五八　18・二六二　21・二八八〜二八九　22・二九〇　22・二九三　22・二九四
22・二九五　22・二九九　22・三〇〇　22・三〇一　22・三〇一　22・三一六　24・三二四　24・三二六
24・三三二　24・三三七　24・三三七〜三三八　25・三四六　25・三五一　25・三五四　25・三六二　25・三六四
25・三六七　25・三七〇　26・三七一　26・三七二　26・三七六　26・三七六　26・三七七　26・三八四
26・三八四　26・三八四〜三八五　26・三八五　26・三八五　26・三八九　26・四〇七　26・四〇八　26・四〇九
（6）リュディガー・フォン・ベッヒラルン（ベッヒラルンのリュディガー）はフン族の王エッツェルの臣下で勇猛な武人。エッツェルの後妻としてブルグンド国王の妹で夫を失っていたクリムヒルトという女性を迎えるべく使いに立つが、ブルグンド国の重臣ハゲネを夫の仇と恨むクリムヒルトは、リュディガーに自分に必ず味方することを誓わせ、エッツェルの妻となった後、ハゲネを含むブルグンド国の一党をフン族の国に招き、仇をうとうとして激しい戦いになる。先にブルグンドの一党を自分の領地で歓待し、娘をその一人にとつがせていたリュディガーは、クリムヒルトへの誓いと娘をとつがせた縁との板挟みになって、結局戦死する。
（7）アストン『日本文学史』には、芝野六助譯補のもの（明治四一年（一九〇八）、大日本図書株式会社刊）や、その他にも翻訳はあるが、この稿では右の芝野訳に拠って引用する。
（8）『国文学史十講』は、明治三二年（一八九八）に冨山房から刊行された。この稿では、昭和一四年（一九三九）の冨山房百科文庫所収のものに拠って引用する。
（9）能などの日本演劇が、元の時代の中国の演劇を手本として成立したとする説をフローレンツは主張している。これは今日の一般的な理解とはかけ離れた考え方であり、何故そのようなことを主張するのか不審に思えるが、実は『国文学史十講』では、新井白石の「俳優考」を踏まえてそうした説明がなされており、フローレンツがそれに依拠したと考えるなら、納得できることである。
　なお、藤田（二〇一三b）の4—4では、このような見方はフローレンツの臆断かと考えたが、その考えは撤回し、右の4—4の記述は削除してお読み下さるようお願い申し上げる。

(10)「最も好感の持てる人物の一人」とあるが、「中世」の歌人では他には既述の源実朝を評価するくらいで、実質的には西行こそ「最も好感の持てる人物」と見ているといってよい。
(11) 和歌の訳出において、フローレンツ『日本文学史』では、ふつう和歌に擬した韻文形式が採られているようである。
(12) フローレンツも、「第十番目の《勅撰集》の後の歌集に載っているものは、ほとんどすべて批評するに足らぬものである」(19・二六三)と述べている。

［参考文献］

藤岡作太郎（一九〇六）『異本山家集（附西行論）』本郷書院
佐藤マサ子（一九九五）『カール・フローレンツの日本研究』春秋社
藤田保幸（二〇一一）「K・フローレンツ『日本文学史』に関する覚書」(『日独文化交流史研究』一一)
――（二〇一三a）「フローレンツ『日本文学史』におけるアストン『日本文学史』の受容小考」(『日独文化交流史研究』一三)
――（二〇一三b）「K．フローレンツ『日本文学史』における仏教に関する見方について」(『龍谷大学仏教文化研究所紀要』五二)

第二次大戦下の小林秀雄と〈中世〉

――同時代言説を視座として――

田中裕也

一、問題の所在

小林秀雄は第二次大戦が激化していく時期に、雑誌「文学界」に「当麻」（昭17・4）「無常といふ事」（昭17・6）「平家物語」（昭17・7）「徒然草」（昭17・8）「西行」（昭17・11〜12）「実朝」（昭18・2、5〜6）と、立て続けに中世の能・文学・歌人等に関する評論を発表している。一連の評論は戦時下では書籍化されることはなかったが、戦後に『無常といふ事』（昭21・9・15、創元社）として出版され、この書は現在も小林の代表作の一つとみなされている。

この『無常といふ事』（以下『無常』）に収録された評論については、戦後、評論・文学研究の領域で数多く論じられてきた。まずは雑誌「近代文学」の同人たちの評価をみていきたい。雑誌「近代文学」では『無常』についての特集が組まれる。荒正人は『無常』について、次のように評価する。

小林秀雄の美学が造型されてゐる。それは、太平洋戦争といふ「二十世紀の中世」の壁でかこまれ、観念を棄て、実感をただひとつの拠点として、美意識を頑強に守り通さうとした孤独なる精神から飛び散つた火花である。（中略）もし戦争文学といふものが日本にもありとすれば、それは『無常といふ事』一冊だけであらう。それは観念ではなく、実感の自分に文学的に忠実であつたひとりの詩人批評家のいたいたしい傷魂に咲いた一輪の不幸な花である。

荒正人「戦争文学」〈小林秀雄著「無常といふ事」について〉（「近代文学」6、昭21・10）

荒の小林『無常』に対しての評価は、戦時下の小林がいかに時勢に流されずに自身の「美学」を貫いたのかという点に終始している。これは単に荒が小林の戦時下の時代に追従しなかった姿勢を評価しているだけでなく、「近代文学」の同人たちが提唱した「自我」を論拠とした「主体性」の問題系に回収しているとも言える。[1]また同誌で批評活動をはじめたばかりの中田耕治も「小林秀雄の「実朝」一系の文章が、独自な精神の領域を獲得し得たのは当然の事であつた。彼が中世へ赴いたのは、美と思想の複雑さを統一づける手段に他ならなかつたからだ。」（「花」〈小林秀雄著「無常といふ事」について〉「近代文学」6、昭21・10）と、小林が中世の文化事象について評論を執筆していったのは、「時代に追従しない」小林自身の「美と思想」に対する態度であったと論じる。

「近代文学」の同人たちからは好意的な評価を受ける一方で、坂口安吾は「教祖の文学」（「新潮」44―6、昭22・6）という評論の中で小林の『無常』に対して批判的な論を展開する。坂口は小林「当麻」で最も有名な一節である「美しい「花」がある、「花」の美しさといふ様なものはない。彼（※世阿弥）の「花」の観念の曖昧さに就いて頭を悩ます現代の美学者の方が、化かされてゐるに過ぎない」を引用して、「彼（※小林）が世阿弥の方法だと言つてゐるところがそつくり彼の方法なのであり、彼が世阿弥に就いて思ひこんでゐる態度が、つまり彼が自分の文学に就いて読者に要求してゐる態度でもある」と述べる。坂口は小林が中世の作家や詩人の背景を無視して小林自身が感じる「美」を記述していく姿勢を批判しているが、その批判の矛先は小林の批評が文壇のヘゲモニー獲得に向かっている点にある。つまり世阿弥の「花」の美の背景を考えずに美そのものを感じ取ろうという小林の姿勢が、読者に小林の美学のパターンや背景を考えるようにと促してしまうことになる。そうした小林の美学の論理が一種の「奥義」や「型」のようなものを生み出し、文壇での地位の獲得、まさしく「教祖の文学」となってしまうことを痛烈な言葉を用いながら批判しているのである。

また坂口は小林が時代に応じること無く、「文学や詩人と争ひ、格闘することがない」という超然とした態度こそ古美術の鑑定家的な「美」の「鑑賞」の態度であり、「物の死相しか見てゐやしない」とその静態的で保守的な姿勢も批判している。

坂口の発言はやや過激であるが、実は小林『無常』のテクストが中世文学に対する独自の解釈であるという価値付けは雑誌「近代文学」の同人たちと共通している。むしろ『無常』は小林の独自の解釈であるという共通認識を軸に、肯定的評価と否定的評価に分かれることが興味深い。

「近代文学」の同人たちはこれまでの古典解釈や研究、中世の背景を小林が断つことによって描き出した美を、戦時下における戦争協力に応じないインテリゲンチャの望ましい姿だったと評価する。一方で坂口は小林の独自の美学こそが、文壇のヘゲモニーを握るための論理であったと批判しているのである。この小林『無常』への評価の差異はどちらが正しいというものではなく、むしろその評価を下した者の文学的・政治的スタンスの違いから来るものとしか言いようがないだろう。

戦後以降の小林『無常』に対する評価は評論・研究ともに多様であるが、「近代文学」と坂口安吾との対立的な評価のパースペクティヴの中で書かれてきたと言ってよい。また最近では野村幸一郎(2)や五味渕典嗣(3)によって小林『無常』のテクストの限界点、ナショナリズムや戦争肯定に繋がってしまう可能性が追求されている。

ただし、こうした小林の美学に対する評価は、現在の我々の視点、政治正当性(ポリティカル・コレクトネス)によっていることが多い。たしかに我々は現在の価値観から抜け出すことはできないし、政治正当性を否定するつもりもないが、小林『無常』のテクストの同時代言説に対する機微や文壇力学を見逃してしまう可能性が高い。

しかも時代に応じることなくテクストを紡ぎ上げることは実質的に不可能であり、何らかの痕跡が残っているものである。本稿では『無常』のなかから評論「実朝」について論じていきたい。源実朝は周知のとおり中世歌人でありながら小林の執筆当時は万葉歌から影響を受けた歌人と一般的に認識されおり、しかも戦時下において実朝が戦争肯定の材料とされたこともある。つまり近代のなかでの実朝の歌がどのように解釈されてきたかを縦軸に、戦時下での実朝受容を横軸として、小林「実朝」の位置づけを分析することが可能であろう。小林秀雄が「実朝」で何を書こうとしたのか、近代以降の源実朝像を顧みながら、その同時代的意義を考察してみたい。まずは次章で明治以降における源実朝の評価について見ていきたい。

二、アララギ派における〈実朝の歌＝万葉調〉の評価とその問題

明治時代で最初期に実朝の歌を評価した者と言えば、周知のとおり正岡子規である。子規は「芭蕉雑談」（『獺祭書店俳話』増補第三版、明35・12・8、弘文館、初版は明26・5・20未見）あたりから実朝について言及しているが、子規の実朝評価で最も有名なものは「歌よみに与ふる書」（「日本」明31・2・21）である。子規は同評論の冒頭で、次のように述べる。

近来和歌は一向に振ひ不申候。正直に申し候へば万葉以来実朝以来一向に振ひ不申候。実朝といふ人は三十にも足らで、いざこれからといふ処にてあへなき最期を遂げられ誠に残念致し候。あの人をして今十年も活かし

て置いたならどんなに名歌を沢山残したかも知れ不申候。とにかくに第一流の歌人と存候。強ち人丸・赤人の余唾を舐るでもなく、固より貫之・定家の糟粕をしやぶるでもなく、自己の本領屹然として山岳と高きを争ひ日月と光を競ふ処、実に畏るべく尊むべく、覚えず膝を屈するの思ひ有之候。

子規は近来の和歌の出来に対して不満を述べ、さらに万葉歌以来で評価できる歌人として唯一実朝の名を挙げる。しかも子規は実朝の早すぎる死を惜しみつつも、実朝が単なる上代から中世に亘る代表的歌人の影響下にある作者としてではなく、それらの歌人を超えた独自性の高い歌人として評価をするのである。子規は「実朝の歌の如き力ある歌は詠みいでられまじく候」という絶賛にも近い評価をしていく。また子規は同評論の中で賀茂真淵の〈実朝＝万葉調の歌人〉という評価を引き継ぎつつも、「真淵は力を極めて実朝をほめた人なれども、真淵のほめ方はまだ足らぬやうに存候。真淵は実朝の歌の妙味の半面を知りて、他の半面を知らざりし故に可有之候」と、真淵の実朝歌への理解不足を指摘する。このように子規は実朝の歌を正しく評価できるのは、自分自身であるという語り口を用いて「歌よみに与ふる書」で歌論を展開するのである。

こうした子規による実朝に対する評価は実際に実朝の歌の評価に対しても行われている。子規は「八たび歌よみに与ふる書」（明31・3・1）のなかで「時によりすぐれば民のなげきなり八大竜王雨やめたまへ」と実朝の歌をひき、「恐らくは世人の好まざる所と存候へども、こは生の好きで好きでたまらぬ歌に御座候。」と世間と自身の評価が異なることを主張する。つづけて子規はこの歌に対して「初三句は極めて拙き句なれども、その一直線に言ひ下して拙き処、かへつてその真率偽りなきを示して、祈晴の歌などには最も適当致しをり候。」と述べ、「言葉のあやつりにのみ拘る歌よみどもの思ひ至らぬ所に候。」とそのシンプルな作歌スタイルを評価していく。

子規は「歌よみに与ふる書」のなかで実朝の歌を、『古今集』のような技巧性を排した、万葉調の歌として評価したのであった。こうした子規による〈実朝の歌＝万葉調〉の評価は、戦前・戦後をまたいで〈実朝の歌＝万葉調〉に対して批判的検討も行われているが）いまだに通じるところである。

つぎに戦前に実朝についての論考を質・量ともにのこした作家といえば斎藤茂吉である。アララギ派の歌人である斎藤茂吉は子規と同様に、「何を本歌としてゐるかを少しく調べたなら、実朝は第一流の独創歌人たる資格者だといふことが分かる」と、実朝の歌のオリジナリティを主張していく。しかも茂吉の場合は実朝について文献学的な分析を取り入れながら、単なる批評の枠を超えた実朝論を展開していく。茂吉は『明月記』や『吾妻鏡』で藤原定家が実朝に建暦三年十一月二十三日に『万葉集』を贈ったことを論拠にして、実朝の万葉調の歌について次のように記している。

実朝廿一歳の時に、定家が相伝私本の万葉集を献じた。これは実朝がかねて近侍のものから万葉集といふ古歌集のあることを聞き又近侍を稽古してゐるものが、たまたま万葉集のことを云々したものと見える。それで実朝はその万葉集といふものが見たくなつて、二條中将（雅経）の手を経て定家に尋ねたのである。（中略）実朝はそれ以来万葉集の真似をしてゐる。けれども此時から廿八歳の正月に公暁のために殺される時まで、漸く満五ヶ年ぐらゐな年月に過ぎない。（中略）いかに実朝の心境が雋鋭であつたかの証拠になるとおもふ。

（斎藤茂吉「源実朝」「改造」昭3・1）

茂吉は実朝が藤原定家との交流を通じて、古今、新古今の歌風から脱し、万葉調の歌風を獲得していく成長譚として論じていくのである。(4) しかし周知のとおり佐々木信綱が昭和四年に定家所伝本『金槐和歌集』を発見し、その奥書に定家の筆で「建暦三年十二月十八日」と書かれていたため、実朝の万葉調の歌が定家が贈った『万葉集』による影響以前であることが分かった。そのため茂吉は自説を修正せざるをえなくなる。

茂吉は『岩波講座日本文学』第八巻（昭7・3、岩波書店）「源実朝」の解説で、「愚見は、実朝が建暦三年十一月二十三日定家から万葉集を貰ふ前には、万葉集は纏つては持つてゐなかつただらう」と、当時の『万葉集』の入手の難しさから、定家から贈呈されるまでは『万葉集』を持っていなかっただろうと推測する。しかし茂吉は「実朝が万葉集を所持して居つて、「夙く」から、万葉を「味読」したのではなく、他の歌集を通じて、万葉集の歌に接触したのであつた」（傍点原文、以下同）と『万葉集』の直接的影響説から間接的影響説へと自説を変更する。このように茂吉は何とか実朝が万葉歌から影響を受けた歌人であったと説明するために自説を修正するのだが、さらに茂吉は同評論のなかで「近臣等が部分的に万葉集の歌を写し持つてゐたのを採用したと看てもよく、当時の先進が云つた歌論、歌評等のなかにたまたま引用せられた万葉集の歌に拠つたとも解せられる」と様々な実朝の万葉歌から影響の可能性を追加しはじめる。確かに茂吉が挙げるこうした可能性は常識的な考察ではあるが、結局、決定的な論証には至らない。むしろ実朝の歌が『万葉集』と関わっていることを示そうと躍起になっているかのような文章と読めなくもない。

また茂吉は『源実朝』（昭18・11・10、岩波書店）で、定家所伝本発見後の文学者たちの考察に対して批判的な内容を書くこともあった。上代文学研究者の武田祐吉（『国文学研究』万葉集篇、昭9・1・30、大岡山書店。初出は「水甕」20—4、昭8・4未見）や中世文学研究者の永積安明（「実朝の万葉調の問題」「短歌研究」5—10、昭11・12）は、実朝が青年期の一時期だけ万葉調だったのであり、後年はむしろ京都の歌壇との交流により新古今調の歌風であったと論じた。これらの論に対して茂吉は——特に武田に対して——、「疑問を抱いたと謂はうよりも直ぐ反対したのであつた」と述べる。さらに茂吉は実朝の歌風に対して「新古今調の歌に傾き、古今の歌に傾き、或は万葉調の歌に傾き、相混合し、相交錯して居つた」というような歌風混合説を挙げつつも、実朝という「この詩人的本質」は万葉調であり、「万葉尊重的本質が中央歌壇との交通が深まつたといふ一理由のために、おのづと敗北して脆くも没落の一路をたどるやうなことが大体あり得るであらうか」と述べる。茂吉は歌風混合説を取り入れつつも、実朝の歌人的性質が万葉調であると主張していくのである。

ここまで見てきたように正岡子規と斎藤茂吉というアララギ派系統の著名歌人によって実朝は万葉調の歌人であると価値付けられた、もしくはイメージが強化されたと言えるだろう。このアララギ派による〈実朝の歌＝万葉調〉という評価が人口に膾炙していく。

三、戦時下と源実朝

この章では、もう一つの近代の実朝に関する問題について見ておきたい。明治以降で実朝に関する記事が大幅に増える時期が二度ある。それは大正八（一九一九）年と昭和一七・一八（一九四二・一九四三）年である。たとえば参考に文献検索ツール《ざっさくプラス》で実朝についての文献数を調べてみると、大正八年は二一件で昭和一七年は一五件、昭和一八年は四六件である。昭和一七年九月から昭和一八年一一月にかけて大佛次郎「源実朝」が雑誌「婦人公論」に連載されていることを考慮しても、第二次世界大戦前では実朝の記事が十件を超えることが殆どない中で、これは目立った件数である。

実は大正八年は源実朝没後七〇〇年であり、昭和一七年は実朝生誕七五〇年という節目であった。大正八年は第一次大戦後パリ講和会議、昭和一七・一八年は太平洋戦争が激化していくという社会変動の激しい時期に、実朝の生没に関するイベントが集中した。また大正八年と昭和一七・一八年との間に実朝に関する言説が変化している点も注目したい。特に一七年以降の実朝に関する言説はナショナリズムや戦争肯定と密接に結びつけられていくこととなる。

まずは昭和一七年以前の言説を見てみよう。例えば大正一一年一月に雑誌「水甕」第九巻一号に掲載された児山信一「歌人実朝論」では、実朝について次のように書かれている。

彼は万葉調の歌を作るに至つたのであらうと考へられるが併しこの種の歌は新古今風のものに比してその数が非常に少いことを思ふと、彼が万葉に没頭したのは極めて短い年月の間のことであつたらうし、又当時の中心的時代精神の立場からして此の種の歌の方はさして尊ばれなかつたことが示されてあると考へられる。

児山信一「歌人実朝論」（「水甕」9―1、大11・1）

雑誌「水甕」は尾上柴舟主催の短歌雑誌であり、創作だけでなく研究論文・評論なども掲載されることが多かった。児山は東大出身の国文学者であり、佐佐木信綱が定家所伝本『金槐和歌集』を発見する以前から、アララギ派の〈実朝の歌＝万葉調〉に否定的な論調を展開している。児山は従来の〈実朝の歌＝万葉調〉という通説を疑問視しており、実朝の作歌の中で万葉調の歌が少ないことを指摘し、むしろ新古今的な歌風の方が多いと論じている。現代の『金槐和歌集』研究とも共通するような、比較的冷静な分析がなされているのは注目に値する。

一方で昭和一七年・一八年あたりの実朝に関する記事は、思想的傾向を明確にした媒体でなくてもナショナリスティックな言説が目立つ。たとえば実朝の生誕七五〇年を記念して鶴岡八幡宮内に歌碑が建てられることになった記事を見てみたい。

八月九日、わざと陰暦を換算せずに、鎌倉右太臣源実朝の生誕七百五十年を期して、地元の鎌倉文化聯盟に依り、実朝の歌碑が鎌倉八幡宮境内、国宝館庭の一角に建立され、同時に此の金槐集の大作を偲ぶ、祝祭と記念講演会が開催せられた。（中略）因に、同地に建立せられたる歌碑は、旧八幡宮の鳥居を石材として、丈余の御影石に、『山はさけ』の名歌を、定家所伝本より苦心拡大したる文字を刻み、素朴に壮重に、戦時下文化運動の金字塔として、洵に相応しいものが出来上つた。

「鎌倉に実朝の歌碑建立　金槐集の作者を偲ぶ「実朝祭」」（「日本学芸新聞」137、昭17・8・15）

（※傍線引用者、以下同）

戦争の激化により、様々な媒体のなかに戦争協力的な文章が付されることとなったなかで、源実朝の生誕記念の歌碑建立もそうした言説と接続されることとなった。先に引用した文章の傍線部も月並みな戦争協力の表現であると言える。しかし実朝の歌碑が「戦時下文化運動」という大義に「相応しい」ものとして建てられたのだと書かれているように、実朝の歌が戦争肯定の言説と結びつけられていることが確認できる。余談ではあるがこの歌碑は関東大震災で倒壊した二の鳥居の柱を用いたもので、現在も鶴岡八幡宮内に立っている。

また同時期の中河与一編集の雑誌「文芸世紀」では、言論報国会実践局調査部調査課長を務めていた後藤積が源実朝について次のような文章を残している。

実朝の歌は、分裂と闘争、憎悪と否定の思潮の跳梁に対して、不断の戦ひをなさねばならぬ悲しきいのらの叫びである。夜に入つて降り出した雪は二尺あまりも積んだと吾妻鑑の筆者が伝へて居るあの痛ましき日の悲劇は、やがて大楠公の戦死、吉田松陰の刑死、乃木将軍の殉死につながるものであり、真の日本人にのみ与へられる祖国日本の要求いつかしき臣民の道であつた。

後藤積「実朝」（「文芸世紀」4―8、昭17・8）

後藤は『吾妻鏡』を引き、実朝の歌と公暁による暗殺を「大楠公の戦死、吉田松陰の刑死、乃木将軍の殉死」と結びつけ、それは「祖国日本の要求いつかしき臣民の道であつた」とする。後藤によって源実朝の死は天皇や国家に報じて死した人物たちと同列に置かれていたのである。

このように戦争が激化していく中で源実朝の歌とその死はナショナリズムを高揚するための道具として用いられていたのである。

前章で近代以降に〈実朝の歌＝万葉調〉という評価が一般化していったことを確認したが、そもそも万葉歌自体が明治期以降、国体やナショナリズムの高揚のための国民文学となっていったことは既に知られていることである。[5]場合によって『万葉集』はナショナリズム的な思想的の拠り所とされることも少なくなかった。例えば昭和初期、真宗の僧でありながらも積極的にナショナリスティックな発言をした井上右近は保守系雑誌「原理日本」で『万葉集』について次のように語っている。

> 古今集だけと見ずに史的脈動的に一貫視して万葉より二十一代集其他金槐集やまた「奥の細道」のごときまでを併せて最後に、明治天皇御集を拝誦するに至れば紛々の是非は一掃せしめられるであらうと信ずるのである。
>
> 井上右近「万葉集防人の歌—日本思想史概説ツヾキ—」（「原理日本」3—6、昭和2・5）

雑誌「原理日本」は超国家主義を標榜する保守系の雑誌であり、井上の論が掲載された号の表紙にも「全国民と祖国永久生命とのために」という雑誌の標語が記されている。井上の論は日本の文化・歴史的なものの根源に関する議論に対して、『古今集』を中心と見るのではなく、『万葉集』からはじめて明治天皇御製まで繋がっていくという論理を展開する。その中で井上は『万葉集』こそが「詩に叫喚を発した」「詩的要素」にあふれるものであったと価値づける。こうした井上の発言は明治以降の天皇制がいかに古代から連綿とつづく正統なものであるかと主張し、明治天皇を中心とした近代以降の大日本帝国を肯定する言説であることは一目瞭然である。この井上の発言の中で興味深いのは『万葉集』から繋がる歌の血脈として勅撰和歌集以外に源実朝『金槐和歌集』と松尾芭蕉『奥の細道』を挙げていることである。井上の論は〈実朝の歌＝万葉調〉が国体に結びつけられた早い段階のものの一つであると言えよう。

また戦時下において『万葉集』は前線に向かう兵士達が携えて行ったことはよく知られているが、それ以外にも「伝統」「血統」「イロニー」などの言葉を用いて文学史を美的に再編成しようとした、日本浪曼派の保山與重郎が『万葉集』について次のように語っている。

万葉集はわが個有精神が政治文化間より消衰しようとした日にあらはれたものであるし、幕末愛国歌は、皇威の宣揚と国難打破のために情勢を蹴つて歌はれたものである。たゞ今までの文学史は、国の文学を生み出す精神のさまを云ふ代りに、作品のことばかり云つてきた。

保田與重郎「〈特集：文学と生活〉文学精神の基調」（「日本学芸新聞」122、昭16・12・10）

保田は『万葉集』や「幕末愛国歌」というものは国家の「消衰」「国難打破」の際にあらわれたものであるのに、我が国の文学史は作品中心の分析でこれらの文学が生まれてきた背景の精神性を論じてこなかったことを批判している。このように保田は古代からから連なる文学の「伝統」を「血統」という言葉を用いてその精神的連続性を記述しようとしたのである。

このように昭和期、日本が第二次世界大戦に向かうなかで『万葉集』はナショナリズムと積極的に結びつけられ、さらに万葉調の歌を作っていた源実朝もその機構のなかに組み込まれていくことになるのである。

前章から近代以降の源実朝評価の変遷を見てきたが『万葉集』『金槐和歌集』の〈固有性〉や〈独自性〉が語られると同時に、それらが〈国家の固有性＝国家の共通性〉を保証するというのは実は矛盾を孕んだ論理であると言える。しかも二つの歌集に対する常套句のような〈固有性〉や〈独自性〉は、他国からの影響が少ないということよりも、〈地方性〉という〈素朴さ〉と都の洗練された美を対比させながら、その価値が形成されている。また『万葉集』は後の時代の歌集と比較されることにより、さらに『金槐和歌集』は『万葉集』との共通点や関東方言の使用が見出されることにより、その〈素朴さ〉という評価が生み出されている。つまりこうした〈地方性〉〈素朴さ〉は、事後的に〈形成＝編成〉されたものに他ならない。だとするならば文化の〈固有性〉や〈独自性〉というものも同様に事後的に生み出された事象だということは自明のことである。

ここまで近代以降の実朝の評価を見てきたが、小林秀雄は源実朝をどのように書こうとしたのだろうか。次章で確認していきたい。

四、小林秀雄「実朝」と「伝統」

戦時下における小林の評論は戦争に対する先鋭的な批評性を有しながらも、一方で戦争という大きな歴史的事象に対する受動的な書きぶりでもあったとして、先行研究でもその評価が分かれている。小林「実朝」でもアララギ派の〈実朝の歌＝万葉調〉に対して否定的な言説を並べると同時に、実朝の姿を〈死〉を意識しながら生きる「憂悶」の青年として描出している。こうした実朝像は戦時下の小林自身と重ね合わされ、〈死〉を意識しながら〈国家〉や〈歴史〉〈伝統〉と統一化しようとする姿勢が戦争肯定にも繋がると批判されてきた。論者も小林の戦時下に対する批評は、戦争批判・肯定の両面があることに概ね同意している。しかしその評価の多くは本論の「一、問題の所在」でも述べたように、小林の戦時下のテクストを同時代の戦争をめぐる言説と比較し分析するものか、研究者の政治正当性に拠って解釈するものが多い。しかしその一方で実朝解釈に関する、他の言説との比較はまだ尽くされているとは言いがたい。むしろ実朝のイメージや歌に関する言説との共通性を探ることによって、小林「実朝」の独自性やテクストの戦略が明らかになる部分もあるのではないか。まずは小林「実朝」の冒頭の文章を見てみたい。

芭蕉は、弟子の木節に、「中頃の歌人誰なるや」と問はれ、言下に「西行と鎌倉右大臣ならん」と答へたさうである（俳諧一葉集）。言ふまでもなく、これは、有名な真淵の実朝発見より余程古い事である。

小林は『俳諧一葉集』の書名を挙げ、賀茂真淵より実は芭蕉の方が先に中世歌人として実朝を評価していたことを自身の発見として紹介する。この『俳諧一葉集』は芭蕉の死後一三〇年ちかく経った文政一〇（一八二七）年に出版された、芭蕉の句とともに伝記なども含めた最初の全集といわれている。ただし芭蕉の死後一三〇年以上経っているためか、伝記としてどこまでが事実かは判別不可能な部分も多い。しかし小林はそれを敢えて自身の評論の冒頭で用いているのである。先に引用した文章につづけて小林は次のように述べる。

それだけの話と言つて了へば、それまでだが、僕には、何か其処に、万葉流の大歌人といふ様な考へに煩はされぬ純粋な芭蕉の鑑識が光つてゐる様に感じられ、興味ある伝説と思ふ。必度、本当にさう言つたのであらう。僕らは西行と実朝とを、まるで違つた歌人の様に考へ勝ちだが、実は非常によく似たところのある詩魂なのである。

小林は自身で引用した芭蕉の実朝に関する伝承を「伝説」と認識したうえで、「必度、本当にさう言つたのであらう」とする。これは小林がこの芭蕉の「伝説」を信じたということではなく、「伝説」を「本当」の出来事かのように読みかえようとしていると言える。小林の評論が歴史的事象の真偽を事実確認していくものでなく、そのように読もう・価値づけようという、行為遂行的な言語による実践であると言えよう。しかも小林は実朝の歌の評価を、真淵から近代に繋がる〈実朝の歌＝万葉調〉という評価ではなく、「万葉流の大歌人といふ様な考へに煩はされぬ純粋な芭蕉の鑑識が光つてゐる」として、芭蕉の鑑定眼を用いて従来の評価からの脱却を図ろうとしている。

このように「実朝」の冒頭の文章を見ていくと、小林が近代以降の実朝の評価から脱しようとしたことと、「芭蕉の鑑識」という威を借りる体で小林自身の美的鑑定が繰り広げられていくことが予感させられる。一見すると戦後の小林『無常』に対する評価の問題が、「実朝」冒頭の文章に集約されていると言える。

しかし実朝の評論を書く際に、その殆どが実朝と関係のない『俳諧一葉集』まで目を通して書くことがあるのだろうか。小林「実朝」のテクストには、正岡子規・斎藤茂吉・佐佐木信綱・川田順などの近代以降で実朝について書いた歌人たちの名前と書名が挙げられているが、ここで川田順『源実朝―歴代歌人研究―』（昭13・6・14、厚生閣、以下『源実朝』）の次の文章を見てみたい。

芭蕉が実朝を尊敬したと云ふ事は、これ迄人々の論議しなかつた所であるらしいが、荻原井泉水氏の「芭蕉の言葉」五四頁に、

*木節問ふ、中頃の歌人は誰なるや。翁曰く、西行と鎌倉の右大臣ならん。

*大津の俳人にして医者、芭蕉臨終の時、脈をとりし人。

と出てゐる。賀茂真淵が貞享本金塊集附言・新学・歌意考・初学などで実朝を昂揚し礼讃したのは有名である

が、それよりもずつと以前に、芭蕉が右の如く語つてゐたのだ。真淵は芭蕉没後三年目に生まれた。井泉水氏「芭蕉の言葉」は「俳諧一葉集」を原本とし、「一葉集」は文政十二年刊行だから、真淵は勿論これを知つてゐないのである。

川田順『源実朝』第二篇第八章・実朝の和歌史的地位（昭13・6・14、厚生閣）

小林が「実朝」で芭蕉の実朝評価の文章を発見したかのように書いたものは、既に川田『源実朝』で書かれていたことであった。しかも川田が芭蕉の実朝評価について「これ迄人々の論議しなかつた所」と書いているように、管見の限り昭和一三年までの実朝に関する近代の評論・研究論文などでは『俳諧一葉集』が用いられていることは確認できなかった。しかも川田が引用元としている荻原井泉水『芭蕉の言葉』（大10・6・27、聚英閣）は川田が書いているとおり、その殆どが『俳諧一葉集』の引用に費やしており、「人名、地名、俳諧の専門語には短簡なる註解を附した」がそれ以外は句読点や送り仮名を追加しているのみである。『芭蕉の言葉』には、荻原自身の解釈は殆ど見られない。つまり川田が荻原『芭蕉の言葉』を引用して、芭蕉の実朝評価を再発見したということになる。

しかも川田は「芭蕉は世間が未だ万葉集を認識せざりし以前に、鎌倉右大臣集の真価を発見したのであつた」とし、「後に真淵が古学や万葉学の副産物として、むしろ当然の結果として実朝を発見したのとは、性質を異にするものと考へねばならぬ。」と傍点を振って記している。このように川田『源実朝』は〈実朝の歌＝万葉調〉を否定はしていないが、実朝の歌が万葉的だと感じるのは相対的なものに過ぎないと述べている。

小林「実朝」と川田『源実朝』は、①『俳諧一葉集』を引用して賀茂真淵よりも早く芭蕉が実朝を評価していたことを紹介する②芭蕉の実朝評価が真淵以降の〈実朝の歌＝万葉調〉ではないと推定する③芭蕉の評価を根拠に〈実朝の歌＝万葉調〉という評価の相対化を図る、この三点が共通している。むしろ共通というよりも小林が川田順『源実朝』を基に冒頭の文章を書いていることは、ほぼ間違いないだろう。小林は「実朝」で川田順『源実朝』

の書名を挙げているが、それは評論の後半であり、該当箇所では、川田順の名も書名も出てこない。つまり小林のこの冒頭の文章は川田『源実朝』からの剽窃と言ってもよい内容となっているのである。そして本論の問題としては、小林「実朝」の冒頭の文章は必ずしも独自の解釈とは言えないようである。

川田順と言えば佐佐木信綱門下の歌人であり、竹柏会系の歌人である。小林はアララギ派の実朝の歌解釈から離れるために敢えて別派閥の解釈を用いたとも考えられる。

しかし小林と川田の書き方にもニュアンスの違いが見られる。川田は『俳諧一葉集』に書かれた芭蕉の記事に疑いをもっていないが、小林の場合は先ほども見たとおり芭蕉の発言を「伝説」と捉えていて、それを真実であるかのように読んでいこうとする姿勢が見られた。つまり小林にとって古典や歴史のテクストの真偽は大した問題ではなかったのではないか。例えば小林「実朝」で『吾妻鏡』から実朝自身が暗殺される前に「禁忌の和歌」を読んだ記事に触れた上で、次のように述べる。

「吾妻鏡」には、編纂者等の勝手な創作にかかる文学が多く混入してゐると見るのは、今日の史家の定説の様である。上の引用も、確かに事の真相ではあるまい。併し、文学には文学の真相というものが、自ら現れるもので、それが、史家の詮索とは関係なく、事実の忠実な記録が誇示する所謂真相なるものを貫き、もつと深いところに行かうとする傾向があるのはどうも致し方ない事なのである。

小林は『吾妻鏡』の中から歴史学上価値の高い部分ではなく、虚構性が高く歴史学的に価値の低い「文学」的な部分に価値を見出す。小林は歴史学に対して「深く行つて、何に到ろうとするのであろうか」と疑問を呈し、むしろ「文学」を見出すことによって「史家の所謂一等史料「吾妻鏡」の劣等な部分が、かへつて歴史の大事を語つてゐないとも限るまい」と述べるのである。先行研究では小林がこのように歴史を読みかえることによって「憂悶の青年」としての実朝像が創られ、「死」や「伝統」と接続されることが批判の的であった。こうした批判は小林の不作為や無意識を批判しているところがある。しかし小林が芭蕉の「伝説」や『吾妻鏡』の「文学」性を採用していこうとする姿勢は、むしろ確信犯的なところがある。例えば小林は、

歴史の必然といふものに対する僕等の驚嘆の念に発してゐる事を忘れまい。実朝の横死は、歴史といふ巨人の見事な創作になつたどうにもならぬ悲劇である。さうでなければ、どうして「若しも実朝が」といふ様な嘆きが僕等の胸にあり得よう。ここで、僕等は、因果の世界から意味の世界に飛び移る。詩人が生きてゐたのも、今も尚生きてゐるのも、さういふ世界の中である。

と、実朝の「死」を「歴史の必然」「歴史といふ巨人の見事な創作」として受容しているように見せながらも、そこから「ここで、僕等は、因果の世界から意味の世界に飛び移る」と述べる。小林は歴史上で実朝が亡くなったことは否定できないが、そこから「意味の世界」という可能性の世界に跳躍する。だからこそ「詩人が生きてゐたのも、今も尚生きてゐる」ことも語ることが可能となるのである。そういった意味では小林「実朝」は評論でありながらも、歴史小説的な要素も含んでいるテクストであるとも言える。つまり小林が「実朝」で創り上げた実朝像を、敢えて先行するテクストから接ぎ木的に接続させていくところに、このテクストの不気味さがある。では小林「実朝」の目的はどこにあったのだろうか。次の実朝の歌に対する小林の読解から考察してみたい。

小林は実朝の和歌「大日の種子よりいでてさまや形さまやぎやう又尊形となる」を引用した上で次のように解説する。

実朝の歌を言ふものは、皆この歌を秀歌のうちに選んでゐる様だ。深い宗教上の暗示を読む者もあり、密教の観法の心理が歌はれてゐる処から、作者の密教修行の深さを言ふ者もある。僕はここに無邪気な好奇心に光つた子供の様な正直な作者の眼を見るだけだ。観法も修してみた実朝の無頓着な報告の様に受取れる。確かに大胆な延び延びした姿はある、極端に言へば子供の落書きの様な。併し、この歌人の深い魂はない。彼の詩魂が密教の観法に動かされる様な観念派のものとは考へない。

小林は「皆この歌を秀歌のうちに選んでゐる様だ」と述べている。この小林の表現は大げさだがたしか実朝に関する多くの書籍で当該歌は採用されている。斎藤茂吉『源実朝』も「自分は金槐集中一等級の一つとしてこの歌を尊敬するものである」と述べている。[6]しかし「仏教で一切諸法生起の因をば種子といふ。これ草木界の種子から得た表現である」として、小林「実朝」の言う「密教の観法の心理」の説明はない。この歌を密教的な問題と解釈したのは服部如実「実朝の「得功徳歌」に就て—新人実朝を読みて—」(「国語と国文学」6—2、昭4・12)であったが、それも川田順『源実朝』の中で紹介されている。

服部如実氏曰く、「密教の事相は理論の実際化だから、茶道の如く、一挙手一投足にも一定の規則があり、またこれに一々教理的意義が附随してゐる。この法則或は次第には必ず道場観と称する観法が付きものである。この道場観は修法の壇上を如来降臨の道場或は浄土と観ずるもので、礼拝の対象たる本尊の種子を観じ、三昧耶形を想ひ、更にその本尊の相好を観ずる三段が其中心である。実朝のこの歌は、大日如来の道場観を詠じたもので、教義を詠じたものでなく、観法のプロセスを詠じた点に価値があり、又引いては彼が密教の深い信者であり、密教に或程度まで通じてゐた事を物語るものとして価値がある。(略)」云々。

川田が服部の論の要点を引用している箇所と、小林の説明の箇所が重なっていることから、恐らく小林は実際に服部論を読まずに川田の本から引用した可能性が高い。しかし小林はこの「大日の」からはじまる歌に「僕はここに無邪気な好奇心に光つた子供の様な正直な作者の眼を見るだけだ」とし、「極端に言へば子供の落書きの様な。併し、この歌人の深い魂はない」とする。小林は斎藤茂吉だけでなく川田順の歌の評価も否定していく。こうした点から小林の独自性が生み出され、坂口が批判する鑑定家的なまなざしに繋がると言えよう。しかし小林は「大日の〜」の歌に、転義法的な言葉遊びの遊戯的価値を見出していくことに注意したい。小林はわざと先行する解釈の中から思想性を否定し、主観的表層的な読解をしているのではないか。

小林はさらに実朝に対して「歌の上である特定な美学を一貫して信じた形跡が全く見当たらぬ」とし、「実朝という人間に本質的な或る充実した無秩序を、僕が感じ取る」と述べていくのである。つまり小林は実朝の死という歴史的事実や、先行する実朝の歌の解釈の存在を認めつつ（総じて否定的であるが）も独自の解釈をしていくことは自身の正しさを訴えることではなかったと言えよう。「大日の〜」の歌でも小林は自身の読解を「評釈をしているわけではない」とし、あくまでも主観的な感想と位置付けているのである。

だとすると小林の実朝像や実朝の歌への解釈は、〈誤読〉と難じられても仕方がない可能性がある。しかし敢えて小林は戦時下に先行する解釈を紹介しながら主観的な解釈を言語実践として行っていたのである。そして小林「実朝」は次の文章で結ばれる。

　彼の天稟が、遂に、それを生んだ、巨大な伝統の美しさに出会い、その上に眠つた事を信じよう。ここに在るわが国語の美しい持続というふものに驚嘆するならば、伝統とは現に眼の前に見える形ある物であり、遥かに想ひ見る何かではない事を信じよう。

実朝を最終的に「伝統」と結びつけてしまう結末の文章が、小林「実朝」の否定的な評価の原因となってきた。しかし本稿の考察からすると、ここで語られる「伝統」も単に文化の連続性を保証するような意味として機能しているとは言いがたい。むしろ小林は先行する解釈から接ぎ木的に歌の〈読み替え〉をし、小林「実朝」の読者に対して「伝統」の概念を揺るがそうとしたのではないか。つまり小林にとって「歴史」や「伝統」というものは、解釈する側が「意味」を生み出すことによってはじめて機能するものであり、本質的に虚構のものである。小林が「実朝」で「歴史」を「因果関係」から「意味の世界」へ跳躍させようとしたのは、まさしくこうした「伝統」「歴史」の概念である。そう考えたときに小林「実朝」は戦時下において、「伝統」や「歴史」という言葉が戦争肯定の材料になるときに、それに応じているように見せながら「ギリギリの相」（坂口安吾「教祖の文学」）で抵抗していたテクストだったのである。小林「実朝」は単に戦争否定／戦争協力のテクストではなく、それらを文学側から支える「伝統」「歴史」自体を無効化してしまう皮肉なテクストだったと言えよう。

［注］

（1）拙稿「三島由紀夫「親切な機械」の生成――三島由紀夫とニーチェ哲学」（「日本近代文学」84、平23・5）

（2）野村幸一郎『美的モデルネの行方』第五章：戦時下の日本文化論（平18・9・1、和泉書院）

（3）五味淵典嗣「死ぬことの〈意味〉―小林秀雄「実朝」を読む―」（「三田國文」28、平10・9）

（4）もちろんこうした斎藤茂吉の実朝評価が目新しいわけでなく、既に賀茂真淵も「鎌倉右大臣歌集の始にしるせし詞」のなかで、実朝の歌を初期・中期・後期に分けた上で「末にいたりて、けがれたる物皆払ひ捨て、清き背に禊ぎしたらん心地する」（「鎌倉右大臣家集の始にしるせし詞」）としている。

（5）品田悦一『万葉集の発掘』（平13・2・15、新曜社）に詳しい。

（6）斎藤茂吉『源実朝』（昭18・11・1、岩波書店）

【執筆者一覧】（執筆順）

宇都宮啓吾（うつのみや　けいご）　大阪大谷大学教授

三宅えり（みやけ　えり）　佛教大学非常勤講師

能美潤史（のうみ　じゅんし）　龍谷大学准教授

檜垣駿（ひがき　しゅん）　愛媛県立宇和島東高等学校教諭

山本真吾（やまもと　しんご）　東京女子大学教授

安井重雄（やすい　しげお）　龍谷大学教授

溝端悠朗（みぞばた　ひさお）　龍谷大学非常勤講師

佐藤明浩（さとう　あきひろ）　都留文科大学教授

浜畑圭吾（はまはた　けいご）　高野山大学助教

中本茜（なかもと　あかね）　龍谷大学非常勤講師

水谷俊信（みずたに　としのぶ）　龍谷大学大学院生

藤井華子（ふじい　はなこ）　龍谷大学大学院生

亀井久美子（かめい　くみこ）　龍谷大学非常勤講師

藤田保幸（ふじた　やすゆき）　編者の項に記す。

田中裕也（たなか　ゆうや）　高知県立大学講師

■編者紹介

藤田保幸
龍谷大学文学部教授　博士（文学）
主要著書・論文：『国語引用構文の研究』（和泉書院、二〇〇〇・一二）、『引用研究史論』（和泉書院、二〇一四・五）、『複合辞研究の現在』（共編・和泉書院、二〇〇六・一一）、『形式語研究論集』（編者・和泉書院、二〇一三・一〇）、「森鷗外初期言文一致体翻訳小説の本文改訂から見えてくるもの」（『国語語彙史の研究』第二四集、二〇〇五・三）など

研究叢書498

龍谷叢書43
言語文化の中世

二〇一八年四月三〇日初版第一刷発行
（検印省略）

編者　藤田保幸
発行者　廣橋研三
印刷所　亜細亜印刷
製本所　渋谷文泉閣
発行所　有限会社和泉書院
大阪市天王寺区上之宮町七－六
〒五四三－〇〇三七
電話　〇六－六七七一－一四六七
振替　〇〇九七〇－八－一五〇四三

ISBN978-4-7576-0875-7　C3395